YINGKE® 盈科

盈科全国业务指导委员会系列丛书

区块链法律实务

盈科律师事务所 / 编
郭志浩 / 著

BLOCKCHAIN OF LEGAL PRACTICE

法律出版社 LAW PRESS · CHINA
北京

图书在版编目(CIP)数据

区块链法律实务 / 盈科律师事务所编 ；郭志浩著 . -- 北京 ：法律出版社, 2024
ISBN 978-7-5197-8173-6

Ⅰ. ①区… Ⅱ. ①盈… ②郭… Ⅲ. ①区块链技术－科学技术管理法规－中国－指南 Ⅳ. ①D922.17-62

中国国家版本馆 CIP 数据核字(2023)第 251553 号

区块链法律实务
QUKUAILIAN FALÜ SHIWU

盈科律师事务所 编
郭志浩 著

策划编辑 朱海波
责任编辑 朱海波
装帧设计 汪奇峰 臧晓飞

出版发行 法律出版社
编辑统筹 法律应用出版分社
责任校对 蒋 橙
责任印制 刘晓伟
经 销 新华书店

开本 710 毫米×1000 毫米 1/16
印张 15.5 **字数** 280 千
版本 2024 年 1 月第 1 版
印次 2024 年 1 月第 1 次印刷
印刷 固安华明印业有限公司

地址：北京市丰台区莲花池西里 7 号(100073)
网址：www.lawpress.com.cn
投稿邮箱：info@lawpress.com.cn
举报盗版邮箱：jbwq@lawpress.com.cn

销售电话：010-83938349
客服电话：010-83938350
咨询电话：010-63939796

书号：ISBN 978-7-5197-8173-6
定价：58.00 元

凡购买本社图书，如有印装错误，我社负责退换。电话：010-83938349

盈科全国业务指导委员会系列丛书编委会

总 主 编 李 华

出版统筹 郭 琪 丁 萌 张思媛 张静彤

本书编著者

郭志浩 著

候柔倩 参编

自　序

在您阅读《区块链法律实务》这本书之前，想必您已经开始关注与区块链产业链上下游相关的法律风险了。您的关注不仅证明了区块链这一创新性技术在社会各领域的影响日益加深，还有力凸显出对合规监管和法律问题的高度认识。身为一名区块链行业的法律人，我对此深感振奋。

自2009年比特币诞生以来，区块链作为一种去中心化的技术，已然开始了一场革命性的社会变革。从金融、供应链管理到知识产权和身份验证，区块链正在快速渗透到各个领域，开辟了一片崭新的发展空间。起初，区块链主要用于比特币等加密货币的交易，但其去中心化、不可篡改和透明性的特性逐渐被应用于各种各样的场合。因此，在现实发展中，区块链不仅改变了金融交易的模式，还影响了合同执行、知识产权管理和个人隐私等多个方面。不可否认的是，新的技术带来了新的挑战和风险，法律体系自然也不能置身事外。随着区块链项目越来越多地涉及公众利益、企业治理和跨境合作，对相关法律政策与规制的需求也日趋迫切。误解或忽视法律可能导致的后果不仅是经济损失，更有可能影响整个社会生态的稳健发展。因此，我们面临的不仅是技术挑战，更是一个政策和伦理的多维度问题。无疑，区块链法律实务是随着区块链技术的崛起而逐渐受到关注的领域。

当前，各国在智能合约的合法性、加密货币的税务处理、数据隐私和安全等方面都出台了一系列规定。然而，由于区块链技术本身仍在快速发展，相应的法律框架也需要不断适应和更新。区块链法律实务作为一个日益重要但也极具挑战性的领域，参与者不仅需要跟上技术发展的步伐，还需要与全球经济和社会变革密切相关。区块链有望进一步推动经济生活的数字化和全球化，但这也意味着，法律界面临的挑战将更加复杂，包括如何在全球范围内实现法律的统一和执行，以及如何保护消费者和企业的合法权益。一个成熟的法律环境不仅能有效规制不当行为，还能为真正有价值的创新活动提供合适的土壤，遗憾的是，在本书出版之时，法律框架在区块链行业的搭建仍尚处于萌芽阶段。正因如此，理解和解读当前的区块链法律实务不仅对法律从业人员有价值，对企业家、技术开发者甚至一般公众也具有重要意义。

本书从区块链的基础概念开始，深入探讨了其与法律实务的多个交汇点，包括但不限于数字货币的监管、数据隐私、知识产权与合规问题等。本书主要包含四大部分内容。第一，区块链基础的法律实务模块，这部分介绍了区块链的起源、定义、特性以及主要的发展挑战和阶段。同时，也对国内外相关的政策法规进行了总结。第二，虚拟货币相关的法律实务模块，该部分从虚拟货币的基础概念、发展历程到其法律性质进行了全面的阐述。进一步深入虚拟货币在民事、刑事和行政法律实务方面的具体应用。第三，虚拟货币“挖矿”相关的法律实务模块，除了对“挖矿”的基础概念和法律性质进行解释，这部分还探讨了“挖矿”活动的潜在危害和违法性质。第四，NFT 相关的法律实务模块，该部分详细探讨了 NFT 的概念、发展和法律性质，以及与之相关的民事、刑事和行政法律实务。本书力图从真实的案例和严谨的逻辑出发，为读者提供一个全面而深刻的视角。

从 2017 年至今，作为一个深耕区块链行业的律师，本人已经在这个行业耕耘了 6 年有余，无论是从法律政策每次变革的深入解读或参与研讨，还是虚拟货币、“挖矿”、ICO、NFT 等刑事或民事或非诉类实务案件的办理，抑或负责组建深圳链协的法律专委会以及与高校或各级法院检察院甚至税务机关等实务部门展开实务研讨，这一幕幕的场景仍历历在目。时光虽然已逝，但经验可以总结沉淀，区块链行业仍然处于快速发展的阶段，相应的法律实践也在不断演进。本书作为偏向实务经验类的著作，还有着很多的不足之处和片面之处。谨希望这本书能成为您理解和应用区块链法律知识的有用工具，也期待它能帮助区块链行业的监管者、从业者、参与者们，激发出更多关于如何更好地让区块链行业有序发展的灵感。

本书所依据的法律、法规、司法解释及案例，截至 2023 年 8 月。如果您有意关注区块链行业最新的法律实务或法律观点，或对本书有一些建设性意见或建议，欢迎与本人讨论交流。

郭志浩

2023 年 9 月 30 日

目录

第一章　区块链概述

第一节　区块链的源起与发展

迄今为止,理论界和实务界均未对区块链形成公认的定义,仅有相对通行的概念。美国学者梅兰妮·斯万(Melanie Swan)将区块链定义为:“区块链就是一本全网记录所有已发生的比特币交易的公开账本,①是一个去中心化的且具有革命性的计算范式。”②中国工业和信息化部(以下简称工信部)发布的《中国区块链技术和应用发展白皮书(2016)》中对区块链下的定义为:“区块链是分布式数据存储、点对点传输、共识机制、加密算法等计算机技术在互联网时代的创新应用模式。”③综观国内外学者对区块链的定义,可以看出区块链具有公开透明、去中心化、加密算法、共识机制和技术集合等典型特征。

进而可将区块链的定义归纳为:区块链是一种去中心化的分布式技术,通过链式的、时间顺序排列的数据块组合成特定的数据结构。它利用密码学算法确保数据的不可篡改性和不可伪造性。区块链借助分布式节点共识算法,实现对数据的验证、生成和更新。该技术具有公开透明、安全可靠、存储简单且有先后关系的数据,并在系统内进行验证。广义上说,包括加密链式区块结构的验证与存储数据、分布式节点共识生成和更新数据,以及利用智能合约进行编程和操作数据等,从而构建了一种全新的去中心化基础架构和分布式计算范式。

区块链作为一门技术,仍处于既古老又年轻的探索阶段。初期,它只是少数技术狂热者的尝试实验。由于缺乏认可,区块链未被广泛重视。然而,随着时间的推移和技术的不断演进,区块链逐渐引起了广泛关注,并证明了自身的先进性和无限潜力。区块链的成长历程充满许多有意义的高光时刻,这为其获得越来

---

① 韩锋主编、[美]梅兰妮·斯万:《区块链:新经济蓝图及导读》,新星出版社2016年版,第31页。

② 韩锋主编、[美]梅兰妮·斯万:《区块链:新经济蓝图及导读》,新星出版社2016年版,第186页。

③ 中国区块链技术和产业发展论坛编写:《中国区块链技术和应用发展白皮书(2016)》,第1页。

越多的认可提供了有力支持。通过去中心化、分布式账本的架构,区块链技术提供了一种安全、透明、不可篡改的数据记录方式。这一特性随之产生的重大应用潜力,吸引了公众的广泛关注和极大兴趣。

如今,区块链已经在许多领域展现出巨大潜力,包括金融、供应链管理、数字资产、司法证据等。其去中心化的特性和能够确保数据的安全性和完整性的加密算法,使区块链在提供信任、减少中间环节、促进互操作性等方面具备了重要的优势。尽管区块链尚存在一些技术挑战和应用限制,但其在实际应用领域的不断发展和探索表明,区块链作为一项重要的创新技术,仍具备广阔的前景和巨大的潜力。随着时间的推移,我们对区块链的理解和应用将进一步深入,促使这门既古老又年轻的技术继续推动创新的浪潮。

一、区块链的发源

要解释区块和区块链,我们可以从 1982 年提出的拜占庭将军问题开始。拜占庭将军问题源自拜占庭帝国时期,该帝国分布广泛,为了防御的目的,军队分散并通过信使传递消息。在战争时,拜占庭军队的将军和副官必须达成一致的共识,决定是否发动攻击。然而,军队内可能存在叛徒和敌方间谍,这会干扰将军们的决策,并破坏整体的军队秩序。在这种情况下,如何在已知存在叛徒的情况下,使忠诚的将军们达成一致的决策,就是拜占庭将军问题。拜占庭将军问题实际上是对网络世界中允许入侵的系统进行建模。在拜占庭将军问题中,忠诚的将军们需要在存在叛徒且无法排除叛徒的情况下达成一致。在通信世界中,人们需要在容忍一些干扰或失效协议存在的情况下解决问题。后来,人们发现区块和区块链可以解决拜占庭将军问题。

区块链的起源可追溯到比特币(Bitcoin),2008 年 10 月 31 日一位自称中本聪(Satoshi Nakamoto)的人发表了题为《比特币:一种点对点的电子现金系统》(也称《比特币白皮书》)的文献。其中详细阐述了基于 P2P 网络技术、加密技术、时间戳技术以及区块链技术等构建电子现金系统的概念。这一文献的发表标志着比特币的诞生。随后的两个月,理论开始转化为实践。2009 年 1 月 3 日,诞生了序号为 0 的创世区块,成为比特币网络的起点。2009 年 1 月 9 日,出现了序号为 1 的区块,并与创世区块相链接形成了一个链条,标志着区块链的形成和诞生。这一早期的区块链技术是通过利用加密算法、分布式共识机制和时间戳技术等进行数据的安全验证和存储。这种去中心化的设计理念使区块链能够提供分布式共享的账本,确保数据的不可篡改性和透明性。自比特币出现起,区块链技术在社会上逐渐引起了极为广泛的关注和认可。其独特的去中心化、安全可靠的特性为众多领域的创新应用提供了契机,包括金融、供应链管理、数据存储等。随着时间的推移,区块链技术持续发展并不断演变,衍生出各种技术变种和创新应用。通过深入了解区块链的本质和潜力,进一步探索其在不同领域的应用,可以为构建更可信、安全和高效的数字化世界提供支撑与引领。

近年来,比特币在世界范围内受到了不同程度的关注和评价,但作为比特币的底层技术之一,区块链技术越来越受到重视。在比特币的发展过程中,区块是存储信息的单元,记录了一定时间内的所有交易信息。通过哈希算法,每个区块与前一个区块链接在一起,形成了区块链。随着信息交流的扩大,不断产生新的区块,形成了一个不断增长的区块链。区块链技术具有分布式、去中心化、透明和安全等特点,可以解决传统系统中的信任和安全问题。它在金融、供应链管理、智能合约、医疗保健等领域具有广泛的应用前景。区块链的发展将为各个领域带来新的机遇和变革,推动社会的创新和发展。

区块链技术作为比特币核心组成部分,近年来备受关注和重视。在比特币运行过程中,通过将交流信息记录在不同的存储单元区块中,每个区块节点都保存了一定时间段内的全部交流信息。这些区块通过哈希算法实现互相链接,其中后一个区块包含了前一个区块的哈希值。随着信息交流的扩大,区块不断链接形成的结果被称为区块链。简言之,区块链可以视为一个去中心化的账本。所谓去中心化意味着该账本没有由单一个体或组织控制,而是由多个个体共同参与维护。不同于传统组织具有明确层级和管理者的指导决策,区块链的共同维护者需要通过共识机制来确定账本的当前状态。尽管通过达成共识来做决策可能需要更多时间,但这种去中心化的方式能够避免单一点故障的问题,并提供更高的系统可靠性。在区块链中,每个区块都包含多个交易记录,记录不同地址之间的金额进出情况。由于每个区块的容量有限,无法将所有交易都放入同一个区块中。每个区块都包含了前一个区块的信息,使区块链就像一条连续的链条。因此,如果要篡改一个区块的数据,就必须更改该区块之后的所有区块,这进一步保证了区块链不可篡改的特性。

“最长链原则”是比特币共识机制的一部分,并常被提及。在比特币网络中,各地的矿工共同维护着账本,由于缺乏管理者或决策者的控制,这些矿工需要借助一种“共识机制”来达成对账本状态的一致认可。“最长链原则”即作为比特币这一链式共识机制的一部分。“最长链原则”意味着矿工始终认为最长链才是有效的区块链,只有在最长链上“挖矿”的矿工才能获得奖励。当多个矿工同时生成区块并将其添加到链上时,可能会导致链路的分叉。然而,随后的区块仍会不断地链接到这条链上,从而形成较长和较短的链。“最长链原则”确保了矿工们一致认定最长链是有效的,从而避免无法达成共识。那些存在于较短链上的区块中的交易仍然会被矿工重新打包到其他区块中,并接续到最长链上。这个共识机制为比特币网络提供了链式账本的一致性和稳定性。通过矿工竞争挖掘最长链,整个网络能够得到一致的数据视图。这种机制保障了比特币网络的安全性和可信度。

二、区块链的释义

区块链是一种去中心化的数据库技术,它是一种通过去中心化和去信任的方式来共同维护可靠数据库的技术方案。从金融和会计的角度来看,区块链技术可以被视为一种分布式、开放式和去中心化的大型网络账本,任何人都可以根据相同的技术标准加入自己的信息,扩展区块链并满足不同需求的数据录入需求。简单来说,区块链技术是一种全民参与记账的方式。在传统系统中,由某个中心化机构负责记账,如微信由腾讯负责,淘宝由阿里负责。而在区块链系统中,每个人都有机会参与记账。在一段时间内,如果有任何数据变化,系统中的每个人都可以来进行记账。系统会评判这段时间内最快、最准确的记账者,将其记录的内容写入账本,并将账本内容传递给系统中的其他人进行备份。这样,系统中的每个人都拥有一份完整的账本,这就是区块链技术的工作原理。

区块链技术被认为是自互联网诞生以来最具颠覆性的技术创新之一。它依靠密码学和分布式算法,在无法建立信任关系的互联网环境中,无须第三方中介的参与就能够达成参与者之间的共识,并以极低的成本解决信任和价值传递的问题。区块链是公开的,可以在每个离线比特币钱包中查询。轻量级比特币钱包使用在线确认,即不会将区块链数据下载到设备中进行存储。

比特币的点对点网络将所有交易历史记录存储在区块链中。区块链不断延长,一旦新的区块加入链中,就不会再被移除。实际上,区块链是由分散的用户节点组成的分布式数据库,记录了所有比特币交易的历史。当交易数据被打包成一个区块后,交易就初步确认。当新的区块链接到前一个区块后,交易会得到进一步确认。在连续获得6个区块的确认后,交易基本上就不可逆转地得到确认了。

尽管数字货币常被视为一种新型货币,但实际上,其底层技术的意义和价值远超出了其作为货币的属性。以比特币为例,它被广泛视为一种点对点的数字货币,但从技术层面来看,比特币实际上是建立在区块链技术之上的点对点去中心化网络平台。数字货币依赖于区块链技术构建了一个全球范围的点对点网络平台。在数字货币领域,区块链的应用被称为"区块链1.0"。然而,区块链技术的意义远不止于此。

区块链技术具有许多重要特征和潜在应用。首先,它是去中心化的,没有一个中心机构控制整个网络,而是由参与网络的节点共同管理和维护。这意味着没有单点故障,系统更加安全可靠。其次,区块链是透明和公开的。所有的交易和数据都可以在区块链上进行公开查看,确保了信息的透明性和可验证性。这也有助于防止欺诈和不当行为。此外,区块链是不可篡改的。一旦数据被写入区块链,很难修改或删除。这使区块链成为存储价值和确保数据完整性的理想解决方案。区块链技术还具备高度的安全性和抗攻击性。通过使用密码学算法和分布式共识机制,区块链能够防止数据被篡改和恶意攻击,增强了系统的安全性。

除了数字货币领域,区块链技术在其他领域也有广泛的应用前景。例如,供应链管理、智能合约、医疗保健、物联网等领域都可以借助区块链技术实现数据的安全共享、信任建立和业务流程的优化。总而言之,区块链技术是一种革命性的技术创新,它通过去中心化、透明、安全和不可篡改的特性,为建立信任、优化业务流程和推动创新提供了新的可能性。随着不断的发展和应用探索,区块链有望在各个领域产生深远的影响。

三、区块链的特征

从区块链的形成过程来看,区块链技术具有以下特征。

一是去中心化。区块链技术不依赖中心化的管理机构，而是通过分布式节点进行验证、存储和传递信息。没有单一的中心控制机构，各个节点相互协作，形成共识，确保系统的运行和安全。

二是公开透明。区块链的数据对所有人开放，任何人都可以通过公开的接口查询数据和参与开发应用。区块链中的交易和操作记录被公开记录，高度透明，可以实现对数据的可验证性和可审计性。

三是独立性。区块链系统不依赖第三方中介或机构，而是基于共识算法和协议进行自动验证和交换数据。区块链的运行和安全性不依赖于任何人为干预，具有独立自主的特点。

四是匿名性。在技术层面上，区块链中的参与者可以保持匿名，不需要公开身份信息或进行验证。这为用户提供了一定程度的隐私保护，同时增强了安全性和防止身份盗窃的能力。

总之，区块链技术是一种具有去中心化、公开透明、安全可信等特征的技术。它可以用于构建可靠的分布式系统，实现数据的安全传输和存储，同时具有广泛的应用前景。区块链的特点使其成为改变传统应用场景的基础，并在许多领域产生革命性的影响。

四、区块链的主要挑战与发展阶段

（一）区块链的挑战

从实践的进展来看，区块链技术在商业银行等领域的应用大部分仍处于构想和测试阶段，距离在日常生活和生产中的广泛运用还有很长的路要走。此外，要获得监管部门和市场的认可也面临不少困难，主要涉及以下方面：

1. 受到现行观念、制度、法律制约。区块链技术的去中心化、自我管理和集体维护特性，对当前的生产、生活方式进行了颠覆，减弱了国家和监管的概念，并对现行法律带来了冲击。全球范围内缺乏对区块链技术的理论准备和制度探讨。即使对于区块链应用最成熟的比特币，不同国家对其也持有不同态度，这无疑限制了区块链技术的应用和发展。解决这类问题需要进行深入的讨论和法律制度的调整。

2. 技术层面挑战。在技术方面，区块链技术仍需要突破性的进展。目前，区块链应用仍处于实验室初创开发阶段,缺乏直观可用的成熟产品。相比互联网技术,人们可以通过浏览器、应用程序等具体应用实现信息的浏览、传递、交换和应用,而区块链在这方面显然还缺乏突破性的应用程序,面临技术门槛较高的障碍。另外,区块链容量的问题也需要解决,由于区块链需要承载之前产生的全部信息,每个新的区块的信息量要大于前一个区块,随着时间的推移,区块链的信息存储、验证和容量等问题需要进一步解决。

3. 竞争性技术挑战。尽管有很多人对区块链技术抱有期待,但我们也必须认识到推动人类发展的技术有很多种,人们会应用最方便和高效的技术。例如,在通信领域,区块链技术可以通过向全网的所有人发送信息,但只有拥有私钥的人才能解密。然而,量子技术也能实现高效安全的信息传递,如量子通信利用量子纠缠效应进行信息传递,近年来取得了不小的进展。这些竞争性技术对区块链技术具有强大的竞争优势。

(二)区块链的发展

区块链技术的应用和发展可以划分为 3 个阶段:区块链 1.0、区块链 2.0 和区块链 3.0。

区块链 1.0 代表了数字货币时代,以比特币为代表。从 2008 年到 2013 年,区块链技术主要应用于数字货币行业,包括支付和流通等虚拟货币功能。比特币实现了去中心化的数字货币交易支付功能,对传统金融体系产生了强烈冲击。比特币的出现让区块链首次进入了公众视野,并得到了一些国家市场的认可。然而,由于其投机性过大,容易被用于非法活动,同时区块链 1.0 仅满足了虚拟货币的需求,限制了其在其他行业的推广应用。

2007 年至 2009 年,化名中本聪的比特币创始人从 2007 年开始探索用一系列技术创造一种新的货币——比特币,2008 年 10 月 31 日发布了《比特币白皮书》,2009 年 1 月 3 日比特币系统开始运行。支撑比特币体系的主要技术包括哈希函数、分布式账本、区块链、非对称加密、工作量证明,这些技术构成了区块链的最初版本。从 2007 年到 2009 年底,比特币都处在一个极少数人参与的技术实验阶段,相关商业活动还未真正开始。

2010 年至 2012 年,2010 年 2 月 6 日诞生了第一个比特币交易所,5 月 22 日有人用 10,000 个比特币购买了 2 个披萨。2010 年 7 月 17 日著名比特币交易所 Mt. Gox 成立,这标志着比特币真正进入了市场。尽管如此,能够了解到比特币,从而进入市场中参与比特币买卖主要是狂热于互联网技术的极客们。他们在Bitcointalk. org论坛上讨论比特币技术,在自己的电脑上“挖矿”获得比特币,在Mt. Gox上买卖比特币。仅4年后,这些技术宅中的一些人成了亿万富翁和区块链传奇。

区块链2.0是数字货币与智能合约相结合的阶段,主要优化了金融领域更广泛的场景和流程。其中最大的升级之处在于引入了智能合约的概念。智能合约是一种以数字形式定义的承诺,通过编写计算机代码自动执行合约中的权利和义务。与传统合约相比,智能合约的重要特征是订立和履行合约是一体化的,可以解决传统合约中的执行问题。在区块链2.0阶段,应用平台如以太坊(Ethereum)成为标志性产品,它是一个开源的具备智能合约功能的公共区块链平台。以太坊通过其专用加密货币以太币(Ether,ETH)来处理点对点合约。该阶段的发展为各行各业的应用提供了可能性。

2013年至2015年,2013年初比特币价格为13美元,3月18日金融危机中的塞浦路斯政府关闭银行和股市,推动比特币价格飙升,4月最高至266美元。8月20日德国政府确认比特币的货币地位。10月14日中国百度宣布开通比特币支付。11月美国参议院听证会明确了比特币的合法性。11月19日比特币达到1242美元新高。然而,此时区块链仍不具备进入主流社会经济的基础,价格飙升包含了过于乐观的预期。中国银行体系遏制、Mt. Gox的倒闭等事件触发大熊市,比特币价格持续下跌,2015年初一度跌至200美元以下,许多企业倒闭,不过经历严冬活下来的企业的确更加强壮了。无论如何,在这个阶段,大众开始了解比特币和区块链,尽管还不能普遍认同。

2016年至2018年,以2016年6月23日英国脱欧、2016年9月朝鲜第5次核试验、2016年11月9日特朗普当选等事件为标志,世界主流经济不确定性增强,具有避险功能从而与主流经济呈现替代关系的比特币开始复苏,市场需求增大,交易规模快速扩张,开启了2016—2017年牛市。尽管中国市场受到政策的严厉遏制,但韩国、日本、拉美等市场快速升温,比特币价格从2016年初的400美元最高飙升至2017年底的20,000美元,翻了50倍。比特币的造富效应,以及比特币网络拥堵造成的交易溢出,带动了其他虚拟货币以及各种区块链应用的大爆发,出现众多百倍、千倍甚至万倍增殖的区块链资产,引发全球疯狂追捧。使比特币和区块链彻底进入了全球视野。芝加哥商品交易所上线比特币期货交易标志着比特币正式进入主流投资品行列。

2019 年至 2021 年,在市场狂乱之后,2018 年的虚拟货币和区块链在市场、监管、认知等各方面进行调整,回归理性。2017 年造富效应和区块链理想造就的众多区块链项目中,大部分会随着市场的降温而消亡,小部分会坚持下来继续推进区块链的落地。2019 年这些项目将会初步落地,但仍需要几年时间接受市场的检验,这就是一个快速试错的过程,企业产品的更迭和产业内企业的更迭都会比较快。到 2021 年,在区块链适宜的主要行业领域应该会有一些企业稳步发展起来,加密货币也得到较广泛的应用。

区块链 3.0 旨在构建一个完全去中心化的社会网络,应用范围从货币、金融、市场扩展到政府、健康、科学、文化和艺术等整个社会。在这一阶段,区块链技术的去中心化和数据防伪功能在公证、仲裁、审计、域名、物流、医疗、邮件、鉴证、投票等领域得到深入应用,使区块链成为实现万物互联的底层协议,让整个社会进入智能互联网时代,形成一个可编程的社会。随着区块链的发展,去中心化模式变得越来越复杂,主要分为公有链、私有链和联盟链三种形式。公有链是全球任何人都可以读取、发送交易并参与共识过程的区块链,比特币和以太坊是目前最流行的公有链。私有链是向个人或实体开放的区块链,如由 R3CEV 推出的一款分布式账本平台 Corda。联盟链介于公有链和私有链之间,由多个组织或社区共同维护的区块链,该链上的权限管理在若干组织之间公开,如超级账本(Hyper ledger)项目和 FISCO BCOS 平台。

2022 年至 2025 年,各种区块链项目落地见效之后,会进入激烈而快速的市场竞争和产业整合阶段,三五年内形成一些行业龙头,完成市场划分,区块链产业格局基本形成,相关法律法规基本健全,区块链对社会经济各领域的推动作用快速显现,加密货币将成为主流货币,经济理论会出现重大调整,社会政治文化也将发生相应变化,国际政治经济关系出现重大调整,区块链在全球范围内对人们的生活产生广泛而深刻的影响。

1. 区块链在国外的发展

(1)2008 年 11 月,由中本聪第一次提出了区块链的概念和理论。中本聪在一篇论文中提出了比特币,其中包括了区块链的概念,用于记录比特币交易。

(2)2009 年 1 月,比特币和区块链相继诞生。随之,比特币的第一个区块被挖出,标志着区块链的诞生。在区块链的发展进程中,这时的区块链是第一代区块链,称为区块链 1.0。第一代区块链是电子货币的区块链。在随后的几年中,区块链成为电子货币比特币交易的公共账簿,逐渐引起人们的重视。

(3)2011 年,比特币网络出现了第一个重大的安全漏洞,被称为"比特币双花攻击"。这个事件导致比特币社区对区块链的安全性提出了更高的要求,促进了区块链技术的进一步发展。

(4)2013 年,以太坊项目开始启动,这个项目旨在推出一个智能合约平台,使用户可以在区块链上创建自己的去中心化应用程序。以太坊使用了一种新的共识算法,叫作"Proof of Stake",这种算法与比特币的"Proof of Work"不同,更加节能,可扩展性也更强。

(5)2014 年,区块链 2.0 成为去中心化数据库的代名词。第二代区块链的主要特点是交易的智能协议,不需要"价值交换中担任金钱和信息仲裁的中介机构"。

(6)2015 年 10 月,英国《经济学人》杂志发表了《信任机器——比特币背后的技术如何改变世界》(*The Trust Machine:How the technology behind the bitcoin could change the world*)的封面文章。这篇文章是区块链发展的一个里程碑,使区块链的风暴席卷全球。文章使人们认识到,比特币底层技术区块链比比特币本身价值更大。区块链技术让人们在既没有中心权威机构的监督和管理,又没有金钱和信息仲裁的中介机构,就能够进行可信的交易。从此,世界一些大公司和银行,包括美国高盛公司、花旗银行、美国联邦储备银行、英格兰银行(以下简称英国央行)等,纷纷投资区块链。

(7)2015 年,以太坊正式上线,并成为第二个最大的加密货币。这个时期,许多新的区块链项目和加密货币开始涌现,区块链技术开始受到广泛的关注。

(8)2016 年 1 月,美国梅兰妮·斯万发表《区块链:新经济蓝图及导读》(*Blockchain:Blueprint for anew economy*)。梅兰妮·斯万把超越货币、金融范围的区块链应用归结为区块链 3.0,即分布式人工智能和组织的区块链。

(9)2017 年,区块链技术迎来了一波热潮,比特币价格飙升,一些创新的区块链项目也获得了大量的投资。但随后,区块链项目的热度逐渐消退,一些欺诈项目也被曝光。

(10)2018 年 5 月和 2019 年 10 月,一个比特币曾经上涨到 2 万多美元,比第一个比特币上涨了 2600 万倍。在比特币峰值时,全世界的比特币总市值超过 3000 亿美元。

2. 区块链在中国的发展

由于中国网民的参与，使比特币价格暴涨。暴涨之后，比特币的价格呈现波浪式走向。近几年，比特币的前几个大“资金池”（又称比特币矿池）都在中国境内的网上。

（1）2013年12月，中国人民银行、工信部、中国银行业监督管理委员会、中国证券监督管理委员会和中国保险监督管理委员会五部委联合发布《中国人民银行、工业和信息化部、中国银行业监督管理委员会、中国证券监督管理委员会、中国保险监督管理委员会关于防范比特币风险的通知》（以下简称《关于防范比特币风险的通知》），开始加强对比特币的管理和监督。

（2）2016年1月，中国人民银行数字货币研讨会宣布对数字货币研究取得阶段性成果。会议肯定了数字货币在降低传统货币发行等方面的价值，并表示央行在探索发行数字货币。

（3）2016年12月，数字货币联盟——中国FinTech数字货币联盟和FinTech研究院正式筹建。

（4）2019年1月，国家互联网信息办公室发布《区块链信息服务管理规定》，自2019年2月15日起施行。

（5）2020年10月，中共中央政治局就区块链技术发展现状和趋势进行第十八次集体学习。习近平总书记主持学习并强调：“我们要把区块链作为核心技术自主创新的重要突破口……加快推动区块链技术和产业创新发展。”从此，区块链走进中国大众的视野，成为社会关注的焦点之一。经过媒体宣传，中国掀起了区块链热潮。

第二节 区块链的国内外相关政策法规

一、区块链的国内相关政策法规

（一）区块链的国内相关政策

1. 2016年10月，《区块链技术和应用发展白皮书（2016）》（工信部）

《中国区块链技术和应用发展白皮书》于2016年发表，全面阐述了国内外区块链发展现状、典型应用场景及应用分析，提出中国区块链技术发展路线图及区块链标准化路线图，提出相关政策、应用建议等。白皮书对区块链的起源、核心概念、技术特性、功效和应用领域等方面进行了详细描述，同时深入探讨了数据存储、加密算法、共识机制、智能合约、网络协议和隐私保护等六大核心技术。此外，白皮书也为区块链标准化制定了一些建议。[①]

2.2016 年 12 月，《“十三五”国家信息化规划的通知》(国务院)

这份规划强调了战略性前沿技术的重要性，明确提出了对其进行超前布局的策略。区块链作为其中的新技术之一，其基础研发和前沿布局的加强被特别提出。这一提法展示了国家对区块链技术重要性的认识，也反映出对于构建新的技术竞争格局并在其中获得主导优势的追求。换言之，该规划提出了要以超前的视野和决策，强化区块链等新技术的研发，以期在未来的技术赛场上占据先发优势。这种策略思维旨在确保我国在全球信息化竞争中保持领先地位，推动我国科技创新发展的步伐。

3.2017 年 8 月，《关于进一步扩大和升级信息消费持续释放内需潜力的指导意见》(国务院)

推动信息技术服务企业提升“互联网 +”环境下的综合集成服务能力，鼓励利用开源代码开发个性化软件，开展基于区块链、人工智能等新技术的试点应用，政策的推动将有助于区块链技术在更多领域的应用场景拓展。

4.2018 年 5 月，《工业互联网发展行动计划(2018—2020 年)》(工业互联网专项工作组)

开展工业互联网关键核心技术研发和产品研制，推进边缘计算、深度学习、增强现实、虚拟现实、区块链等新兴前沿技术在工业互联网的应用研究。此外，区块链技术还可以与物联网技术结合，实现设备之间的直接交互和数据共享，为工业互联网提供更好的技术支持。

5.2019 年 2 月，《区块链信息服务管理规定》(国家互联网信息办公室)

这一法规为区块链的管理和发展提供了全面、直接的依据，它大致可被划分为 3 个主要部分：总则、义务和罚则。根据《国务院关于授权国家互联网信息办

---

① 虽然这份白皮书在合规治理上的建议较为模糊，但这更显示出立法部门在这个领域中的进一步工作和研究的迫切性。对于当前不够成熟的区块链立法体系来说，这类行业研究报告和文献可以为法律和合规工作提供可借鉴的参考资料。

公室负责互联网信息内容管理工作的通知》(国发〔2014〕33 号)的规定,国家互联网信息办公室是国务院直接授权的行业主管机构,其法律地位与国务院部委相当,因此,《区块链信息服务管理规定》在立法层级上属于"部门规章",这为区块链的开发者和经营者提供了主要和直接的法律合规依据和规范。

6. 2019 年 12 月,《关于支持国家级新区深化改革创新加快推动高质量发展的指导意见》(国务院办公厅)

加快推动区块链技术和产业创新发展,探索"区块链 +"模式,促进区块链和实体经济深度融合。

7. 2020 年 11 月,《关于推动数字文化产业高质量发展的意见》(文化和旅游部)

支持 5G、大数据、云计算、人工智能、物联网、区块链等在文化产业领域的集成应用和创新,建设一批文化产业数字化应用场景。

8. 2021 年 3 月,"十四五"规划和 2035 年远景目标纲要

加快推动数字产业化,培育壮大人工智能、大数据、区块链、云计算、网络安全等新兴数字产业,提升通信设备、核心电子元器件、关键软件等产业水平。

9. 2021 年 6 月,《关于加快推动区块链技术应用和产业发展的指导意见》(工信部、中央网络安全和信息化委员会办公室)

明确到 2025 年,区块链产业综合实力达到世界先进水平,产业初具规模。区块链应用渗透到经济社会多个领域,在产品溯源、数据流通、供应链管理等领域培育一批知名产品,形成场景化示范应用。

10. 2021 年 10 月,《国家标准化发展纲要》(中国共产党中央委员会、国务院)

强化标准在计量量子化、检验检测智能化、认证市场化、认可全球化中的作用,通过人工智能、大数据、区块链等新一代信息技术的综合应用,完善质量治理,促进质量提升。

11. 2021 年 11 月,《"十四五"信息通信行业发展规划》(工信部)

建设区块链基础设施,通过加强区块链基础设施建设增强区块链的服务和赋能能力,更好地发挥区块链作为基础设施的作用和功能,为技术和产业变革提供创新动力。

12. 2022 年 3 月,《关于加快建设全国统一大市场的意见》(中共中央办公厅、国务院)

强化标准验证、实施、监督,健全现代流通、大数据、人工智能、区块链、第五代移动通信(5G)、物联网、储能等领域标准体系。

13. 2022 年 5 月,《扎实稳住经济一揽子政策措施的通知》(国务院)

鼓励平台企业加快人工智能、云计算、区块链、操作系统、处理器等领域技术研发突破。

(二)区块链的国内相关法规

1.《刑法》

《刑法》的下列罪名可能适用于区块链服务提供者或使用者:

首先,第 253 条之一制定了"侵犯公民个人信息罪"①。该罪涉及非法出售或提供公民个人信息,无论是通过窃取还是履行职务获取的信息。如果行为严重,依法可以处最高 7 年有期徒刑。

其次,第 286 条之一详述了"拒不履行信息网络安全管理义务罪"②。这是指网络服务提供者违反法定的网络安全义务,即使在主管机关责令后仍未采取措施,导致违法信息大规模传播、用户信息泄露,或者刑事案件证据灭失等严重后果。对此行为,法定最高刑为 3 年有期徒刑。

再次,第 287 条之一规定了"非法利用信息网络罪"③,是针对那些利用信息网络设立网站进行诈骗或教唆犯罪等行为的规定。对这类行为,法定的最高刑也为 3 年有期徒刑。第 287 条之二解释了"帮助信息网络犯罪活动罪"。对于明知他人通过信息网络实施犯罪,却仍为其提供互联网接入、网络存储等技术支

---

① 《中华人民共和国刑法》第 253 条之一第 1 款规定:违反国家有关规定,向他人出售或者提供公民个人信息,情节严重的,处 3 年以下有期徒刑或者拘役,并处或者单处罚金;情节特别严重的,处 3 年以上 7 年以下有期徒刑,并处罚金。

② 《中华人民共和国刑法》第 286 条之一第 1 款规定:网络服务提供者不履行法律、行政法规规定的信息网络安全管理义务,经监管部门责令采取改正措施而拒不改正,有下列情形之一的,处 3 年以下有期徒刑、拘役或者管制,并处或者单处罚金:(1)致使违法信息大量传播的;(2)致使用户信息泄露,造成严重后果的;(3)致使刑事案件证据灭失,情节严重的;(4)有其他严重情节的。

③ 《中华人民共和国刑法》第 287 条之一第 1 款规定:利用信息网络实施下列行为之一,情节严重的,处 3 年以下有期徒刑或者拘役,并处或者单处罚金:(1)设立用于实施诈骗、传授犯罪方法、制作或者销售违禁物品、管制物品等违法犯罪活动的网站、通讯群组的;(2)发布有关制作或者销售毒品、枪支、淫秽物品等违禁物品、管制物品或者其他违法犯罪信息的;(3)为实施诈骗等违法犯罪活动发布信息的。

持,或提供广告推广、支付结算等帮助的严重行为,其法定最高刑为 3 年有期徒刑。

最后,需要特别注意的是,《最高人民法院、最高人民检察院关于办理侵犯公民个人信息刑事案件适用法律若干问题的解释》进一步明确了这些罪行的相关定义。其中,该解释对"公民个人信息"的定义尤其详细,强调包括通过"电子或其他方式记录"的具体自然人的身份信息或个人活动信息。此外,该解释还强调,"违反国家有关规定"包括违反部门规章的规定,以及通过信息网络向特定人提供信息的情况也被视为"提供公民个人信息"。

2.《民法典》

对于个人信息安全,《民法典》早已确立了一套保护制度。这套制度明令禁止对个人信息的非法收集、使用、处理以及传输。据此,《民法典》为公民提供了在其个人信息受到侵犯时寻求民事救济的权利,这些救济可以要求侵权人停止侵权行为、消除影响、恢复名誉、赔礼道歉以及赔偿损失,包括对精神造成的损失。此外,该法律还强调必要时付出违约金的责任。

《民法典》也对网络资产保护作出了原则性规定,明确提出:"法律对数据、网络虚拟财产的保护有规定的,依照其规定。"这为网络财产权的保护提供了法律依据。而《消费者权益保护法》同样强调了经营者在收集和使用消费者个人信息时的原则、方式和保密义务。这一规定与《全国人民代表大会常务委员会关于加强网络信息保护的决定》在条款内容上相呼应,二者共同构建起一套维护公民个人信息和网络财产权的法律保障体系。

3.《网络安全法》

《网络安全法》为互联网技术升级版的区块链制定了严格的指导方针。在保障网络安全与信息安全的方面,法律为网络构建者和运营者设立了一系列规定。

首先,法律提出了对网络建设方或运营方维护网络安全的总体要求,强调网络的构建与运营必须符合安全标准。这些标准涉及个人信息收集和使用,以及网络关键设备和网络安全专用产品的规范,都为区块链的安全运行提供了法律保障。

其次,对于个人信息的收集和使用,法律强调必须征得用户同意,并且公示收集和使用的规则,明确表述收集和使用信息的目的、方式和范围,且总体上贯彻合法、正当、必要的原则。这些规定明确了区块链的责任和义务,增加了区块链技术的可信度和透明度。

再次,法律也对网络运营者的义务进行了规范。对于个人信息的更正或删除,法律规定网络运营者有责任配合。同时,法律禁止任何人通过网络进行违法犯罪的活动,也规定了网络运营者在发现网络违法信息时,应及时适当处置,并建立有效的投诉和举报机制。这些规定无疑将对区块链技术的运用提供更强的法律保障。

最后,关于境内信息向境外提供的安全评估问题,法律也进行了详细的规定。这对于全球化的区块链技术来说,提供了一种合法、安全的跨境信息流通的途径。

4.《电子商务法》

根据《电子商务法》第 9 条第 1 款的规定,我们可以明确地识别"电子商务经营者"的定义,其主要指的是那些通过互联网等信息网络进行商品销售或服务提供的运营主体。同时,该条第 2 款进一步明确了"电子商务平台经营者"的定义。对于那些利用点对点信息网络提供服务的区块链运营者,这部法律也具有相应的约束力。

在这部法律的构架中,第 23 条①提出了一个关于经营者如何保护用户个人信息的重要要求,这是对经营者提出的强制性责任。与此同时,第 25 条②确保了相关政府部门能够要求经营者提供用户个人信息的权利。

此外,第 24 条③还对用户信息的查询、更正、删除、注销的权利进行了详细规定,强调了经营者在这方面的责任。此外,针对平台经营者保护知识产权的责

① 《电子商务法》第 23 条规定:电子商务经营者收集、使用其用户的个人信息,应当遵守法律、行政法规有关个人信息保护的规定。

② 《电子商务法》第 25 条规定:有关主管部门依照法律、行政法规的规定要求电子商务经营者提供有关电子商务数据信息的,电子商务经营者应当提供。有关主管部门应当采取必要措施保护电子商务经营者提供的数据信息的安全,并对其中的个人信息、隐私和商业秘密严格保密,不得泄露、出售或者非法向他人提供。

③ 《电子商务法》第 24 条规定:电子商务经营者应当明示用户信息查询、更正、删除以及用户注销的方式、程序,不得对用户信息查询、更正、删除以及用户注销设置不合理条件。电子商务经营者收到用户信息查询或者更正、删除的申请的,应当在核实身份后及时提供查询或者更正、删除用户信息。用户注销的,电子商务经营者应当立即删除该用户的信息;依照法律、行政法规的规定或者双方约定保存的,依照其规定。

任,第 41 ~45 条对其义务和具体内容进行了明确的规定。

故此,区块链作为一种创新的信息技术,其快速的发展速度和广泛的应用前景给法律制度和合规工作带来了巨大的挑战。虽然现有的政策法规为区块链提供了一定的总体框架和基本逻辑,但仍然缺乏直接规范,而现有的直接规范也未能全面覆盖。因此,面临着区块链未来发展带来的不确定性挑战。为了应对这些挑战,区块链相关的法律合规和司法实践应该基于现有的各个层级的相关法律法规和规范性文件。在法律空白的地方,可以通过应用法律原则和理论进行补充,必要时还可以参考行业性文献。同时,立法和政策制定机构需要持续关注行业发展,及时推进相关立法进程。

二、区块链的国外相关政策法规

(一)美国

美国虽认可区块链技术并鼓励其发展,但是对于这种新兴技术一直保持着严谨的监管态度。美国对于区块链技术的监管依托于各机构之间的相互协作,主要有美国证券交易委员会(SEC)、美国商品期货交易委员会(CFTC)、美国金融情报中心(FinCEN),有时美国国家税务局(IRS)也会发布相关准则。目前,美国对于区块链的监管方向是先打击加密货币领域的违法行为,对区块链的应用也呈现出越来越积极的态度。

2013 年,美国参议院、国土安全及政府事务委员会召开有关比特币的听证会,首次公开承认了比特币的合法性。

2014 年,美国国家税务局将比特币看作一种财产而不是货币。同年,《纽约金融服务法律法规》开始实施对比特币的监管。

2015 年,纽约金融服务部门(NYDFS)发布密码货币公司监管框架 BitLicence。同年,美国商品期货交易委员会把比特币和其他密码货币合理定义为大宗商品,从此受到美国商品期货交易委员会的监管。

2016 年,美国货币监理署(OCC)发布“责任创新框架”,旨在监管那些正在研究区块链和其他金融技术的创业公司。

2017 年,美国国会宣布成立国会区块链决策委员会;特朗普政府行政部门呼吁发展区块链在公共部门中的应用。

2018 年,美国证券交易委员会发布《关于数字资产证券发行与交易的声明》,并强调美国证券交易委员会支持有利于投资者和资本市场发展的技术创新,但必须遵守联邦法律框架,在监管合规的前提下有序进行,同时鼓励区块链新兴技术的创业者聘用法律顾问,必要时可寻求美国证券交易委员会的协助。

2019 年,新加密货币 Libra 横空出世,美国国会对加密货币的听证会越来越频繁。但对于区块链技术的态度从最开始的敌视,到逐渐合法化,然后进入操作层面的严格监管以及技术应用上的积极支持。

尽管美国对区块链的态度越来越明朗,但是,由于涉及较为敏感的金融证券领域,区块链在美国面临的政策环境还是比较严格的。迫于监管压力,很多区块链企业也选择去一些政策相对宽松的国家发展。

(二)英国

2016 年,英国政府发布《分布式账本技术:超越区块链》白皮书,肯定了区块链的价值。

2018 年,英国财政部、金融行为监管局和英格兰银行共同组建"加密资产专项工作组"。同年 10 月,英国政府发布了一系列关于区块链行业的监管措施。

2019 年,英国金融行为监管局(FCA)发布了一份名为《加密货币资产指南》的文件。文件指出,根据国家监管活动令(RAO)或金融工具指令Ⅱ中市场监管的"金融工具",加密货币资产可被视为"特定投资"。

英国首相、英格兰银行行长、财政大臣都曾在不同场合表示出台监管政策的必要性。英国可能是当下对于区块链技术和数字货币最开放的国家之一,始终抱着"监督不监管"的态度,并且还为全球区块链初创企业提供了非常优惠的政策,因此不少区块链初创公司都在考虑把总部搬往伦敦。虽然英国加密货币市场不大,但是英国金融行为监管局动作频频,英国对于区块链的报道也越来越多,也许英国将很快加入对加密货币采取明确监管措施的国家行列。

(三)俄罗斯

2014 年,俄罗斯政府全面禁止比特币在国内流通和使用。

2015 年,俄罗斯开始洽谈比特币的流通和监管,财政部提出议案,计划限制访问允许虚拟货币发行和流通的网站,参与比特币交易的用户最高将面临 4 年监禁。

2016 年,俄罗斯再次被传将推出本国的数字货币,财政部副部长 Alexei

Moiseev 表示，将不再坚持全面禁止比特币。

2017 年，俄罗斯总统普京会见以太坊创始人 Vitalik Buterin，逐渐开放了区块链行业的政策，在俄罗斯议会中也成立了区块链专家组议会。

2018 年，俄罗斯央行以“风险高、时机不成熟”为由，发布对虚拟货币的警告。同年，俄罗斯正式宣布关闭比特币交易网站。

2019 年，俄罗斯央行表示反对任何“货币替代品”，央行行长艾薇拉·纳比乌琳娜(Elvira Nabiullina)最近在国家杜马会议上重申了这一监管态度，而且该行也在其官方推特上公开发布了相关信息。但目前俄罗斯央行正在研究数字货币将如何运作，还特别关注中国的数字货币的研发。

近年来，俄罗斯政府与相关部门对于比特币等加密货币态度依然不算友好，但对于区块链的态度越发积极。普京曾经说过，俄罗斯不能在区块链领域落后于别国。不久前，俄罗斯银行在其测试平台框架内成功完成了首次代币发行(以下简称 ICO)测试，金融市场发展部副主任 Ivan Semagin 表示，尽管许多法律问题仍然没有得到解决，但从技术角度来看，这个测试已经取得了成功。俄罗斯态度的转变也显现了“战斗民族”的决心和力量。

(四)日本

在亚洲国家中，日本对于区块链是比较开明的，但是在监管方面又显得颇为谨慎。日本政府早期鼓励发展，到后来谨慎监管，对于加密货币与区块链的态度也在不断向合规转变。目前，日本央行表示在监管上主要针对数字资产，并且正在尝试一些区块链项目。

2014 年，世界最大的比特币交易机构——日本 Mt. Gox 巨额比特币被盗(“门头沟”事件)，日本监管机构一度加强对于区块链和虚拟货币的监管。

2016 年，日本内阁通过投票将比特币和数字货币均视为数字等价货币。

2017 年，日本实施了《支付服务法案》，正式承认比特币是一种合法的支付方式，对于数字资产交易所提出了明确的监管要求。同年，日本新版消费税正式生效，比特币交易不再需要缴纳 8% 的消费税。

2018 年，日本金融厅(FSA)指出将对虚拟货币进行严格注册审查和监控。同年，日本金融厅表示代币发行监管法规修改后将对 ICO 的投资上限实行限额。

2019 年，日本加密货币商业协会(JCBA)发布“关于 ICO 新监管的建议”。

同年通过《资金结算法》和《金商法》修正案，加强了对于虚拟货币兑换和交易规则的措施。

日本的经济体量巨大，区块链及金融领域的发展基础极其雄厚。一方面，日本之前发生的"门头沟"事件，也使日本多年来对于这个领域非常谨慎。另一方面，日本政府积极立法，宽容接纳比特币作为一种支付手段。巨大的市场也吸引了很多国内外交易机构前往开拓市场。

（五）德国

德国看到了加密货币背后的核心技术，并将区块链技术视为有前景的关键技术。对于稳定币，德国明确表示不允许私有企业发行稳定币。而我们可以看到，德国希望利用区块链技术带来的机遇，挖掘其促进经济社会数字化转型的潜力。

2013年，德国金融部正式认可比特币成为一种"货币单位"和"私有资产"，受到国家监管。这也使德国成为世界首个承认比特币合法地位的国家。

2016年，联合德意志联邦银行召开区块链技术机遇与挑战大会，针对分布式账本的潜在运用展开研究，包括跨境支付、跨行转账以及贸易数据的存储等。

2018年，德国财政部表示，如果比特币用户将比特币用作支付方式，那么他们不会对其进行征税。

2019年，德国总理安格拉·默克尔（Angela Merkel）内阁批准了区块链战略草案，确定了政府在区块链领域里的优先职责，包括数字身份、证券和企业融资等。

（六）韩国

2016年，韩国央行在报告中提出鼓励探索区块链技术。同年，韩国金融投资协会（Korea Financial Investment Association，KOFIA）牵头、由21家金融投资公司和5家区块链技术公司共同成立区块链协会，旨在推动韩国布局区块链行业。

2017年，韩国政府将比特币汇款方式合法化。同年，韩国金融服务委员会（FSC）禁止国内公司参与ICO。韩国金融服务委员会表示，代币发行融资模式违反资本市场法，并对参与ICO的人员实施严厉处罚。

2018年，韩国政府将区块链作为税收减免对象，鼓励企业入局区块链领域。同年5月，韩国国民议会提出解除ICO禁令的提案，并于6月正式解禁ICO，但

ICO 仍要面临较严苛的监管。

2019 年,经韩国科学和信息通信技术部证实,韩国政府将在 2020 年对区块链项目投资约 1280 万美元。韩国总统直属第四次工业革命委员会也敦促政府尽快使加密货币制度化和制定相关税收方案。并表示,政府应意识到区块链是必然趋势,尽快确定给予基于区块链的加密货币法律地位。

韩国在数字技术创新领域相对比较成熟,由于地缘政治的影响,韩国最快的网速和高度完善的电信系统为该国数字货币投资者提供了更多的机会。

(七)泰国

2013 年,泰国央行宣布比特币非法,禁止比特币流通交易,成为全球第一个禁止使用比特币的国家。但仅 6 个月后,泰国央行有条件地解禁比特币。

2014 年,泰国最大的比特币交易网站 Bitcoin. co. th 恢复正常交易,泰国央行允许比特币流通和交易,但要求交易仅限于在泰国国内并以泰铢结算,不得涉及其他外币。

2017 年,泰国持牌交易所 THcion 得到泰国央行和商务部的许可正式成立,并将面向全球经营。

2018 年,泰国政府对于加密货币项目和交易所表示了欢迎。并且在短短几个月的时间里,泰国政府推出了区块链行业新法令《数字资产商业法令》,各监管机构开始颁发加密货币公司许可证以及允许开设加密货币交易所和进行 ICO。

2019 年,泰国央行表示正在开发自己的区块链环境和加密货币,以便在一个更快、更实时的系统中用于银行间结算。

虽然泰国对于加密货币持友好态度,但是对于安全问题丝毫不懈怠。最近,泰国正在严格监管加密货币行业的各种欺诈信息。去年相关机构更是发布了一个监管潜在 ICO 的网页平台。作为东南亚最具潜力的新兴市场之一,泰国政府积极转变监管态度,完善相关领域的立法,紧跟数字领域发展脚步,或许也是泰国区块链在整个东南亚地区较为领先的原因。

第三节 区块链法律层面的价值与未来趋势

一、区块链法律层面的价值

区块链作为新兴信息技术,其法律规范和合规问题日益引人注目。最初,区块链主要应用于比特币等虚拟货币的基础架构。然而,其在社会其他领域的应用潜力逐渐被认识。在我国,区块链已广泛应用于金融证券、会计审计、社区服务和政务电子化等领域,甚至已经在互联网法院的审判系统中应用。

虽然我国针对区块链的专门立法不多,但并不意味着区块链是无法可依的。现有计算机和信息技术法律体系已成为区块链法律体系的基础,但针对区块链特性的法规尚需进一步制定和完善。系统来说,区块链法律体系包含各级法规如基本法律、法律、行政法规等。尽管区块链技术的快速发展,很多领域还未制定完全法规,但我们已经看到立法部门和企业在进行前瞻性探索。

对于罪刑和民事法规,基本法律如《刑法》和《民法典》已经涵盖了诸如侵犯公民个人信息罪和网络安全的规定。信息技术领域的《网络安全法》《电子商务法》等则构成法律层面的规范。行政法规,如《计算机信息系统安全保护条例》规定了主管机关的职责,《互联网信息服务管理办法》则规范了互联网经营行为。部门规章如《金融消费者权益保护实施办法》和《区块链信息服务管理规定》有特别的针对性和可操作性。同时,司法解释和非规范性的通知公告,也揭示了主管部门的立法趋势。

最后,行业和领头企业也在制定相关技术和服务标准,如《中国区块链技术和应用发展白皮书》等。总体来说,我国的区块链法律体系虽然在形成中,但由于技术发展速度,现有法规对区块链的全面、针对性规范需要进一步加强。

(一)区块链是否合法

首先,区块链行业是一个合法的行业,区块链技术的使用本身也并未被定性为违法行为。所以,可以肯定地告诉大家,单纯的区块链是合法的,虚拟货币本身的存在也是合法的。因为并没有哪一条规定明文禁止区块链或者虚拟货币本身的存在,法无禁止即自由。不过,为什么我们还要联合各地的公安机关、政府部门进行区块链反诈方面的宣传呢。因为区块链虽然是合法的,但很多不良商家利用区块链或者虚拟货币进行的行为却是违法的。这点并不矛盾,就像制作、销售、使用菜刀并不违法,但拿菜刀伤人就是违法的了。

其次,区块链作为底层技术,是可以很好地促进金融行业的发展的。但区块链并不代表金融,区块链和金融的违规结合,才是万恶之源。有关部门尽快制定区块链和金融结合的相关准入标准也显得迫在眉睫。当然,"一刀切"式的做法并不可取,更应加强区块链和金融的监管,才能促进整个行业的发展。

(二)区块链技术的法律价值

区块链技术对法律行业具有重要的影响和应用价值。

首先,区块链技术为法律行业提供了更安全和透明的交易平台。通过记录和共享交易信息,区块链消除了潜在的欺诈行为,增强了交易的可信度和可追溯性。

其次,区块链技术有助于法律行业更好地管理数据。数据的保护和隐私在法律行业中至关重要,而区块链提供了一种安全且可靠的数据管理方式。区块链的分布式性和加密特性保护了数据的安全性,同时可通过智能合约确保数据的合规性和可访问性。

再次,区块链技术还能提升智能合约的管理效率,对法律行业具有重要意义。智能合约是基于区块链的自动化合约,能够在无须第三方机构的情况下自动执行合约条款。这种合约应用广泛,可用于管理商业交易、保险索赔、不动产交易等,提高效率并降低交易成本。

又次,区块链技术必然会带来一些法律问题和挑战。例如,由于区块链的匿名性,可能存在难以追溯的交易,增加了非法交易和欺诈的风险。此外,不同国家的法律和监管环境存在差异,跨国交易可能面临不同法律体系的冲突和合规问题。

最后,法律行业需要积极探索如何应对这些挑战,以更好地利用区块链技术的优势。法律从业者需要深入了解区块链技术,并制定相应的法律和合规框架。同时,政府和监管机构也应加强合作,制定跨境合规标准,以确保区块链技术的合法性、安全性和可持续发展。随着法律行业逐渐应用区块链技术,有望实现更高效、透明和安全的法律交易环境。

二、区块链法律层面的未来趋势

(一)区块链治理应用的法律挑战

区块链技术的应用在法律行业中面临着一系列法律挑战。这些挑战主要体现在以下几个方面。

1. 对传统法律的挑战

区块链系统中的参与者被化约为数据和节点,这使传统法律中的主体、权利、义务或责任的理论和规则难以适用。交易参与者的独立身份和主体形态难以准确识别,传统的归责体系无法适应区块链的特点。此外,一些新型权利无法及时得到法律的认可,需要对现有法律进行调整和改进。

2. 隐私问题

区块链的透明性是其优势之一,但也是其缺陷之一。区块链的分布式账本系统记录了所有交易的完整历史记录,任何人都可以访问和查看。这可能导致参与者的隐私泄露问题,特别是个人敏感信息的泄露。在区块链应用中,隐私保护面临着挑战,需要在技术和法律层面找到合适的解决方案。

3. 执法监管的难度

区块链的去中心化和匿名性特点使监管变得更加困难。区块链技术的运作方式可能逃避传统的法律监管,挑战现有的法律法规。区块链技术的中立性可能被滥用,社会风险管理缺乏法律约束可能会受到挑战。监管部门需要加深对区块链技术的认识,并制定相应的监管标准和规范。

4. 法律规制的前瞻性

区块链的运作逻辑对现有法律规制提出了挑战,需要设计适应区块链时代的规范体系。如何协调促进发展与规制风险的法律目标是关键。区块链应用的发展为法律价值和治理手段提供了契机,但在区块链的数据空间中,法律规则和司法体系仍然必要。因此,区块链应用需要与现实世界的社会规则和司法体系相结合。

解决这些挑战需要深入研究和探索,包括适应性法律规则的制定、隐私保护技术的发展以及监管部门的加强合作。通过有效的法律规制,区块链技术可以更好地为法律行业服务,并为社会带来更多的机遇和福利。

(二)区块链在法律层面的治理方向

1. 更新立法理念,法律必须具有开放性与前瞻性

滞后性是法律在面对科技进步时无法摆脱的窘境,应采取何种法律规制理念应对技术的日新月异,是区块链时代无法回避的问题。很明显,区块链技术为法律制度与互联网的结合与发展提供了一种崭新的可能性。规范治理与技术治理相融合的立法理念对区块链时代的立法者提出了法律与科技的双重要求。现有的法律知识理论和方法技术的局限性面对区块链这样一个复杂的非线性系统日益显露,单一的法律规范体系已经无法应对区块链的法律规制与调整的现实需要所带来严峻挑战。一方面,区块链系统中影响因素与相互之间的关系会随着技术发展变得愈加复杂,区块链系统本身是一个社会问题和技术问题缠绕在一起的复杂跨界的知识系统,涉及的因素不仅体现出自然科学属性,而且具有传统的社会属性和人的精神属性,需要不同知识群体之间的沟通协调;另一方面,随着区块链技术自身的迅猛发展,不能仅仅使用传统的局限于技术学或法学的思路与方法,而需要一种创新思维来开展区块链法律规制研究。

法律该以什么样的角色存在于区块链中,如何设计人工智能时代的规范调控体系,这些问题不仅涉及对传统法律制度的反思,更是对未来法律发展方向的有益探索。区块链的技术会不断地更新优化,这使法律必须拥有开放性以及前瞻性的视野。另外,作为引领科技革命和产业变革的全新的技术与概念,区块链需要大量的创新空间,作为立法者应更新立法理念,需要考虑为其创建宽松的技术创新发展环境。进言之,在思考对区块链所面临的潜在问题进行规制时,需要将目光放得更加长远,思考的角度也需要更加宽广全面,避免单纯从技术层面来审视区块链的应用价值,而应以总揽全局的前瞻性的思维和方法来审视区块链作为一种相较于传统的替代性或补充性治理机制的可行性以及其运行机制的法律规制。人类一方面需要对能够给我们的世界带来利好的变化的新技术具有包容性,尊重技术变革的内生逻辑;另一方面需要警惕技术本身的内在缺陷以及技术滥用引起的治理难题,并在法律程序和自由价值导引下积极回应区块链技术深刻影响社会生活的现实,将人工智能的科学智慧和法律规制的制度理性完美结合起来。

2. 增强司法能动性

法律天然存在的滞后性与僵硬性必然会导致日新月异的技术和瞬息万变的

社会发展所引发的法律空白。现行法律并没有明确的对应条文来应对区块链应用所引发的一些新型权利纠纷和挑战。面对此类难题,为最大限度地维护社会公平正义与秩序,应增强司法的能动性。这意味着在这些新型纠纷的审判实践中,允许法官在适当时机“超越法律”。法官应在尊重立法者原意、探明法律规范意旨的基础上,遵循法律的基本原则,通过科学地运用法律逻辑、合理地运用法律解释方法,充分发挥主观能动性以回应新时代经济社会发展的要求,使司法更好地适应当下高速发展的科学技术的客观需求。当然,能动司法对法官的法学素养与经验能力也提出了更高的要求。

3. 自治与他治相结合

在数字世界中,调节和维持行政管控的方式必须改变,应致力于构建技术行业自治与法律他治的共生状态,力争有效推动社会结构的综合性多元化的均衡治理格局。对于区块链而言,自主规制是备受关注的一个重要方面,所以,应探索区块链监管新模式,构建平衡审慎监管、法律底线不容突破与包容试错、鼓励创新发展的区块链监管体系,实现监管技术的升级和提效,在为区块链技术的健康发展创造环境的同时,通过各种政府手段引导区块链服务于社会福祉。充分鼓励行业组织自主规制,可以减少监管者的刚性干预,并降低监管成本,有益于发挥区块链对经济发展的创新驱动力。行业自主规制除具有很强的灵活性优势外,还带来了更高的效率、更多的激励和成本的降低,而且这些协会是企业与相应的政府监管部门的沟通桥梁,制定的自主规制规则是与政府合作制定出来的。通过行业性的自主规制,既可以使监管者明确区块链技术的行业应用现状,同时,通过行业对自身行为的监督,能够使监管部门理性看待这一激动人心又充满挑战的技术变革,避免对新兴行业“不管则乱,一管则死”的后果。

第二章　区块链与虚拟货币

第一节　虚拟货币概述

一、虚拟货币的概念

目前,学术界对虚拟货币的定义尚未统一,不同的文献对虚拟货币给出了不同的界定。欧洲中央银行在2012年《虚拟货币项目》报告中定义虚拟货币是"没有监管的、由开发者开发和管理的、仅在特定虚拟网络世界中使用的数字形态的货币",后又在2015年《虚拟货币——进一步研究》报告中,进一步定义虚拟货币不是合法货币,不是由合法的中央银行、信用机构或者电子货币发行机构发行的,但是在某些情况下可以作为货币替代物的价值的数字表现形式。

在传统的研究中,有学者将Q币、新浪U币和Facebook Credits等网络虚拟币称为虚拟货币,也有学者将新浪爱问积分等网络积分称为虚拟货币,还有学者将魔兽币、林登币(Linden Dollar,L $)等网络游戏币称为虚拟货币;另外,在其他文献中,还有学者将电子货币也看成一种广义的虚拟货币;而随着区块链技术的出现,学者们通常也将以比特币为代表的基于区块链的货币形式称为虚拟货币。总体来说,现有文献中的虚拟货币概念可以概括为以下3种:应用于网络虚拟社区的虚拟货币、电子货币和基于区块链的虚拟货币。

因此,我们需要区别法币、代币、数字货币、虚拟货币、Q币,特别是其在司法实务的角度是如何进行划分和区别的。早在2017年《中国人民银行、中央网信办、工业和信息化部、银监会、证监会、保监会关于防范代币发行融资风险的公告》(以下简称《九四公告》)中就特别强调了禁止"法定货币与代币、'虚拟货币'"之间的兑换,但如何区分不光很多普通人分不清,司法机构中也有大部分人是分不清的。因此,才造成了币圈的维权难,以及很多问题案件的产生。

（一）什么是法币

法币也就是法定货币，根据《人民币管理条例》的规定，人民币是我国的法定货币。同时，根据《刑法》第 170 条至第 173 条对伪造变造货币、使用假币等罪名的规定以及在具体案件中的适用理解，我们能够得出：法币在法律中指的就是由各国政府发行并经我国认可的货币。这里需要注意的是，需经过我国认可的货币才是法币。所以，即使萨尔瓦多把比特币作为了他们的法定货币，在我国也是不具有法币地位的。

（二）什么是代币

代币这个词并不是在比特币之后才出现的，早在 1991 年，国务院办公厅就发布了《关于禁止发放使用各种代币购物券的通知》，这里的代币主要指的是“购物券”“信用券”“礼宾券”等可以在特定商城购物消费的代币票券。而《九四公告》规定：“代币发行融资是指融资主体通过代币的违规发售、流通，向投资者筹集比特币、以太币等所谓‘虚拟货币’……”所以这里的代币指的是比特币、以太币等虚拟货币。这两个法条中的代币虽然指的不是同一类物品，但也基本给代币下了一个模糊的定义，即代币是一种在特定场景下代替法币部分作用，需要法币作为价值支撑的货币。

（三）什么是数字货币

数字货币就是字面意思，电子数据形式存在的货币就是数字货币。目前在所有的法律条文中是没有数字货币这个词的，只有“法定数字货币”的表述。其实，根据中国人民银行 2021 年 3 月底发布的《法定数字货币创新研究开放课题参考方向》可知，这里的“法定数字货币”和比特币等虚拟货币并没有太大的区别，甚至提到了“智能合约”等技术。所以，数字货币目前在法律意义上通常情况下的定义，笔者认为就是指法定的数字货币。

（四）什么是虚拟货币

说到虚拟货币在法律意义上的定义，虚拟货币这个词在法条中出现的表述，有的时候是没有引号的，有的时候却是有引号的。首先，虚拟货币一词在法律法规中第一次出现，是 2008 年《国家税务总局关于个人通过网络买卖虚拟货币取得收入征收个人所得税问题的批复》。这时的虚拟货币，还指的是网络游戏、Q 币等。但在比特币出现之后，虚拟货币一词在很长的一段时间内就被加上了引号，如《九四公告》中的虚拟货币一词就还是带有引号的。笔者认为立法机构此时对于比特币的理解，应该是还停留在类似 Q 币的“虚拟货币”的角度。

但反观近年来的一些法律规定及政策去掉了引号，不排除可能是因为在当下，虚拟货币一词越来越特指比特币等虚拟货币，而非 Q 币等游戏币。因此，笔者认为 Q 币本身也是虚拟货币的一种，但虚拟货币目前更多的就是比特币等加密货币的代称。就像“可乐”已经成为含二氧化碳糖水的代称一样。根据习惯的变化为这个词赋予了新的含义。因此，目前针对虚拟货币的一些规定，并不适用于发行 Q 币之类的虚拟货币。而是专指比特币等可以自由买卖的加密货币。这同时是定罪量刑的关键争议焦点。不论是从相关法律法规来看，还是从已发布的国家政策来看，国内并未完全禁止新发虚拟货币，这一点可能会打破很多人固有的认知，但事实上就是这样。

即使是基于区块链技术的虚拟货币，上链新发也是没有被禁止的。但是，新发虚拟货币如果涉及以下 3 点则可能会被认为是违法犯罪活动：第一，私募融资。在虚拟货币发布之后的交易是合法的，但在发布之前的私募行为却是违法的，《九四公告》所禁止的也是这种代币发行融资行为。第二，提供虚拟货币交易场所。虚拟货币的发行本身是合法的，但为虚拟货币兑换法币或兑换其他虚拟货币场所的行为则是违法的。第三，利用虚拟货币从事非法金融活动。金融圈有句话，一脚踏入金融，另一只脚就已经迈入了监狱。虚拟货币之所以被国家打压，主要原因之一是它的金融属性过重。一旦将虚拟货币用于金融活动，都需要谨慎从事。

虚拟货币作为区块链发展中不可或缺的一环，务须正确地应用虚拟货币，使其回归本质，才是正确的发展方向。在元宇宙的发展过程中，需要参与企业对虚拟货币使用严格规范的展开。

二、虚拟货币的发展历程

（一）虚拟货币的演变过程

第一阶段：社会需求和技术供给的相互作用。

在货币的发展史中，货币形态的变化往往是社会需求和技术供给相互作用的结果。虚拟货币的演变也遵循着这一模式。新的货币形态通常源于对更高交易效率的需求。新技术的出现会催生出新的货币形态，因为这些新技术提供了相应的技术支持。随着社会的发展和科技的进步,人们对货币的使用方式和功能有了更高的期望,虚拟货币应运而生。虚拟货币通过利用数字技术和互联网,提供了更便捷、快速和安全的交易方式。它们不受地域限制,可以在全球范围内进行交易,并且减少了传统货币交易中的中介环节和手续费。同时,虚拟货币的发展也受到了技术供给的推动。随着区块链技术的出现,虚拟货币得以实现去中心化和去信任,进一步提高了交易的安全性和可追溯性。随着科技的不断进步,不乏可以期待虚拟货币的形态和功能将继续演变,以满足人们对更高效、便捷和安全交易的需求。

首先,虚拟货币在设计上具有独立的名称和记账单位,以赋予其在特定虚拟社区内独特的身份和认可。不同的虚拟社区根据其功能和用途等因素,为虚拟货币选择特定的名称,并采用与法定货币不同的记账单位。这种独立设计使虚拟货币能够更好地适应特定虚拟社区的需求。

其次,虚拟货币具有明确的功能和流通范围。每种虚拟货币都有其独特的功能和用途,并且仅在特定虚拟社区内指定的范围内流通和使用。其功能可能包括购买虚拟商品、支付虚拟服务费用,甚至在某些情况下进行虚拟社区内的投资和交易。这种专门化的设计使虚拟货币能够更好地满足虚拟社区的特殊需求和业务模式。

最后,虚拟货币通过独立的名称和记账单位以及特定的功能和流通范围,赋予其在特定虚拟社区内独立的身份和认可。这种设计使虚拟货币能够更好地适应虚拟社区的需求,促进虚拟社区的发展和运营。

第二阶段:转向基于区块链分布式记账技术。

随着区块链技术的出现,中心化虚拟货币逐渐向基于区块链分布式记账技术的虚拟货币发展,表现为去中心化的趋势。产生原因是技术供给和社会需求。区块链作为一种分布式的记账技术,实现了完全的点对点交易,使虚拟货币在没有中心机构的条件下运行成为可能。而社会需求则源于传统中心化机构发行、记录和管理虚拟货币的模式存在的弊端。

从虚拟货币发行的角度看,中心化机构垄断发行权可能导致超发和滥发的风险,进而引发通货膨胀,损害虚拟货币持有者的利益。从虚拟货币转移的角度看,传统中心化虚拟货币的交易需要由中心化机构进行登记、确认和争端协调,这增加了交易成本,限制了日交易规模,并带来了不确定性。为了排除中心化机构的弊端，虚拟货币希望寻求一种新的解决方案，而区块链的出现为其提供了可能。

在区块链中，虚拟货币可以通过程序自动发行，交易记录则由区块链的分布式账本记录，这在一定程度上替代了中心化机构的角色，缓解了中心化机构对虚拟货币的弊端，从而加快了去中心化的过程。该演变过程对虚拟货币特征的改变主要源于区块链技术的特点。

从微观层面来看，基于区块链的虚拟货币的交易记录由区块链的分布式账本记录，具有不可篡改和公开透明的特性。而从宏观层面来看，基于区块链的虚拟货币的交易体现为点对点的交易，不需要中心机构的介入，更符合去中心化的特征。

总之，随着区块链技术的发展，中心化虚拟货币正逐渐向基于区块链分布式记账技术的虚拟货币转变，呈现出去中心化的趋势。这一演变过程的产生原因是技术供给和社会需求，而其表现特征则主要源于区块链技术的特点。这一趋势的出现为虚拟货币提供了更加可行的去中心化基础设施，推动了虚拟货币的发展与应用。

第三阶段：完全去中心化向去中介化发展。

该过程促使完全去中心化虚拟货币向去中介化虚拟货币演变，这种演变是一种融合了中心化和去中心化特性的虚拟货币，通常被称为“通证”，具有专门用途。这种演变过程的产生原因和表现特征将在下文详细介绍。

虚拟货币的发展经历了从完全去中心化到去中介化的演变过程。在完全去中心化的阶段，虚拟货币的交易是由网络中的所有参与者共同维护和验证的，没有中央机构的干预。然而，随着虚拟货币的普及和应用场景的增加，完全去中心化的模式面临着一些挑战和限制。为了解决这些问题，去中介化虚拟货币应运而生。

去中介化虚拟货币是一种融合了中心化和去中心化特性的新型货币形式。它不仅保留了去中心化的优势，即去除了中央机构的控制和干预，同时具备了中心化的优势，即能够提供更高效和便捷的交易体验。去中介化虚拟货币通常被称为“通证”，它具有特定的用途和功能，可以在特定场合进行数字化权益证明。

这种演变过程产生的原因是虚拟货币市场的需求和发展趋势。随着虚拟货币的广泛应用和交易量的增加，传统的完全去中心化模式可能无法满足用户的需求。一些应用场景需要更高效和便捷的交易方式,而去中介化虚拟货币正是为了满足这些需求而产生的。

去中介化虚拟货币的表现特征主要体现在其结构和功能上。与传统的完全去中心化虚拟货币相比,去中介化虚拟货币更加灵活和可扩展。它可以根据不同的应用场景和需求进行定制和优化,使其能够更好地适应各种交易环境。此外,去中介化虚拟货币还具备高度安全性和可信度,能够有效防止欺诈和篡改。

总之,完全去中心化虚拟货币向去中介化虚拟货币的演变是虚拟货币市场发展的必然趋势。去中介化虚拟货币的出现既满足了用户对高效和便捷交易的需求,又保留了去中心化的优势,为虚拟货币市场的进一步发展提供了新的可能性。通过以上分析,本文得到了一个虚拟货币的分类框架,该框架从中心化与去中心化、通用性和专用性两个角度定义了通用虚拟货币、专用虚拟货币、中心化虚拟货币和去中介化虚拟货币 4 种虚拟货币类型。通过对它们内在发展规律的分析,本文得到了虚拟货币从专用化到去中心化、再到去中介化的演变过程。通过本文对虚拟货币演变过程的详细分析和阐述,我们可以清楚地了解通证的产生原因、性质以及优越性,并对虚拟货币去中介化的发展趋势有更深的理解。

(二)针对虚拟货币行业立法的紧迫性

在国家的治理上,政策和法律是相辅相成的,二者缺一不可。但政策和法律又有诸多不同的特质,其中一点尤为重要:政策可以是灵活的、多变的、短期的,但法律是刚性的、稳定的、长期的。因此,法律一旦被确立,再想要从根本上进行大的调整,是十分困难的。这也是我国目前仍然没有开始针对区块链和虚拟货币进行立法的主要原因之一。

但也正是因为法律的缺位,所以虚拟货币在执法、司法领域都遇到了很多的阻力和麻烦。一个执法行为或司法行为的实施,如果没有了法律的支撑,甚至没有了法理的支撑,将会失去它的合法性。也正是因为合法性的不足,当前我国执法或司法部门在处理虚拟货币类案件的时候,总会引起社会各方面的重大分歧和争议。

区块链和虚拟货币是相生相依的。区块链概念的诞生始于比特币,这一点是业内的共识。虽然虚拟货币不能代表区块链的全部,但在去中心化的区块链体系内,作为激励措施的比特币,已经用 14 年的时间,从一文不值到 7 万美金的历史高点来证明了它的成功。笔者从业多年以来，与众多区块链行业的头部从业者做过许多学习交流活动，基本都认为去中心化项目的实施需要虚拟货币作为一种激励措施，或者说虚拟货币是成本最低的实现激励的一种方式。

从这个角度来看，去中心化的虚拟货币又有点像是中心化经济模型中的股票。如果完全摒弃虚拟货币，将极大地提升去中心化项目难度，甚至会导致很多项目无法开展。事实也证明了，即使我国一开始没有股票制度，股票也向世界证明了它会在改革开放后回到社会主义的市场经济中。如果完全摒弃虚拟货币，这无异于“芯片误国”的言论，20 年后的发展会证明“芯片强国”。

因此，虚拟货币不是洪水猛兽，任何一种资源，只有用错的地方，没有绝对的无用。中国的发展离不开全球化，中国的强大也离不开全球化，在全球大趋势下，中国也不可能独善其身。改革开放的大政方针实施到现在，中国特色的市场经济制度建设至今，其中很重要的一点，就是把国外效果好的模式引进国内，同时根据我国的国情作出一定的调整，以满足我国的实际情况。但就像我国的股市尚未完全成熟一样，西方国家的股票制度发展了上百年，而我国只有数十年。尚未完全成熟的主要原因，就是人民群众无法在有限的时间快速地适应新的市场经济制度。但现在全球各国在虚拟货币领域的监管又站在了同一起跑线上。

“立善法于天下，则天下治；立善法于一国，则一国治。”[①]在全面依法治国的今天，必须坚持党的领导和以人民为中心，加快完善中国特色社会主义法律体系。因此，不论是开放性的还是保守性的，都应将针对虚拟货币的立法提上日程，最低也要将立法研究提上日程。

（三）研究全球虚拟货币法律政策的必要性

我们先来看一个很简单的现象：任何赃款，只需换成虚拟货币，在美国、日本、新加坡、中国香港等国家和地区立马就可以变成法定货币。而只要全球有任何一个主要经济体承认虚拟货币，那其他国家和地区的不法分子就会利用这一点实施违法犯罪行为。而这一点，即使是国家和地区立法全面禁止，也无法阻止这类事件的存在。因此，立法就必须研究和参考全球各国、各地对于虚拟货币的法律政策。

放眼现在全球的虚拟货币监管政策，全球的监管部门都处于探索状态，也有

---

① 出自北宋著名政治家、文学家、思想家王安石所作《周公》一文。

不少的国家曾经在开放和保守之间来回转变。对于新事物的立法,试错的成本肯定是要付出的,但如何更少地付出试错成本,就需要我们研究全球的法律政策。从中汲取其他国家和地区的经验和教训,总结出可以适用于我国内地的法律法规的立法建议。

三、虚拟货币的法律性质

(一)虚拟货币是否受到法律的保护

虚拟货币受不受法律保护,这一问题不能一概而论。单纯地持有虚拟货币和买卖虚拟货币,在目前的法律体系下,还是合法的,法无禁止即自由,而且《关于防范比特币风险的通知》也明确了虚拟货币是虚拟商品的一种,也就是和Q币一样是有价值的。但根据《九四公告》的规定,以发行虚拟货币的名义进行融资、提供虚拟货币的交易平台、利用虚拟货币进行洗钱等行为,就是违法的。

(二)区块链不等于虚拟货币

在回答这个问题之前,大家必须明白的一点:虚拟货币不等于区块链行业,区块链技术包含范围也不止比特币、Filecoin,也不是星际文件系统(IPFS)技术的代名词。国家打击虚拟货币是从社会秩序、金融秩序等角度出发的。而国家支持区块链技术的发展,是站在科技发展的角度出发的。这并不矛盾。总之就是一点:区块链不等于虚拟货币。

(三)是否可因虚拟货币亏损而提起诉讼

首先,投资有风险,入市需谨慎。这句话在绝大部分的场景都是适用的。如果你只是自己正常地买了一些虚拟货币用来投资然后亏损了,当然是不能起诉对方的,因为双方的买卖合同已经都履行完毕了。但是,如果你是因为"挖矿"、私募、投资等名义被人骗了,对方还以你"认知"不够来要求你风险自担,那你就可以拿起法律的武器了。不论是从民事的角度,还是刑事的角度,抑或行政的角度,都可以进行全方位的维权。

(四)虚拟货币在司法实践中的价格认定

虚拟货币属于虚拟商品,是有价值的虚拟财产。但虚拟货币在目前的司法实践中,并不一定能够折算出一个具体价格。在大多数虚拟货币相关的民事判决中,法院都认为虚拟货币不能折算出一个现金价值,以致法院执行的难度大大增加。但在大多数的刑事判决中,法院却又会认为虚拟货币是可以折算为现金价值的,然后根据折算的金额进行定罪量刑。至于原因,还是因为《九四公告》禁止了任何平台为虚拟货币和法币或与其他虚拟货币之间进行互换结算。但笔者认为这一点还是可以变通的,现在唯一住房都可以执行了,虚拟货币的执行也必然会被解决。

(五)交易虚拟货币银行卡被冻结的处理办法

由于银行被禁止提供虚拟货币交易的结算服务,确实会被暂停交易。但正常交易虚拟货币被暂停非柜台交易的,在去银行提交相关证明资料后,就可以提现卡内的钱,但是这张卡也得注销。如果是被公安机关冻结的,若是第一次被冻结,可以先等 3 天,大多数 3 天内会自己解冻。如果 3 天内没有被解冻,就携带相关材料去主动联系公安机关。不过仅限于正常交易被冻结的。

(六)虚拟货币维权被告知风险自担的处理办法

很多人在维权的时候,不论是你要维权的对象,还是一些不明所以的执法部门,总是会以"投资风险自担"为由将你拒之门外。风险虽然要自担,但这里的风险自担不是禁止你去合法地维权,而是在各种司法救济途径用尽后,仍然有损失的,损失的那一部分要风险自担。比如,涉嫌非法吸收公众存款罪的,在司法机关努力追赃后,只追回了一半的钱,那么另外的一半就是需要你风险自担的部分。

第二节　虚拟货币相关的政策规定

一、虚拟货币国内政策的三个阶段

至今为止,我国针对比特币为首的虚拟货币经历了 3 次比较大的政策调整:分别是 2013 年 12 月 3 日《关于防范比特币金融风险的通知》明确了:"……比特币应当是一种特定的虚拟商品,不具有与货币等同的法律地位,不能且不应作为货币在市场上流通使用。"2017 年 9 月,《九四公告》明确禁止 ICO 活动以及为虚拟货币提供兑换、买卖、定价、中介等服务。2021 年 9 月《中国人民银行、中央网信办、最高人民法院、最高人民检察院、工业和信息化部、公安部、市场监管总局、银保监会、证监会、外汇局关于进一步防范和处置虚拟货币交易炒作风险的通知》(以下简称《九二四通知》),明确将虚拟货币相关业务活动定义为非法金融活动,一律严格禁止。

至此,经过三轮较大的政策调整,除非经营(业务)性质的行为之外(如个人持有比特币),虚拟货币的业务活动被完全禁止。但值得一提的是,目前的调整都仅局限于政策层面。在实际执法层面、司法层面还尚未形成成熟的处置方式。在立法层面也尚未有地市或全国的立法被正式提上日程。

法律可以是滞后的,但对于虚拟货币这种影响社会经济和产业创新的模式,也是不可或缺的。因此,对于虚拟货币的立法,不论核心思路是开放性的还是保守性的,都应该是强监管的。

二、虚拟货币国外政策的三个阶段

我国的政策经历了 3 次大的调整,全球各国的加密货币监管政策也在相同的时间段做了调整。而且每次我国的调整都走在了各国的前面。不仅如此,除第 3 次调整有所不同之外,前两次的调整可以称得上是引领世界,因为其他大多数的国家在当时的政策或立法都和我国的政策方向是一致的。如下,我们来看全球对加密货币政策的 3 次调整情况。

1. 第一阶段:加密货币的定性和风险提示

第一阶段的主题,是围绕加密货币的定性和风险提示开始的。第一阶段的时间节点主要是在 2012—2014 年,对应的则是比特币的第 3 轮牛市期。比特币虽然诞生于 2009 年,但在 2012 年之前,并没有任何关于加密货币的政策法规。

首先对加密货币进行定性的是欧盟。2012 年,欧洲中央银行发表了一份《虚拟货币体制》的报告,在报告中对虚拟货币作出了定义:“虚拟货币就是一种能够被虚拟社区成员认可、接受和使用的加密货币,它的发布和监管不受官方控制只由其开发者控制。”

2013 年 6 月,澳大利亚税务局即确认了加密货币的双重征税制:购买加密货币时会被征税,在使用加密货币购买需缴纳税款的物品时会再次被征税。

2013 年 12 月,正值比特币的第 3 轮牛市巅峰期,中国人民银行等五部委发布了国内首个加密货币的规范性文件《关于防范比特币金融风险的通知》明确了:"……比特币应当是一种特定的虚拟商品,不具有与货币等同的法律地位,不能且不应作为货币在市场上流通使用。"这也是国际上首次有国家主权明确加密货币不具有法币地位。同时文件明确了银行等金融机构不得以加密货币为结算工具。

紧跟着2014年,欧盟、澳大利亚、新加坡以及我国的澳门特别行政区等经济体,均出台了各地对应的加密货币监管政策,内容也大同小异,都是提示风险,并禁止或提示金融机构谨慎参与。

这是我国第一次引领全球加密货币的监管政策(收紧为主),与此同时,也终结了加密货币的第3次牛市。比特币一路暴跌近90%。

2.第二阶段:ICO的收紧

全球针对加密货币的第二阶段政策主要集中在2017—2018年,对应的则是比特币的第4轮牛市期。在这轮牛市期间,市面上突然爆发了ICO热潮,各种有名或无名的加密货币都以各种各样的形式进行着ICO的发行活动。因此,第二阶段各国监管的主题也基本集中在ICO的收紧这个话题上。

2017年7月,美国证券交易委员会(SEC)发布《投资者公告:首次代币发行》明确了如果发行或出售的虚拟货币或代币是证券ICO发行和出售的这些虚拟货币或代币,受联邦证券法的管辖。这也是美国监管机构的首次发声。

2017年9月,中国人民银行等七部委联名发布了《九四公告》全面禁止ICO和加密货币交易所。从时间点来看,我国政策的出台再次走到了世界的前列,也成功地避免了更多的人被"割韭菜"(2018年初,比特币第4轮牛市结束暴跌70%)。不过这次监管政策的调整,也是世界各国对加密货币政策走向的分水岭。

除韩国等少数国家和中国政策类似外,以美国、日本、加拿大、欧盟、澳大利亚等国家为代表的大多数西方国家,虽然一定程度上对ICO加强了监管,但并未对此进行"一刀切"式的全面禁止。

3.第三阶段:从小众走向主流

关于全球政策对加密货币监管政策的第三阶段,是从小众走向主流的一个阶段。时间段则在2020—2022年,伴随的则是比特币的第5轮牛市。在此之前,加密货币一直是小范围人群的游戏。加密货币也并不被主流大众接受,甚至还有维塔利克·布特林当年来中国开会的时候白送以太坊都没人要的这种尴尬时刻。但从2021年开始,不论大家是如何看待加密货币的,相信也不会白送也不要了。笔者认为这就是市场走向主流的一种表现。但随着加密货币的普及度增加,全球各国对于虚拟货币的监管政策也迎来了新一轮的调整。

2020年7月,俄罗斯总统普京签署了一份监管数字资产和加密货币的数字金融资产法案,赋予加密货币作为资产的合法地位。而在此之前的绝大多数时刻,俄罗斯更多的还是在打击加密货币。

2021年2月,韩国金融监管部门已经开始对虚拟货币进行立法,这也是监管机构首次将加密货币立法正式化。同时韩国企划财政部也计划对加密货币进行征税。

2020年6月,加拿大新增MSB牌照的加密货币交易许可。2021年,加拿大又准许了比特币和以太坊的基金发行。

2022年6月,日本通过了《资金结算法》修正案,规定了"稳定币"运营方的管制方式。

2022年9月,美国白宫发布了其第一个加密监管框架。明确关注保护客户、预防犯罪以及可能推出CBDC(法定数字货币),显然美国是希望在应对加密货币风险的同时,利用加密货币带来的机会实现美国政客们时常津津乐道的"精准监管"。

2022年4月,英国财政部也公布了一系列旨在将该国转变为全球数字货币中心的重大举措。

当然,以上的内容基本都是以欧美为主的西方国家对加密货币的监管态度。我们也可以看到大多都是以开放为主的。而我国的加密货币政策,则是在2021年9月24日,由中国人民银行等十部门联名发布了《九二四通知》,明确将加密货币相关业务活动全部定义为非法金融活动,一律严格禁止。正式开始"一刀切",这也是全球最严格的监管政策。至于监管政策的正确与否,笔者认为不能片面地去看待对与错,毕竟我国有我国的特殊国情。特别是我国的普通民众,金融知识和风险意识普遍较为薄弱,14亿人口的大国也经不起金融市场的激烈震动。但是,我们还有香港地区这个开放的窗口。2022年10月31日,香港财经事务及库务局(以下简称香港财政司)正式发布《有关香港虚拟资产发展的政策宣言》,立志要成为全球加密市场的中心。如此一来,等时机成熟了,再从我国香港地区再引入内地,未尝不是个好的方法。

三、国内外对虚拟货币的政策趋势

（一）国内对虚拟货币的政策趋势

中国将虚拟货币视为虚拟商品，这在2013年《关于防范比特币金融风险的通知》中已明确提出，比特币只是一种虚拟商品，不具有与法币同等的地位，明确否认了虚拟货币的货币属性。2017年和2021年也陆续出台了《九四公告》和《九二四通知》，但对虚拟货币的属性定义未有变化。

1. 中国香港特区

2017年9月5日，香港证券及期货事务监察委员会（以下简称香港证监会）发布了《有关首次代币发行的声明》，谈及部分ICO的条款和特点会导致其发售的数码代币可能属于《证券及期货条例》所界定的“证券”，并受到香港证券法例的规管，且就该类数码代币提供交易服务或提供意见，或者管理或推广投资数码代币的基金，均可能构成“受规管活动”。而从事“受规管活动”的人士或机构，不论是否位于香港，只要其业务活动是以香港公众为对象，便须获香港证监会发牌或向香港证监会注册。在该声明发布后，香港证监会随即针对多家加密货币交易所及一些ICO发行人采取了监管行动，先后致函7家位于香港或与香港有联系的加密货币交易所，警告它们不应在未领有牌照的情况下买卖属于“证券”的加密货币。

2017年12月11日，香港证监会发布了《致持牌法团及注册机构的通函——有关比特币期货合约及与加密货币相关的投资产品》（以下简称《持牌法团及注册机构通函》），《持牌法团及注册机构通函》载明，美国部分的期货及商品交易所已经或即将推出比特币期货合约，而香港投资者亦可通过中介人买卖这些合约。然而，为香港投资者就这些合约提供交易服务及相关服务（包括传达或传递交易指令）构成“受规管活动”，且无论有关业务是否位处香港，均须向香港证监会申领牌照。

2018年2月6日，香港金融管理局发布《虚拟银行的认可》指引修订本，以推动虚拟银行在香港的设立。在该指引中，虚拟银行的定义是主要通过互联网或其他形式的电子渠道而非实体分行提供零售银行服务的银行。香港金融管理局在该指引修订本中指出，银行、金融机构及科技公司均可申请在香港持有和经营虚拟银行,由于虚拟银行主要从事零售业务,所以应以本地注册银行形式经营,虚拟银行须遵守适用于传统银行的同一套监管原则及主要规定,只是部分规定须根据虚拟银行的商业模式作出适当调整。

2018 年 2 月 9 日,香港证监会再次发通函提醒投资者,当与加密货币交易所进行交易及对 ICO 作出投资时,应防范当中的潜在风险。2018 年 3 月,因 Black Cell Technology Limited 的发行活动可能属于“未获认可的推销活动”及无牌进行“受规管活动”,香港证监会当即采取了监管行动,叫停了 Black Cell Technology Limited 正在向香港公众进行的 ICO,并责令其将相关的代币归还香港投资者,以取消有关的 ICO 交易。

2018 年 11 月 1 日,香港证监会公布虚拟资产新规,主要针对投资虚拟货币或资产的基金和销售平台,内容包括要求超过 10% 资产规模(AUM)属虚拟资产的基金,只可向专业投资者销售,任何投资虚拟资产的基金和经纪都须向证监会注册等。以下为《香港证监会虚拟货币监管规定》原文:证券及期货事务监察委员会(证监会)关注到,投资者对于透过基金及香港的无牌交易平台营运者接触虚拟资产的兴趣越来越大。证监会识别到投资虚拟资产所引起的重大风险,并于下文载述。为应对有关风险,证监会现正就虚拟资产投资组合管理公司及基金分销商应达到的监管标准发出指引,同时在探索有关可能规管虚拟资产交易平台营运者的概念性框架。

2018 年 11 月 1 日,香港证监会发布了《有关针对虚拟资产投资组合的管理公司、基金分销商及交易平台营运者的监管框架的声明》,并配之以两则通函(《致中介人的通函有关针对虚拟资产投资组合的管理公司、基金分销商及交易平台营运者的监管框架的声明》和《致中介人的通函分销虚拟资产基金》)。如果前几次通函香港地区的态度还比较趋于保守的话,那么在 2018 年 11 月 1 日的声明及通函就更加大胆化,明确虚拟资产在香港接受监管。

2019 年 11 月 6 日,香港证监会正式公布了《有关虚拟资产期货合约的警告》和《立场书:监管虚拟资产交易平台》。其中,香港证监会在《立场书:监管虚拟资产交易平台》详细介绍了相关交易平台获得牌照的具体要求。详细阐述了对虚拟资产交易平台的监管框架和发牌条件等方面内容。同时提出了“自愿发牌制度”,宣布将持牌的虚拟资产交易平台纳入其监管沙盒,并列明与持牌证券经纪商和自动化交易场所的标准相若的监管标准。

2019 年 11 月，香港证监会就直接发表立场书将持牌的虚拟资产交易平台纳入监管沙盒（“自愿发牌制度”），并列明与持牌证券经纪商、自动化交易场所的标准相若的监管标准。经过一系列香港立法文件及通函的梳理，不难看出，香港对于虚拟资产的态度是一个从模糊到明确、保守到开明的过程。

2021 年 5 月 4 日，香港特别行政区政府计划在 2022 年底前，就设立虚拟货币交易所的强制发牌制度，向香港特别行政区立法会递交法律修订草案。根据新规的规定，未来只有持牌交易所才可在香港合法提供虚拟货币交易服务。

2021 年 5 月，香港财政司就《有关香港加强打击洗钱及恐怖分子资金筹集规管的立法建议公众咨询》发布咨询总结（以下简称咨询总结）。咨询总结的主要内容可以概括为香港拟建立虚拟资产服务提供者发牌制度，规定任何人士如有意在香港从事虚拟资产交易业务，须向香港证监会申请牌照，并符合适当人选准则，而持牌人须遵守香港《打击洗钱及恐怖分子资金筹集条例》所定的打击洗钱及恐怖分子资金筹集规定和其他旨在保障投资者的规管要求。该咨询总结表明香港将虚拟资产服务纳入牌照监管的要求，预示着虚拟资产服务的有法可依在香港地区能够得到实现。

2022 年 10 月 31 日，香港财政司正式发布《有关香港虚拟资产发展的政策宣言》就在香港发展蓬勃的虚拟资产行业和生态圈，阐明政府的政策立场和方针。宣言称，在加紧筹备新虚拟资产服务提供者发牌制度的同时，也乐意联系全球虚拟资产业界，邀请有关交易所在香港开拓商机。香港证监会将会就新发牌制度下零售投资者可买卖虚拟资产的适当程度展开公众咨询。对于可否在香港引入虚拟资产交易所买卖基金（ETF），香港特别行政区政府持欢迎态度。香港特别行政区政府对于日后检讨代币化资产的产权和智能合约的合法性，抱持开放态度，以便利其在香港的发展。

2023 年 2 月 20 日，香港证监会就有关监管虚拟资产交易平台的建议展开咨询，计划允许散户交易大型加密货币。

2023 年 6 月 1 日，香港证监会将实施《虚拟资产交易平台指引》及《打击洗钱指引》。具体为引入虚拟资产服务提供者发牌制度；通过订立合适的监管发牌制度，排除业内的害群之马，有利于提升行业的整体形象，促进虚拟资产业健康、有序和负责任地发展；并强调无意申领牌照的虚拟资产交易平台应着手以有序方式结束业务。

2. 中国澳门特区

2014 年澳门金融管理局发布的一份声明,警告公众不要使用数字货币,特别是比特币。当时澳门金融管理局称,比特币是一种虚拟货币,既不是法定货币也不是金融工具。这些虚拟货币的任何交易都涉及相当大的风险,包括但不限于与洗钱和恐怖主义融资有关的风险,所有参与者都应保持警惕。

2017 年 9 月,澳门金融管理局已明确禁止银行和金融机构提供初始硬币 ICO 和虚拟货币的服务。澳门金融管理局也向该地区的所有金融机构表示,不会对 ICO 或比特币等相关虚拟货币提供服务。

2017 年 9 月 20 日,澳门金融管理局发布虚拟商品及代币之风险提示称,"本局已于本年 9 月 20 日发函,提请本澳所有银行及支付机构,不应直接或间接参与或提供任何与之有关之金融服务"。

2017 年 9 月 27 日,澳门金融管理局在官网发布《虚拟商品及代币之风险提示》,称已经要求澳门所有银行及支付机构,不应直接或间接参与或提供任何与代币发行融资和虚拟货币有关的金融服务。澳门金融管理局称,该局于 2014 年 6 月发布新闻稿,向金融业界及市民发出警示,指明比特币乃虚拟商品不属法定货币或金融工具,并不受澳门金融管理局监管,而且有关虚拟商品的交易涉及大量风险,包括但不限于洗钱及恐怖主义融资风险,参与者必须特别注意。鉴于最近内地代币发行融资活动大量涌现,投机炒作盛行,内地政府已明令禁止金融机构和非银行支付机构为代币发行融资和虚拟货币提供服务,澳门金融管理局亦已于 9 月 20 日发函,要求澳门所有银行及支付机构,不应直接或间接参与或提供任何与之有关的金融服务。

2018 年 4 月 18 日,澳门金融管理局发布《虚拟货币不属法定货币金管局提醒居民防欺诈》公告,提醒居民虚拟货币风险。公告中称,就近日传媒报导有公司在澳门进行虚拟货币认购活动,澳门金融管理局提醒本澳居民,虚拟货币属"虚拟商品",不属法定货币或金融工具,要注意提防欺诈或被利用进行违法犯罪活动。澳门金融管理局重申,任何机构在未经许可的情况下通过任何方式提供受监管的金融服务,如货币兑换、跨境资金转移或提供金融交易平台等,将违反"金融体系法律制度"的相关规定。澳门金融管理局已正式向所有银行及支付机构提出要求,规定不得直接或间接参与或提供任何与虚拟货币有关,包括以虚拟商品用作交易货币的金融服务。此外,澳门金融管理局早前已多次通过媒体呼吁市民必须小心,注意风险。

2018 年 8 月 7 日,澳门金融管理局再次提醒居民,“虚拟货币”并非法定货币或金融工具,实属高度投机的“虚拟商品”,其交易涉及大量风险,且不受澳门金融管理局所监管,居民应提防可能涉及的欺诈行为,甚至可能被利用进行违法犯罪活动。澳门金融管理局已明确规定本澳所有银行及支付机构,不得直接或间接参与,以及提供任何与虚拟商品交易的金融服务;并借此重申,任何机构在未经许可的情况下通过任何方式提供受监管的金融服务,如涉及清算或跨境资金转移等,均违反《金融体系法律制度》的相关规定。

2022 年 5 月 30 至 31 日,澳门特别行政区立法会举行全体大会。澳门特别行政区立法会议员叶兆佳关注澳门特别行政区政府在数字货币发展上有何规划和安排,认为发展数字货币已经成为全球大势所趋,希望澳门特别行政区政府争取数字人民币在澳门试用。澳门经济财政司司长李伟农回应称,澳门特别行政区政府将引入数字形式法定货币的法律概念,为发行非实体法定货币提供必要的法律基础。他强调,未来澳门若要发展数字货币,则必须依托内地的技术力量,在确保金融安全的前提下达致协同发展的目标。

（二）国外对虚拟货币的政策趋势

1. 美国

2017 年 7 月,美国证券交易委员会(SEC)根据《1934 年证券交易法》第 21(a)条发布了 The Dao 的调查报告,该调查报告运用 Howey(豪威)测试得出 Dao 币是证券的结论。因此,发行和销售 Dao 币的行为受到联邦证券法的约束。报告还解释说,以分布式账簿或区块链技术为基础的证券的发行人必须对发行和销售这样的证券行为进行注册,除非有适用的有效的豁免登记条款,提供该等证券交易的平台也必须在美国证券交易委员会(SEC)注册为全国性的证券交易所或根据豁免注册运作。同时发布了《投资者公告:首次代币发行》,表示根据每个 ICO 的实际情况,发行或出售的虚拟货币或代币可能是证券。如果发行或出售的虚拟货币或代币是证券,ICO 发行和出售的这些虚拟货币或代币受联邦证券法的管辖。

2017 年 12 月,芝加哥商品交易所(CME)就推出了比特币期货合约交易。美国国家税务局(IRS)将比特币等虚拟货币认定为财产,其要对比特币等虚拟货币之间的交易征收增值税,并成立团队专门打击虚拟货币交易的逃税行为。

美国证券交易委员会(SEC)在看到ICO市场的火爆以后,认为某些能通过豪威测试的虚拟货币ICO属于证券发行,需要向美国证券交易委员会(SEC)注册并受《证券法》《证券交易法》等法律监管。

美国证券交易委员会(SEC)和商品期货交易委员会(CFTC)于2018年1月联合发布《关于对虚拟货币采取措施的联合声明》,监管可能出现的违规行为。同年,美国商品期货交易委员会(CFTC)还宣布成立虚拟货币委员会和区块链委员会,前者重点关注加密数字货币行业,后者则会加强区块链技术在金融领域里的应用。

2018年3月7日,美国证券交易委员会或将监管使用未来代币简单协议(Simple Agreement for Future Tokens,SAFT)的ICO,近期美国证券交易委员会向80家数字货币公司发出传票,而未来代币简单协议也在美国证券交易委员会的“射程”范围以内。包括Telegram、Filecoin、Kik在内的一些区块链项目在众筹过程中使用了未来代币简单协议,允许投资者在代币正式开售前有权进行购买,而这种购买权利可以被交易已获利。美国证券交易委员会方面担心这样的协议像证券一样被交易,然而并不遵守证券相关规定。

2018年3月8日,美国证券交易委员会(SEC)公告表示,一些数字货币交易平台可能不属于证券法的定义范围,但这些平台却在直接或间接提供与证券类数字货币相关的交易或其他服务。例如,一些平台提供数字货币钱包服务,这些服务可能会需要满足联邦证券法的其他一些登记要求。

根据2018年3月9日发布的停止令,云采矿服务公司Genesis Mining以及Swiss Gold Global公司已被勒令暂停在美国南卡罗来纳州的运营。停止令中表明,这两个公司出售给该州居民的采矿合同被视为证券。南卡罗来纳州证券委员会称,Swiss Gold Global公司作为Genesis的经纪商,尚未有在该州证券销售的注册。

2018年3月10日,LRC在交易所Bittrex上线,为了符合上交易所条件,LRC已通过了Howey(豪威)测试。

2018年3月11日,美国证券交易委员会宣布数字货币交易所必须进行注册。

2018年3月12日,美国证券交易委员会最新发布《关于可能违法的数字资产交易平台的声明》,确认数字资产属于证券范畴,因此交易所必须在美国证券交易委员会注册或获取牌照,同时公布了已经注册的合法证券交易平台供投资者参考,Bittrex 和 GDAX 均未上榜(对此声明的详细说明见文末备注一)。

2018 年 3 月 13 日,美国商品期货交易委员会、美国证券交易委员会和美国国家税务局对数字货币进行了不同的定义,分别将其指定为商品、证券和财产。美国布鲁克林地区法院作出裁定,美国商品期货交易委员会有权将数字货币视为"商品",对 Coin Drop Markets 提起欺诈诉讼。

2019 年,美国国家税务局(IRS)官方发布了新的用于计算持有加密货币的应缴税款的指南,用于计算持有加密货币的应缴税款。

2019 年 4 月,美国证券交易委员会正式发布了《区块链 Token 监管指南》,明确凡是无法通过 Howay(豪威)测试的数字货币将被统一视为证券。

2020 年 10 月,美国国家税务局又紧跟区块链领域的最新动态,要求投资者必须为空投和硬分叉获得的收入缴税。

2022 年 2 月,美国有参议员明确提出《2022 年虚拟货币税款公平法案》。该法案"将建立一个有效的构造,对应用虚拟货币开展的订购个人行为缴税",它还将增加应用加密货币开展付款,并进一步加强"虚拟货币在数字经济中的合理合法"。现阶段的法律要求,一切加密货币盈利务必做为应税收入汇报,无论买卖的经营规模或目的怎样,立法者注重,"这包含小到买一杯咖啡的订购个人行为"。

2022 年 3 月,美国公布《数字资产行政命令》,对虚拟货币加强监管和规范,以确保数字资产市场的安全性和合规性。这将对虚拟货币交易所、钱包提供商和投资者产生影响,需要他们遵守更严格的规定和要求。①

2022 年 6 月,纽约立法者通过了一项法案,解决环境问题并禁止基于碳的加密采矿。比特币使用工作量证明;一种需要计算能力的高能耗软件算法。

---

① 1. 金融监管:《数字资产行政命令》要求虚拟货币交易所和钱包提供商遵守金融监管规定,包括 KYC(了解你的客户)和 AML(反洗钱)规定。这意味着虚拟货币交易所和钱包提供商需要验证用户的身份,并采取措施防止洗钱和其他非法活动。2. 税务规定:根据《数字资产行政命令》,美国国税局将对持有和交易虚拟货币的个人和企业征税。这意味着虚拟货币交易将被视为资本利得,并需要申报和缴纳相应的税款。3. 证券法规定:如果某种虚拟货币被认定为证券,那么根据《数字资产行政命令》,发行和交易该货币的个人和公司需要遵守美国证券法规定。这意味着发行和交易虚拟货币的公司需要进行注册,并按照证券法规定披露相关信息。4. 反洗钱和反恐融资:《数字资产行政命令》要求虚拟货币交易所和钱包提供商采取措施防止洗钱和恐怖主义融资活动。这包括监测用户交易行为和报告可疑活动。

2022 年 6 月，美国有参议员提出了“负责任的金融创新法案”，旨在作为一项新的稳定币联邦法律，对 200 美元以下的小额支付免除这些数字资产的税款。稳定币在 DeFi（去中心化金融）生态系统中发挥着至关重要的作用。

2022 年 6 月，纽约立法者发布了稳定币指南，表明所有稳定币都必须得到充分支持。所有稳定币发行人必须有明确的赎回和与美元挂钩的稳定币的支持。

2022 年 7 月，美国财政部按照行政命令的指示向拜登总统提交了一个框架，供美国及其外国盟友（G7 和 G20 国家）合作制定加密监管的国际标准。

2022 年 9 月 2 日，美国加州议会通过了一项被称为“加州的虚拟货币许可证”的法案，其中包括禁止使用非银行发行的稳定币。《数字金融资产法》是根据 2015 年就开始实施的纽约州虚拟货币许可证 Bit License 规定制定的。具体来看，新法案包括禁止加州加密市场的无证经营行为，违规者可能会收到每天最高 10 万美元的民事罚款。此外，法案还规定，总市场价值必须根据美国公认会计准则（GAAP）计算。

2022 年 9 月 16 日，白宫发布了其第一个加密监管框架。政府明确关注保护客户、预防犯罪以及可能推出中央银行数字货币（Central Bank Digital Currencies，CBDC），显然政府希望利用加密货币带来的机会，同时应对风险。

2023 年 5 月，美国证券交易委员会（SEC）删除了最新的对冲基金规则中对“数字资产”的第一个正式定义。

2. 英国

2016 年 1 月，英国政府发布了《分布式账本技术：超越区块链》白皮书，积极评估区块链技术的潜力，考虑将它用于减少金融欺诈和降低成本。

2018 年 1 月，英国央行表示可能将暂缓该计划（国家数字货币计划）。在谈到改变决定的原因时，英国央行表示，如果采用“数字英镑”将会使民众放弃传统商业银行账户，进而导致传统金融体系出现系统性风险。该行认为目前如此快速发行数字货币太过激进，所以决定暂缓该计划，同时会继续研究数字货币的课题。

2018 年 4 月，英国金融行为监管局（FCA）发布《对于公司发行加密代币衍生品要求经授权的声明》，表示为通过 ICO 发行的加密代币或其他代币的衍生品提供买卖、安排交易、推荐或其他服务达到相关的监管活动标准，就需要获得英国金融行为监管局(FCA)授权。这包括加密代币期货——双方同意在将来某个时期以双方商定的价格交易加密代币的衍生品合同;加密代币差价合同(CFD)——一种现金结算的衍生品合同,合同双方通过同意在其开始时和终止时交换加密代币差价合同价值的差价,以担保利润或避免损失;加密代币期权——赋予受益人获取或处置加密代币的权利的合同。

2021 年 6 月,英国金融行为监管局(FCA)禁止 Binance 在英国运营。

2022 年 1 月,英国政府和英国金融行为监管局(FCA)发布补充性改革提案,将一些"合格加密资产"的金融促销纳入英国财政部的金融促销制度和英国金融行为监管局金融促销规则。英国的目标是通过制定明确的法规并防止潜在的犯罪活动的同时促进创新,从而成为加密货币中心。

2022 年 4 月,英国财政部公布了一系列旨在将该国转变为全球数字货币中心的重大举措。该公告谈到新的法律将会允许用户们放心安全地使用英国政府在数字货币中认可的稳定币作为生活的支付方式。该项措施的颁布虽然需要时间,但无疑彻底地激活了英国的数字货币市场的建设、相关支持行业的发展,除了确保数字货币的安全性也会创造出一系列围绕着数字货币的就业机会,并且从事相关行业绝大多数都是高材生或者是金融行业从业人员,这对于英国想要重塑金融行业的竞争力来说非常重要。

2022 年 5 月,英国财政部已就管理系统性数字结算资产公司(包括稳定币公司)的失败展开磋商。在 Terra USD(UST)①崩盘之后,5 月标志着官方熊市开始,促使全球许多监管机构仔细研究加密货币。

2022 年 6 月,随着加密货币市场暴跌,英国央行行长安德鲁·贝利警告人们,如果他们决定投资数字资产,就应该准备好遭受巨大损失。他在本周一对英国议会表示,如果人们想投资这些资产,要做好赔光所有钱的准备。

2022 年 7 月,英国法律委员会发布了改革与数字资产、不可替代代币(NFT)和其他数字代币相关法律的提案,以最大限度地发挥其在该国的潜力。

2023 年 3 月,英国财政部长在年度预算会议上公布其新举措,表示官方正在对自我评估纳税申报表进行修改,要求单独确定与加密资产有关的金额。明年起

---

① Terra USD(UST)是一种稳定币,它是由 Terra 生态系统中的 Terra 协议支持的加密货币。Terra 协议是一个基于区块链的金融平台,旨在构建一个全球性的数字货币和金融基础设施。

纳税人需单独申报加密资产。英国将虚拟货币视为"私人货币",并非法定货币。

3. 欧洲

2012 年欧洲中央银行发表了一份《虚拟货币体制》的报告,在报告中,其对虚拟货币作出了定义,随后,2015 年欧洲中央银行又对虚拟货币进行了重新定义。

2014 年,欧洲银行管理局(EBA)近日发表声明,警告各金融机构在监管政策出台之前最好不要开展虚拟货币业务。该声明中,欧盟银行管理局向欧洲理事会、欧盟委员会及欧洲议会提出建议,称应进一步完善虚拟货币的监管政策,并指出在监管政策出台之前,各金融机构不应买卖、持有虚拟货币。作为欧洲银行业的监督部门,欧洲银行管理局与欧洲中央银行(ECB,以下简称欧洲央行)、欧洲证券及市场管理局(ESMA)等机构对虚拟货币进行了联合评估。

2016 年 3 月,欧洲央行(ECB)在名为《欧元体系的愿景——欧洲金融市场基础设施的未来》的咨询报告中公开宣布,正在探索如何使区块链技术为其所用。

2016 年 6 月 2 日,欧洲证券和市场管理局(ESMA)发布了一份名为《分布式账簿技术应用评估》的报告,讨论在证券市场使用区块链技术的可能性。

2016 年 7 月,欧洲委员会(EC)对数字货币的使用作出了进一步严格的管理,计划修改 2015 年第 4 版《反洗钱法》,彻底终结数字货币交易的匿名状态。在第四次反洗钱指令(AMLD)的立法提案中囊括虚拟货币的定义,其被描述为"既不是由中央银行或公共机构发布的价值的数字表示,也不一定附属于法定货币,但被自然人或法人接受为支付方式,可以电子方式转让、存储或交易"。

2017 年,欧洲议会(EP)近期发布了一篇新报告,首次提到了比特币等数字货币。打击比特币洗钱活动也成了欧洲委员会(EC)2017 年的重要目标。

2018 年,据英国《金融时报》报道,欧洲央行管委会成员伊夫・默施(Yves Mersch)近日透露,欧洲央行希望通过全球努力控制数字货币。在伦敦举行的货币与金融机构论坛(Official Monetary and Financial Institutions Forum)上,伊夫・默施重申虚拟货币不是货币,在可见的未来也不会成为货币。数字货币交易的速度太慢,交易费用又太高,这与货币的概念完全不符。

2018 年,欧洲议会经济和货币事务委员会(ECON)发布了题为《虚拟货币与中央银行货币政策:未来的挑战》的报告,其结尾处指出虚拟货币即便在未来很长的时间内都无法彻底取代法定货币。

2018 年 2 月 27 日，欧盟加密货币圆桌会议得出了以下 6 点结论：区块链技术是金融市场的希望，欧洲必须接纳并保持竞争力；加密货币不是传统意义上的货币，价值不受保证，造成了乱象；必须清楚且经常性地在多个国家或司法辖区向投资者发出警告；ICO 已经成为业内创新型公司募集大量资金的有效方式；进一步评估在何种情况下的加密货币及相关服务应受到监管；加密资产代表了洗钱和资助非法活动的风险。

2018 年 3 月 5 日，欧盟委员会表示将评估欧盟现有规则对数字货币的适用性、针对众筹平台监管递交一份法律草案、加大建立通用区块链技术标准的努力以促进欧盟金融科技市场发展；将设立"金融实验室"以帮助监管者应对金融科技问题。

2018 年 3 月 9 日，欧洲银行管理局（EBA）建议防止银行持有数字货币而不是管理资产。欧洲银行管理局（EBA）首席执行官安德里亚·恩里亚（Andrea Enria）上周五表示，阻止银行和其他受监管的金融机构持有或交易加密货币，将比监管数字货币本身更有效；他表示监管过度可能不利于金融科技公司创新，但对于银行吸收存款和放贷仍应加强监管。

2018 年 3 月 12 日，欧盟可能面临数字加密货币监管长期缺失，欧洲央行无数次明确表示，管理加密货币不是他们的职责，而且来自各个国家的央行官员对此事也一直保持沉默。

2018 年 7 月，在欧洲议会（EP）发布的一份报告中，议会成员向立法者呼吁不要忽视或禁止虚拟货币，任何一种极端的处理方式都是错误的。

2020 年 10 月，欧洲央行（ECB）发布的研究报告显示，他们可能会在 2021 年中期认真考虑并研究"数字欧元"。欧洲央行报告研究了数字欧元会如何影响零售支付，以及如何在未来保护支付的潜力，还探讨了虚拟货币如何适应整个欧元体系格局。但是，欧洲央行在报告中并没有明确指出会在什么时间，以及采用哪种模型来设计央行数字货币。

2022 年 6 月 10 日，欧盟即将就监管加密货币行业的关键立法达成协议，该立法将在 27 个成员国之间制定共同规则。

2022 年 6 月 29 日，欧洲议会和欧盟理事会谈判代表就一项加密资产监管法案达成了临时协议，旨在确保始终可以追踪加密货币的转移并阻止可疑交易，进一步加强反洗钱监管。

2022 年 6 月 30 日,欧洲议会和理事会达成了一项临时新协议,寻求消费者保护以及欧盟加密货币的统一法律框架。新协议将涵盖不受现有金融服务立法监管的加密资产,欧洲证券与市场管理局(ESMA)将在这方面提供指导。新规定将对稳定币施加严格的操作规则,限制它们是否被广泛用作支付,每天交易上限为 2 亿欧元。

2022 年 10 月,欧盟通过《加密资产市场监管法案》(Markets in Crypto-Assets,MiCA),该法案仍需在下届会议上由欧洲议会投票表决。一旦获得批准,该法案将在投票后的 12 ~ 18 个月内成为法律。MiCA 生效后,将在欧盟建立统一的加密监管框架,并将成为全球第一个为加密资产发行人和加密资产服务提供商以及某些类型的加密资产建立监管框架的泛国家工具。MiCA 目标在于确保消费者利益和环境保护,以及引入防止市场操纵和相关金融犯罪的保障措施。

2023 年 4 月,欧盟立法者出台新的加密货币法规 MiCA,成为世界上第一个引入全面加密法规的司法管辖区,还完成一项名为《资金转移条例》的单独法律,该条例要求加密货币运营商识别其客户以制止洗钱。

4. 日本

日本曾经拥有世界上最大规模的比特币交易平台——Mt. Gox,该平台于 2014 年被网络黑客攻击,平台此次共损失 85 万枚比特币。随后,日本出台专门立法,对虚拟货币的发行、交易进行监管。

2015 年 6 月,在日本三重县召开的 G7 峰会上,各国首脑就反恐合作事项交换了意见,并将“采取行动确保增加金融流动的透明性,包括对虚拟货币及其他新型支付手段进行规制”这一内容写入了首脑宣言。此后,由 G7 成员国组织的反洗钱金融行动特别工作组(FATF)于 6 月 26 日正式发表声明:“各国应当对洗钱、为恐怖组织提供资金的行为进行规制,如对虚拟货币与法定货币之间兑换的交易机构采用登记制,交易机构有义务确认客户的身份信息,保存交易记录,对可疑交易进行备案。”受此影响,日本为完成其对国际社会的承诺,于 2016 年进行了上述法律修改,开始对虚拟货币进行规制。

2016 年 5 月,日本国会通过法案修改了《资金结算法》,在该法中增加了“虚拟货币”一章,具体内容有两项:一是对虚拟货币的定义作出了规定,二是对虚拟货币交易机构(日本法上称为“虚拟货币交换业者”)设置了一定的监管规则。

自2017年4月1日起，该法律修正案正式生效。日本此次修法的目的有两个：一是防范虚拟货币被用作恐怖组织资金或者被用于洗钱等违法行为；二是保护虚拟货币使用者的权益。

日本关于虚拟货币的规制主要规定于《资金结算法》[①]《资金结算法施行令》[②]《虚拟货币交换业者内阁府令》[③]，此外，作为金融行业的行政主管机关的日本金融厅亦适时发布了若干指导意见或解释，指导适用相关法律，如《事务指南第三分册：金融公司相关16虚拟货币交换业者相关》《公众评论概要及金融厅的相应观点》等。需要说明的是，由于虚拟货币应用的多样性和复杂性，根据不同场合，也会涉及其他法律的适用，如《金融商品交易法》《银行法》《犯罪收益转移防止法》《消费者契约法》等。日本《资金结算法》规定了虚拟货币的定义[④]和虚拟货币从业者的义务[⑤]。

---

① 《资金结算法》于2016年6月3日经修改重新公布并于2017年4月1日正式实施，因为新修订的法案中专门增加了关于虚拟货币的规定，所以《资金结算法》一般也被称为“虚拟货币法”。与此同时，日本金融厅也发布了若干指导意见或解释，指导适用相关法律，与新修改的《资金结算法》配套。

② 2010年政令第19号，2017年3月24日公布，2017年4月1日实施。

③ 2017年内阁府令第7号，2017年3月24日公布，2017年4月1日实施。

④ 1. 虚拟货币是指：(1)购入、借入物品或者接受提供服务时，为支付其对价能够对不特定的人使用，且能够以不特定的人为对方购入或卖出的财产性价值（仅限于以电子方法记录在电子机器中，不包括本国货币、外国货币及以货币表示的资产），且能够通过电子信息处理系统进行转移；(2)能够以不特定的人为对方与上述(1)所列进行互相交换的财产性价值，且能够通过电子信息处理系统进行转移。概括起来，虚拟货币是具有如下特质的财产性价值：(1)可以向不特定的人作为价款支付，且可以与法定货币相互兑换；(2)以电子记录，可以转移；(3)非法定货币或法定货币表示的资产。

2. 虚拟货币从业者是指依据《资金结算法》第63条第2款进行了登记的机构。根据《资金结算法》第63条第2款的规定，未接受内阁总理大臣登记的，不得从事虚拟货币交换业务。该登记制度同样适用于设立在外国（日本以外）的虚拟货币交换业者。

⑤ 虚拟货币从业者必须遵守如下义务：(1)信息安全管理义务。虚拟货币从业者必须采取必要措施防止与虚拟货币交易业务有关的信息泄露、灭失或损毁。(2)向投资者提供信息义务。虚拟货币从业者必须采取必要措施，为防止混淆其经营的虚拟货币与本国货币或外国货币进行说明，提供手续费及其他与虚拟货币交易相关的合同内容的信息，保护投资者。(3)投资者的财产管理义务。虚拟货币从业者必须对投资者资金或虚拟货币与自有资金或虚拟货币分别管理，并接受公认会计师的审计。(4)与指定虚拟货币交换业务纠纷解决机构签订合同义务。虚拟货币从业者必须与指定虚拟货币交换业务纠纷解决机构签订合同并公布，或制定投诉和纠纷解决措施。(5)提交业务报告义务。虚拟货币从业者必须向内阁总理大臣提交业务年度报告；按规定期间制作的其管理的投资者的资金金额、虚拟货币数量及其管理状况的报告（并附证明材料）。(6)备案义务。在发生经营业务的一部分或全部停止、转让，或公司合并、分立、解散、破产等时，进行公告的同时，必须向内阁总理大臣备案。日本《资金结算法》第87条规定了虚拟货币可以设立行业自律管理协会，在虚拟货币行业自律方面，日本有两家协会，分别是日本虚拟货币事业者协会（JCBA）和日本区块链协会（JBA）。

2017 年 4 月，日本经济产业省发布了日本区块链标准具体的评估方法。评估过程将由经济产业省信息政策局的信息经济司制定。日本区块链标准评估方法包括 32 个指标，这些指标与区块链技术特点紧密相关，评估指标包括可扩展性、可以执行、可靠性、生产能力、节点数量、性能效率和互用性等。

2017 年 9 月，日本国税厅发布比特币或者其他虚拟货币的收益成为“其他所得”的消息，放入了综合征税里面。综合征税的含义是一年内的所得（工资所得、比特币收益等）全部在一起，根据总数按照不同阶梯交税。

2017 年 10 月，日本金融厅发布《关于 ICO——提醒投资者和从业者》，主要内容如下：（1）ICO 的定义：一般地，所谓 ICO 是企业等通过电子方式发行代币，从公众募集资金的行为的统称。有时也被称为代币销售。（2）提醒投资者（关于 ICO 的风险）通过 ICO 方式购入代币，具有如下高风险：①价格下跌的可能：代币可能会价格急落，突然失去价值；②欺诈的可能：一般地，ICO 中会制作白皮书。购入代币时，需要在充分理解上述风险、理解项目内容等基础上，责任自担地进行交易，充分注意关于 ICO 的可疑劝诱。（3）提醒从业者（关于 ICO 的规制）根据 ICO 的结构不同，将会成为《资金结算法》或《金融商品交易法》的规制对象：①ICO 中发行的特定代币属于资金结算法中的虚拟货币，以其交易等为经营业务的从业机构需要向内阁总理大臣（各财务局）登记；未经登记而从事相关业务者，属于刑罚对象。②在 ICO 具有投资性质的情况下，即使以虚拟货币支付，实质上将视同以法定货币购入，将会被认为是《金融商品交易法》的规制对象。

2017 年 12 月，日本国税厅发布的《关于虚拟货币所得的计算方法等》指出，卖出或使用以比特币为代表的虚拟货币所得利益，原则上被归类为杂项所得，需要进行所得税申报。本份文件详细列举了虚拟货币在不同交易或使用情况下损益的具体计算方法。但是，根据《消费法施行令》第 48 条第 2 款的规定，虚拟货币的转让不是消费税的课税对象。也就是说，在日本兑换比特币将不再征收 8% 的消费税。

2018 年成立了日本虚拟货币交易所协会，该协会一共包含 16 个加密货币交易所。同时，日本当局还成立了区块链协作联盟，联盟中的成员人数不断增加，包括著名的跨国公司。同期，进一步规范虚拟货币交易。

2019 年 5 月，一项最新的加密货币法案在日本众议院正式通过，该法案旨在修改适用于加密资产的两项关键法律:《资金结算法》和《金融工具和交易法》。为了防止虚拟货币沦为金融类传销犯罪的洗钱工具,日本对相关立法空间进行填补,将虚拟货币纳入现有的反洗钱体系之中。与此同时,在《犯罪收益转移防止法》中将虚拟货币交易平台定义为从事特殊事业者,交易平台需要遵守法律规定的各项义务。一是交易平台在虚拟货币交易前履行确认义务;二是交易平台有制作并保存确认记录和交易记录的义务;三是交易平台在发现可疑交易之后,应当及时向监管部门进行申报;四是交易平台应当履行内部风险控制的义务。

2022 年 3 月,日本政府拟修改《外汇法》以加强对虚拟货币的交易管制,确保交易对象为非制裁对象。目前《外汇法》修正案草案已提交给日本国会。同年 6 月《资金结算法》修正案通过,该法规定了对与法定货币联动以稳定价值的数字货币“稳定币”运营方的管制。处于发行主体的银行、信托银行和使用者之间的中介公司将实施登记制。此举旨在明确稳定币的法律定位,保护数字货币使用者稳定币采用“1 币 =1 美元”与法定货币价值挂钩联动的设计,相较于没有法定货币支持的加密资产(虚拟货币),价格更稳定,在日本国内虽未普及,但稳定币在国际市场经常被用作结算手段,因此日本国内也要在使用扩大前完善体制。

5. 韩国

2016 年 2 月,韩国央行在报告中提出鼓励探索区块链技术。同年 10 月,韩国最高金融监管机构——金融服务委员会(FSC)公布金融科技发展的两步计划,其中提到逐步将比特币等虚拟货币监管制度化。

2016 年 12 月,韩国金融投资协会(KFIA)牵头,由 21 家金融投资公司和 5 家区块链技术公司共同成立区块链协会,推动韩国布局区块链行业。该协会在韩国区块链资本市场中一直扮演着智囊团的角色,出台了协会自律行规。不过,目前协会对监管机构影响力有限。

2017 年 7 月,韩国政府将比特币汇款方式合法化,允许金融科技公司为用户处理价值高达 2 万美元等值韩元的比特币。因此,地方交易所平台与韩国金融服务委员会(FSC)挂钩,后者要求至少保留 43.6 万美元的资本金,并执行用户识别(KYC)和反洗钱(AML)提供数据处理设施以获得监管机构的批准。

2017 年 9 月,基本与中国监管政策同步,韩国金融服务委员会(FSC)针对虚拟货币的态度突然转变,禁止国内公司参与 ICO。韩国金融服务委员会表示,代币发行融资模式违反资本市场法,并对参与 ICO 的人员实施严厉处罚。韩国金融服务委员会这一举措本意是打击虚拟货币领域的欺诈行为,但在虚拟货币市场极度燥热的韩国,则变成对虚拟货币交易的无差别打击。在随后几个月,韩国禁止在本国交易所匿名交易,在韩国虚拟货币交易所进行交易的投资者需要实名认证,在账户中填写自己在指定 6 所银行其中一家的银行账户实名。另外,外国人和未成年人被禁止通过加密货币账户进行交易。

2017 年 9 月,韩国金融服务委员会发布公告称将禁止一切形式的 ICO。该决定是在"虚拟货币机构联席会议"中作出的,参加此次会议的除韩国金融服务委员会外,还有韩国财政部、韩国央行和韩国国家税务局。韩国金融服务委员会指出,"ICO 融资在全球范围内风靡,我们的分析显示 ICO 活动在韩国境内也在不断增加。而此类融资活动加剧了出现金融欺诈的风险,所以我们要禁止任何形式的 ICO,不管是使用哪种技术,还是巧立哪种名目"。此举意在保护韩国投资者的利益。参照纳斯达克交易所网站新闻的报道,韩国金融服务委员会认为比特币和以太币等虚拟货币是电子保值品,而非金融产品(如证券),因此韩国政府选择通过银行间接管理虚拟货币。

2018 年 1 月,韩国政府宣布对虚拟货币交易所征税,税率达到 24.2%。韩国所有虚拟货币交易平台都需要缴纳 22% 的企业税和 2.2% 的地方所得税。同月,韩国金融服务委员会、韩国金融情报组(KoFIU)和金融监管服务局(FSS)联合对 6 家为加密货币交易所提供服务的银行进行检查。[①] 理由据称是监管部门认为此类资产可能会导致犯罪事件激增。包括反洗钱措施和真实姓名验证系统。韩国金融服务委员会宣布只允许通过实名银行账户进行加密货币交易,并引入了防范指引与加密货币有关的反洗钱,作为政府范围内遏制加密货币投机的一部分,防止加密货币被非法活动利用。在新规下,想要进行加密货币交易的用户必须拥有实名银行账户,并在同一家银行进行加密货币交易。那些没有实

---

① 检查内容如下:检查人员将调查银行是否在加密货币交易中遵守他们的反洗钱义务;以及他们是否有适当的措施进行核实他们的客户在加密货币交易方面的身份。加密货币很有可能被用作洗钱的手段,因为它们存在匿名性质和非面对面交易。虚拟账户让加密货币交易更难以识别账户持有人的真实姓名,加密货币交易更容易受到犯罪的影响和进行洗钱。在这种情况下,银行必须承担更大的责任,作为守门员来防止使用加密货币进行的非法活动。

名交易账户的将只允许从现有的账户中撤回资金。为建立新的存款,他们需要开设新的银行实名账户。未满 18 岁的未成年人和外国人将不被允许开设与加密货币交易相关的新银行账户去存款以进行加密货币交易。实名政策在 2018 年 1 月 30 日生效后,已有的与加密货币交易相关的匿名银行账户将不能被使用。

2018 年 3 月,韩国发布禁令,公职人员不得持有和交易虚拟货币,但韩国财长表示不会禁止普通公民进行虚拟货币交易。2018 年 3 月,多国共同提出以 7 月为最后期限进行加密货币监管,呼吁制定"国际标准制定机构(SSBs)"。随后,韩国政府趁势扭转对区块链和虚拟货币的态度。韩国国民议会在 5 月正式提出解除 ICO 禁令的提案,并于 6 月正式解禁 ICO,但 ICO 仍要面临较为严苛的监管,代币发行受到极大限制。2017 年 9 月至 2018 年 3 月,韩国金融服务委员会(FSC)发布了 ICO 禁令及一系列加密货币监管政策。①

2018 年 7 月,韩国政府先是宣布将在 2019 年第一季度把区块链在内的 11 个领域、15 项技术型企业作为税收减免对象,又在 10 天后公布了税收减免政策:中小型企业税务减免 30% ~40%,大型企业税务减免 20% ~30%。在税收减免政策的扶持下,韩国企业纷纷入局区块链行业,建立区块链研发团队或工作室。韩国目前已落地或接近落地的区块链应用涉及证券、支付、社交、游戏、旅游和医疗等领域。

2019 年,经韩国科学和信息通信技术部证实,韩国政府将在 2020 年对区块链项目投资约 1280 万美元。韩国总统直属第四次工业革命委员会也敦促政府尽快使加密货币制度化和制定相关税收方案。并表示,政府应意识到区块链是必然趋势,尽快确定给予基于区块链的加密货币法律地位。

2020 年 3 月,韩国国会表决通过了《关于特定金融交易信息的报告与利用等法律》(以下简称《特金法》),让原本处于灰色地带的加密货币有了更为系统

① 主要内容包括:(1)关于 ICO 的监管,2017 年 9 月 29 日,韩国金融服务委员会发布公告将禁止一切形式的 ICO。根据 Koreatimes 2018 年 3 月中旬的报道,韩国正在着手制定与 ICO 相关的新政策,考虑放宽对 ICO 的禁令,计划在一定条件下允许 ICO 项目的进行,但尚未发布官方消息。(2)关于虚拟货币的定性,参照纳斯达克交易所网站新闻的报道,韩国金融服务委员会认为加密货币(虚拟货币)是一种电子保值品(electronic representations of value),而非金融产品(如证券)。(3)关于虚拟货币的交易,虽然韩国目前采取禁止 ICO 的措施,但未禁止加密货币交易活动,而是加强了监管措施,韩国金融服务委员会要求银行配合监管来防范加密货币交易的非法活动。

的法律依据。首先,《特金法》定义了利用外汇交易等金融交易进行洗钱行为和恐怖主义融资行为所需的特定金融交易信息申报所需的事项,其目在于预防犯罪行为,进而为建立健全透明的金融交易秩序作出贡献。其次,《特金法》第2条定义了虚拟资产公司范围和虚拟货币,经营下列任何一种关于虚拟资产营业行为的被称为"虚拟资产经营公司":(1)出售和收购虚拟资产的行为;(2)虚拟资产之间进行交换的行为;(3)转移虚拟资产的行为中,总统令规定的行为;(4)保管或管理虚拟资产的行为;(5)中介、对接或代理(1)及(2)的行为。虚拟资产则被定义为具有经济价值的,可电子交易或转移的电子凭证。最后,客户限制。对于以下任何一种情况,银行等金融公司必须拒绝为客户提供开户和交易服务,如果已经建立了交易关系,则终止交易:(1)客户拒绝提供用于确认身份的信息,无法进行用户识别;(2)客户拒绝履行申报义务、确认客户的申报未受理、确认申报被撤销等情况;(3)客户被认定为洗钱或恐怖主义融资的风险系数特别高。

2021年2月,据韩国企划财政部介绍,韩国政府将从明年开始对1年内超过250万韩元的虚拟货币等虚拟资产所得按照20%的税率征税,基本扣除金额为250万韩元。

2022年6月,由于近期Terra崩盘引起市场动荡,韩国拟成立数字资产委员会,以防止类似事件的发生。它很可能成为世界上第一个专门的加密货币监管机构,并可能独立负责控制该国的加密货币行业。韩国媒体援引国民力量党的消息来源说,该机构"有望成为政策制定和加密资产行业监管的控制中心"。

6. 澳大利亚

2013年6月,澳大利亚税务局曾确认比特币交易需要征收商品和服务消费税(GST),即双重征税制:购买数字货币时会被征税,在使用数字货币购买需缴纳税款的物品时会再次被征税。

2014年8月,澳大利亚税务局发布了征税指南,税务局认为:"比特币等虚拟货币既不是货币也不是外币,比特币的供应不是货物和服务税的金融供应,而比特币是资产增值税的资产。"

2017年澳大利亚财政法案对数字货币定义如下:(a)被设计为可互换的;(b)可作为供给的对价的;(c)大众普遍可以获得的,在使用其作为对价时无实质性限制的;(d)不以任何国家的货币进行计算的;(e)价值不取决于或来源于任何其他物品的价值的;(f)非对接收、指示供给某一或某些特定物的授权的价值单位(除非该授权附属于持有电子价值单位或使用电子价值单位作为对价);(g)金钱;(h)如果被攻击,可能会成为非因(a)到(f)中所述的一个或多个电子价值单位供给的金融供给的价值单位。

2017 年 10 月澳大利亚通过一项法案,结束了长期存在争议的数字货币"双重征税"问题。2017 年 10 月,澳大利亚证券和投资委员会(ASIC)发布了一套自己的首次公开募币(ICO)指南。其中规定,适用于 ICO 的法律取决于代币的自然结构。只要代币的本质是基于安全或者是基于效用,销售代币只需要遵守澳大利亚消费者法,而不需要遵守澳大利亚的公司法。因为 ICO 公司提供的不是金融产品。

2017 年 10 月,澳大利亚证券投资委员会(ASIC)发布了指导意见——《首次代币发行》,表示在澳大利亚 ICO 的法律地位取决于 ICO 的具体情况,如 ICO 是如何构建和运营的,以及通过 ICO 发行的代币有哪些权利。澳大利亚证券投资委员会(ASIC)在该文中详细阐述了在何种情况下 ICO 构成有管理的投资计划的发行、公司股份的发行或衍生品的发行,并阐述了相应的监管规范。

2017 年 12 月,澳大利亚两议院正式通过了《反洗钱与反恐怖主义融资法案 2017 年修正案》,明确了数字货币不是资产,只是一种价值的数字表现形式,对数字货币进行了定义,并将数字货币分为价值的电子表现形式和数字货币的交易方式、数字化过程或贷款。作为价值的电子表现形式,数字货币具有相关的功能表现,如交易的中介、存储经济价值、记账单位;且它非由政府机构发行或授权,可与资产互换,并可用作支付商品或服务;一般来说,公众都可以无任何限制地使用其作为对价。

2018 年 2 月,澳大利亚的布里斯班机场宣布,机场中的商店、餐厅,现在都可以利用比特币等虚拟货币支付,游客们再也不用去兑换外汇,此举可以省去大量的手续费与汇率差额,据了解这是全球首家支持虚拟货币支付的机场。该机场使用的虚拟货币支付系统来自昆士兰的区块链公司"Travel by Bit"。使用该支付系统后就算身上没有澳元,也可以利用比特币、达世币、以太币等虚拟货币进行支付,目前该机场已经有 15 家以上的商店、餐厅、咖啡厅支持该支付系统。

2018 年 4 月,澳大利亚税务局(ATO)在新的报税规例下,超过 1 万澳元比特币或其他数字货币交易,亦可能被税务局审查,报税时,比特币被列作资产,投资者须缴资本增值税。同期，澳大利亚政府通过澳大利亚交易报告和分析中心(AUSTRAC)宣布实施数字货币交易新规。新规中主要的一点是："位于澳大利亚的数字货币交易平台现在必须在澳大利亚注册，并遵守政府的反洗钱/反恐融资合规和报告义务。"

2021 年 12 月，澳大利亚政府宣布将为加密货币交易所创建许可框架，并考虑推出零售 CBDC(中央银行数字货币)。目的是为数字交易所创建一个许可框架。

2022 年 4 月 21 日，澳大利亚金融监管机构审慎监管局(APRA)宣布，它打算从 2023 年开始，到 2025 年在该国实施加密货币监管。

7. 俄罗斯

2014 年 1 月，俄罗斯中央银行针对数字货币发表声明，指出比特币等数字货币隐匿性高，没有国家实体支持，投机性较强，因其具有虚拟性而存在高风险特征，会为非法组织提供犯罪的便利。俄罗斯中央银行还警告称，"根据俄罗斯联邦法第 27 条规定，禁止在俄罗斯联邦内发行'由俄罗斯中央银行'发行货币的替代物"。在此之后，俄罗斯财政部发布禁止比特币及其所有替代货币活动的法案及修正案。

2015 年俄罗斯财政部制定了新的法律草案，规定所有与数字货币有关的交易均为非法活动，并会对此类活动采取刑事处罚，具体处罚包括个人和组织：个人发行、购买和出售虚拟货币面临最高 30 万卢布的罚款，或 360 小时的劳动改造；有组织地使用虚拟货币的行为则面临最高 50 万卢布的罚款或 2 年的劳动教养。2015 年 1 月俄罗斯监管机构还屏蔽了多家数字货币网站与社区。

2016 年由于俄罗斯境内出现不同的声音，俄罗斯政府放松了禁止使用比特币等数字货币以及严格处罚的态度。2016 年 1 月，俄罗斯中央银行废除对数字货币的禁令。2016 年 5 月，俄罗斯财政部禁止比特币和数字货币作为"货币替代品"的法案经过两年的审议后被撤回。2016 年 7 月，俄罗斯财政部表示，考虑允许本国公民在国外使用比特币，但同时仍然禁止其在境内使用。

自 2017 年开始，俄罗斯政府对数字货币采取比较开放的态度。2017 年 4 月，俄罗斯财政部副部长表示，俄罗斯有可能在 2018 年将加密数字货币纳入合法范畴。2017 年 6 月，当地汉堡王、房地产等接受比特币作为支付方式。2017 年 9 月，俄罗斯中央银行正式批准了俄罗斯第一家合法的数字货币交易所

Voskhod，而与其他国家在区块链技术上的合作也在如火如荼地开展。甚至政府还对“挖矿”进行电力补贴，助力数字货币市场发展。2017 年 9 月，俄罗斯列宁格勒州出台了相关政策鼓励比特币“挖矿”行为，并积极推广该地区比特币矿池的建立，该项鼓励政策包括向矿场提供核电等低价的电力以供“挖矿”等。2017 年 10 月，俄罗斯政府开始筹划国家法定数字货币。

2017 年 10 月，外媒 cointelegraph 援引当地媒体报道称，俄罗斯总统普京正式宣布，俄罗斯将在莫斯科举行的闭门会议上发布官方数字货币“加密卢布”（Crypto Ruble）。俄罗斯还考虑设计自主的加密货币，据官方说明，加密卢布不能开采，只能由管理当局发放、管理和维护。加密卢布可以随时兑换卢比，但是如果持有人无法解释加密卢布的来源，如记录零售交易或服务的文件，那么将征收 13% 的税款。买卖加密卢布将征收相同的税款。同期，俄罗斯联邦政府又作出了禁止虚拟货币“挖矿”行为的决定。俄罗斯通信部长 Nikolay Nikiforov 指出，虚拟货币必须不能作为私人货币存在，它将由国家发行、控制，与此同时能够在数字经济中提供数字货币流通。

2018 年 1 月初，普京多次催促俄罗斯政府尽快出台对国内虚拟货币的完整监管法规，尤其是要求持有者必须获得政府审核通过的合法资质。考虑到俄罗斯体量巨大的影子经济的存在，政府试图设置准入机制的愿望并非不可理解，但以此前既有经验来看，类似的“监管”更有可能会发展成实质上的“国有化”。这也与目前为止俄罗斯政府对虚拟货币的总体态度相符：在这场游戏当中，俄罗斯政府更像是一个超级玩家，而非管理员。

2018 年 1 月底，俄罗斯财政部完成《数字金融资产法》草案初稿，旨在对加密货币和初始代币发行进行监管。该草案初稿明确了俄罗斯官方对数字货币的相关定义，包括代币、智能合约、加密货币交易所以及“挖矿”等术语，制定了 ICO 的规则，规定 ICO 的投资限额从 5 万卢布提升到 50 万卢布，并合法化了“挖矿”行为。

2020 年 7 月底，俄罗斯总统普京签署了一份监管数字资产和加密货币的数字金融资产法案，赋予加密货币作为资产的合法地位，并将使数字资产交易合法化，但将禁止该国使用加密货币作为支付手段。该法案还包含说明俄罗斯的公司可以通过区块链发行数字证券。该法律于 2021 年 1 月生效。

2022 年 2 月，财政部正式向政府提交了“关于数字货币”的联邦法律草案。

与中央银行的正式立场相比，拟议的法律草案对加密货币更友好。

2022 年 6 月，一项法案迅速通过了俄罗斯议会下院。该法案旨在禁止使用“数字金融活动”(DFA)来支付商品或服务。同期，俄罗斯政府为数字资产制定了单独的税收程序，以保持竞争力，并超过西方在乌克兰入侵后实施的制裁。在俄罗斯联邦，数字资产的销售免征增值税(VAT)。

2022 年 7 月，俄罗斯总统普京签署了一项新法律，禁止在该国使用数字资产进行支付。同期，俄罗斯当局正在准备立法修正案，以规范 NFT(不可替代代币)，合法地定义与数字收藏品的交易。

8. 新加坡

2014 年 3 月，新加坡金融管理局(MAS)发表《新加坡金融管理局为洗钱和恐怖融资风险监管虚拟货币中介机构》的声明，表示 MAS 会监管在新加坡的虚拟货币中介机构，以应对潜在的洗钱和恐怖融资风险，即 MAS 不监管虚拟货币本身，但要求买卖或促进虚拟货币同真实货币交易的中介机构辨别其客户性质，将可疑交易报告交给可疑交易报告办公室。MAS 的这一举动将使新加坡成为世界上因为反洗钱和恐怖融资风险而监管虚拟货币中介机构的国家之一。

2017 年 8 月，MAS 发布《新加坡金融管理局澄清在新加坡提供数字代币的监管立场》，表示如果数字代币构成《证券及期货条例》第 289 章规定的产品，数字代币在新加坡的发行将受到 MAS 的监管。这些代币的发行者将被要求在发行这些代币之前向 MAS 递交并登记招股说明书，除非获得豁免。这些代币的发行者和中介机构也将受《证券及期货条例》和《财务顾问法》第 110 章的许可证要求的限制，除非获得豁免。同时，他们还要受反洗钱和打击资助恐怖主义活动的适用要求限制。此外，为这些代币二级市场交易提供服务的平台，亦须经 MAS 认可或批准。

2017 年 10 月，MAS 发布《答复议会有关在新加坡使用加密货币的问题及监管加密货币和 ICO 的措施》，表示目前正在制定一个新的支付服务监管框架来应对洗钱和恐怖主义融资风险。同时表示，虚拟货币若超越其作为一种支付手段的身份，演变为代表资产所有权等利益的“第二代”代币，类似于股票或债券凭证，那么出售该等“第二代”代币来筹集资金的 ICO 项目受 MAS 监管。MAS 还没有专门为 ICO 发布新的立法，但 MAS 会继续监察这类发行的发展情况，如有需要，会考虑更有针对性的立法。

2017 年 11 月，MAS 首次发布其《数字代币发行指引》，并在 2020 年 5 月作出最新修改，其中规定，MAS 监管发售或发行属于 SFA 项下的资本市场产品（capital markets products，CMP）的数字代币。

2019 年，新加坡国际贸易法院（Singapore Court of International Trade）开创了一个先例，大法官西蒙·索利（Simon ThorleyIJ）在该先例中裁定，"加密货币不是政府发行的受监管货币意义上的法定货币，而是具有无形财产作为可确定价值事物的基本性质"。

2019 年 1 月，新加坡国会通过了《支付服务法》（*Payment Services Act*）。根据《支付服务法》的规定，除豁免支付服务商（Exempt Payment Service Provider）外，在新加坡提供数字支付代币服务（Digital Payment Token Service，DPT 服务），需持有 MAS 颁发的牌照。

2022 年 1 月，MAS 还发布了一则《向公众提供 DPT 服务之指南》，主要目的是告诫公众：（1）数字支付代币（DPT）交易为高风险交易，不适合公众参与；（2）数字支付代币（DPT）服务商在《支付服务法》项下受到的监管主要涉及反洗钱及相关技术风险，而非代表公众参与的数字支付代币（DPT）交易也受到监管保护；（3）MAS 希望数字支付代币（DPT）服务商避免向公众推介其 DPT 服务。

2022 年 5 月，新加坡加密货币交易所 Independent Reserve 发布最新报告指出，九成受访者知道加密货币。另外，58% 受访者视比特币为投资资产或价值储存，15% 受访者把它看作金钱，9% 受访者认为它是骗局。根据当地监管政策可以发现，新加坡认为加密货币合法，但监管方式区别于货币。新加坡金融管理局将加密货币分为 3 类：实用型代币、证券型代币、支付型代币。新加坡区块链协会联合会长谢福来接受《联合早报》访问时强调，新加坡金融管理局对加密货币业者的风险管理标准设下严格规定，让新加坡成为领先而且值得信赖的加密货币枢纽。

9. 迪拜

迪拜于 2016 年初成立了全球区块链委员会，目前拥有超过 30 个成员，包括政府实体[智能迪拜办事处、迪拜智能政府、迪拜多种商品交易中心（DMCC）]、国际公司[思科、IBM（国际商业机器公司）、SAP（思爱普）、微软]以及区块链创业公司（BitOasis、Kraken 以及 YellowPay），其计划在 2020 年之前全面启动区块链应用，使之成为世界首个区块链全面应用的国家，进而成为区块链和物联网应用领域的世界领袖。

2016 年 5 月,全球区块链委员会举行了 2016 年行业主题会议,公布了 7 个新的区块链概念验证,包括医疗记录、保障珠宝交易、所有权转让、企业注册、数字遗嘱、旅游业管理、改善货运。可以说,迪拜目前是中东地区的区块链研发中心。

2017 年,迪拜政府宣布 Dubai Economy 的子公司 Emcredit 将与总部位于美国的初创公司 Object Tech GrpLtd 合作,创建一种名为 emCash 的加密数字货币。

2018 年,迪拜总理谢赫·穆罕默德(Sheikh Mohammed)宣布,迪拜政府将在 2021 年之前实现一半的政府业务采用区块链技术。

2020 年,根据"2020 年迪拜区块链战略(Dubai Blockchain Strategy 2020)"的愿景,智慧迪拜(Smart Dubai)实现了在迪拜建立繁荣区块链生态系统的承诺,启动了无数个使用案例、一个联合区块链平台和迪拜区块链政策。政府和私营部门机构致力于实现 24 个区块链使用案例。这些使用案例涵盖 8 个部门,即金融、教育、房地产、旅游、商业、卫生、交通和安全。据报道,阿拉伯联合酋长国已经完成了一个名为"阿联酋通行证"的数字 KYC(用户识别)项目,这将使用户能够从远程地点与法律程序的各个方面进行互动,并且已经在其司法公证和认证服务中采用区块链技术。

阿拉伯联合酋长国的迪拜金融服务管理局(DFSA)在 2021 年至 2022 年的商业计划中,声明将建立"数字资产(令牌证券、虚拟货币等)的监管系统"。在该计划中,DFSA 承诺在金融服务领域的创新方面将保持"对相关企业的开放",并将继续研究法规如何应对新的创新业务模型。DFSA 是负责监管位于迪拜国际金融中心(DIFC)的金融服务的机构,迪拜国际金融中心是阿拉伯联合酋长国的免税区。

2020 年 1 月,迪拜政府的商品监管机构宣布启动免税虚拟货币业务区,该区是模仿瑞士"加密谷"的虚拟货币和区块链的特殊区域。计划建立协作办公设施和教育设施,并孵化相关业务,该地区免征个人所得税、公司税和预提税。

2022 年 3 月,迪拜通过了第一部监管虚拟资产的法律,虚拟资产包括比特币等加密货币和不可替代的代币。迪拜虚拟资产监管局(VARA)将根据新的法律成立，监管整个酋长国的该行业，包括特别开发区和自由区，但不包括迪拜国际金融中心。该机构还将负责颁发许可，对虚拟资产部门拥有法律和财务自主权，并将与迪拜世界贸易中心管理局（DWTCA）建立联系。

2022 年 6 月，中东场外加密货币交易所 Coinsfera 称，在迪拜市中心开设了第一家实体比特币商店，并允许用户用各种加密货币兑换现金或进行银行转账，包括 BTC（比特币）、ETH（以太币）、BCH（比特币现金）和 LTC（莱特币）等。事实上，2021 年迪拜世界贸易中心管理局（dwtca）、阿联酋监管机构以及证券和商品管理局已达成协议，支持在迪拜经济自由区进行加密货币资产的监管和交易。这一新举措建立了一个框架，使迪拜世界贸易中心管理局能够为加密货币相关的金融活动颁发必要的批准和许可证。由此，建立了迪拜加密活动的合法地位。

10. 马来西亚

2014 年，马来西亚国家银行在其网站上宣布，马来西亚不承认比特币为合法货币。尽管如此，马来西亚 2017 年推出了加密电子货币监管指南，以解决与马来西亚洗钱和恐怖主义融资有关的风险问题。除比特币之外，被马来西亚视为虚拟货币的还有以太币、Zcash 代币（大零币）、达世币、Tezos 代币（苔丝币）和门罗币。

2018 年 2 月，马来西亚国家银行声称，当局不承认虚拟货币是法定货币，但也不禁止这类货币的交易，但将设法让它更透明。①

2018 年 2 月 27 日援引马来西亚皇家警察总部特别行动处处长穆罕默德·哈伦（Mohamad Fuzi Harun）的话表示，马来西亚收到有关比特币诈骗案的报告，并正在展开调查。他强调，警方随时应对比特币关联犯罪。穆罕默德·哈伦表示，马来西亚当局开设了培训班，增强调查人员的破案能力。马来西亚国家银行正积极同警方配合，分享有关虚拟货币以及涉及虚拟货币的各种犯罪形式等方面的信息。

2018 年，马来西亚推出了新的反洗钱和反恐怖主义融资（AML/CFT），将加

---

① 当局本月将公布虚拟货币的概念文件，让比特币、以太币与瑞波币等虚拟货币及其幕后推广者、流通及营运手法摊在阳光下；当局不准备禁止虚拟货币的交易，但将设法让它更透明。它希望上述文件能够让民众自行决定是否投资虚拟货币。

密货币活动也纳入了其监管范围。这种新政策[①]要求马来西亚的加密货币交易所严格按照 KYC(用户识别)要求运营,对所有客户进行尽职调查,旨在提高当地数字货币活动的透明度,保障整个金融体系的健康发展。马来西亚国家银行重申道,虚拟货币在马来西亚不是法定货币。因此,该银行表示,受其监管的金融机构需遵守的严格市场行为标准对数字货币业务没有约束力。

马来西亚于 2018 年更新了法律框架,采用了加密货币监管规则后,据他们称,转换非法定资金的交易所,交换商和组织被称为“报告代理人”。该领域的控制权交给了国家中央银行(马来西亚国家银行)和主要监管机构证券委员会。它必须在 ICO 框架内规范关系并签发用于交换加密货币的许可证。

2020 年 10 月,马来西亚证券监督委员会(SC)宣布,新修订的《马来西亚数字资产准则》(*Guidelines on Digital Assets*,以下简称《数字准则》)正式生效。据悉,《数字准则》是为了更好地规范首次交易发行(IEO)和数字资产托管(DAC)行业发展,推动数字资产领域的负责任创新,有效管理风险和保护投资者利益。2020 年 1 月,马来西亚证券监督委员会宣布了一个框架,使公司能够通过马来西亚证券监督委员会注册的 IEO 平台在马来西亚发行数字代币来筹集资金。本次新发布的《数字准则》要求 IEO 平台运营商对发行人进行必要的尽职调查(包括审查发行人的提议和白皮书中的披露信息),并评估发行人遵守《数字准则》和《反洗钱与反恐怖主义融资准则》的能力。此外,《数字准则》还认可了数字资产托管机构在马来西亚数字资产生态系统中的重要作用,并对其运营提出了相关要求。马来西亚证券监督委员会提醒公众,在获得马来西亚证券监督委员会注册授权之前,不得在马来西亚提供、发行或分销任何数字资产,违法行为一旦被确认,将受到最高一千万林吉特的罚款或最多 10 年监禁的严厉处罚。《数字准则》正式生效后,希望在马来西亚注册为 IEO 平台运营商或 DAC(数字资产托管)机构的各方可以开始向马来西亚证券监督委员会提交申请,其中 IEO 平台运营商的申请截止日期为 2021 年 2 月 15 日。

---

① 新政策规定:“当报告机构与客户建立业务关系以及报告机构有任何洗钱或恐怖主义融资嫌疑时,马来西亚的加密货币交易所必须对所有客户和涉及交易的人员进行客户尽职调查。”该政策要求,除身份证件外,马来西亚的虚拟货币交易还要查看所有客户的全名、地址和出生日期。还规定:“任何提供加密货币之间交易或加密货币与法币交易服务的人都要遵守《2001 年反洗钱、反恐怖主义融资及非法活动收益法案》。”

2021 年 3 月，马来西亚国家银行（BNM）表示，暂无发行央行数字货币计划，该行在 2020 年年度报告中称，现有的货币和金融政策工具在维护货币和金融稳定方面仍然有效。包括实时零售支付平台（RPP）在内的国内支付系统也将继续运行，以支持经济需求。大多数当前形势的数字资产不具有货币的普遍特征，从而无法很好地存储价值和进行交易。马来西亚国家银行（BNM）将积极监测关键指标趋势，评估 CBDC（中央银行数字货币）相关风险和政策。

11. 加拿大

2017 年 8 月，加拿大证券管理委员会（CSA）发布了《工作人员通知 46 - 307——加密货币发行》，表示每一个 ICO/ITO 项目都是独一无二的，必须根据其自身特点来评估是否构成证券，加拿大证券管理委员会同样使用 Howey（豪威）测试进行评估。如果符合有价证券定义，那么发行企业必须符合招股说明书要求或取得豁免。同时，完成 ICO/ITO 的企业可能以商业目的进行证券交易，这时还要求获得经销商登记或豁免经销商登记。

2018 年 2 月，加拿大证券交易所（CSE）宣布不久将推出一个基于以太坊区块链的证券清算和结算平台，使用这个区块链平台的公司能够向投资者通过证券代币发行（STO）的方式来募集资金。通过 CSE 平台发行代币的公司将受到相应的证券委员会的全面监管。此外，CSE 还和基于区块链的制造平台 Kabuni Technologies 签署了谅解备忘录，他们将成为首家发行 STO（证券代币）的公司。

2018 年 2 月，加拿大多伦多道明银行（Toronto-Dominion Bank）宣布停止用户使用其信用卡购买数字货币；加拿大皇家银行（RBC）表示，允许其信用卡和借记卡在有限的情况下用于涉及数字货币的交易；加拿大丰业银行（Scotia bank）在发给客户的邮件中表示，客户将不能使用信用卡和借记卡购买数字货币。

2018 年 6 月，根据《加拿大公报》（Canada Gazette）上发布的一份拟议修正案文件显示："'交易加密货币业务'的人员和实体将被视为金融实体或视为国内外 MSB 的其他实体（视情况而定）。这些'交易'活动包括虚拟货币交易所服务及价值转移服务。根据对所有 MSB 的要求，交易虚拟货币的个人及实体需要实施完整的合规计划并向 FINTRAC 注册。此外，所有收到价值 1 万美元以上虚拟货币（如充币，任何形式的支付等）的汇报实体都具有保存记录以及上报的义务。"

2018 年 6 月,加拿大政府公布了关于“加密货币交易和支付处理”的新法规草案。该草案旨在解决金融行动特别工作组(Financial Action Task Force, FATF)曾提出的现有法规缺陷,提出加强加拿大反洗钱和反恐融资制度(AML/ATF)。新法规将加密货币交易所、交易处理商均纳入“货币服务业务”(Money of Service Business)范畴,要求他们披露超过 10,000 加元的大额交易记录(约合 7700 美元),并要求对交易额超过 1000 加元(约合 770 美元)的客户,设定新的客户身份验证(KYC)框架。

2020 年 1 月,加拿大证券管理委员会(CSA)已经发布了新的指南,揭示在加拿大地区运营的多家数字资产交易所将遭到证券法的冲击。公告详细表示,任何一家促进证券或资产交易的虚拟货币交易所将受到证券法的规范,证券法能适用于促进虚拟资产买卖的平台,划分在大宗商品类别中,“因用户对虚拟资产的合同权利可能自己构成衍生品”。

2020 年 3 月,加拿大金融犯罪监管机构金融交易和报告分析中心(FINTRAC)正准备在国际反洗钱跨国组织金融行动特别工作组(FATF)设定的 2020 年 6 月最后期限之前,部署加拿大广泛的虚拟货币监管规定。加拿大决定,加密货币公司——无论位于国内还是国外——只要服务于加拿大客户都需按照货币服务企业(MSB)的标准遵守监管规定,并在加拿大金融情报部门 FINTRAC(加拿大金融交易和报告分析中心)注册。加拿大政府于 2019 年 7 月公布了相应的法律修正案。修正案指出:“MSB 将包含‘处理虚拟货币’的本土和外国企业。‘处理虚拟货币’的活动包括虚拟货币交易服务和价值转移服务。”“根据 MSB 的要求,从事虚拟货币交易的个人和实体需要履行所有义务,包括执行完整的合规程序,以及在 FINTRAC 注册。”

加拿大金融监管局在 2020 年 6 月新增货币服务企业牌照的虚拟货币交易许可,使加拿大牌照目前在币圈、外汇圈都适用。监管范围包括了外汇、国际汇款、电子支付以及虚拟货币交易等许可项(Foreign exchange dealing, Money transferring, Dealing invirtual currencies)。加拿大在 2021 年准许了比特币(BTC)和以太币(ETH)服务平台股票基金,这让大量的流行投资人还有机会根据他们的项目投资账户有着数字货币敞口。包含享有税收优惠政策的申请注册离休存款方案(RRSPs)和免税政策存款账户(TFSAs)。

2022 年 1 月,加拿大税务局要求加拿大货币服务企业(MSB)必须报告超过

10,000美元的交易。因此,如果投资者从交易所购买价值10,000美元的加密货币,投资者必须在加拿大为加密货币纳税。

2022年2月,当诸多央行还在探索央行数字货币的概念时,加拿大国家银行并无意图发行自己的数字货币,至少现阶段没有。加拿大国家银行对发行数字货币并未看到任何益处,除非其他国家的央行计划“去现金化”。

2022年8月,加拿大宣布最新限制令,国内9个省份的投资者在过去一年内不得购买超过30,000加元的加密货币,其中,比特币、以太币、莱特币和比特币现金不在此限。

2022年11月,加拿大公布了秋季经济声明,提及政府部门将有效解决数字货币(包括加密货币、稳定币和央行数字货币)问题。声明提出,加拿大政府自11月3日起就数字货币有关问题,与相关利益方展开磋商。在4月发布的2022年预算中,政府表明将针对货币数字化启动金融部门立法审查(legislative review),以维护金融部门的稳定和安全。声明强调,加密货币的兴起和货币的数字化正在改变加拿大与世界各地的金融系统,加拿大政府对金融体系的监管框架必须与时俱进。

第三节　虚拟货币所涉的民事法律实务

一、法律政策解读

分析一类法律现象或法律纠纷的案件,最基础的就是翻阅相关的法律规定,从相关的法律规定中去寻找化解纠纷、公正裁判的钥匙。但由于虚拟货币的特殊性和新颖性,无论是司法实务界还是理论界,对其都还处于研究和探索的阶段。截至本书出版时,目前尚无任何针对基于区块链的去中心化的虚拟货币的法律规定出台。而除仅有的几份政策性的文件外,唯一具有参考价值的,就是2023年1月10日,全国法院金融审判工作会议结束后,形成的一份《全国法院金融审判工作会议纪要(征求意见稿)》,虽然其地位并非法律规定,目前也还只是处于征求意见阶段,尚未正式出台,但从司法实务的角度来看,仍具有重要的参考意义。因此,关于虚拟货币所涉及的民事法律政策,笔者将从《全国法院金融审判工作会议纪要(征求意见稿)》中有关虚拟货币的六条规定出发,作出一些分析并提出一些笔者自己的意见建议,尽可能地帮助大家厘清目前及未来的民事司法实务。

新规落地后虚拟货币交易将在符合一定条件下可能被法院认可。

1.《全国法院金融审判工作会议纪要(征求意见稿)》(以下简称《金融工作会议纪要》)第83条规定:虚拟货币具备网络虚拟财产的部分属性。当事人之间约定以少量虚拟货币抵偿因互易、劳务等基础关系所生债务的,如果不存在其他无效事由,人民法院应当认定合同有效。当事人请求对方当事人履行交付虚拟货币义务的,人民法院可予支持;因相关政策限制等原因不能实际履行的,可按合同签订时约定给付虚拟货币一方接受相应财产的实际价值确定其赔偿损失范围。当事人假借基础交易合同之名,以虚拟货币为经常性支付工具兑换法定货币或实物商品的,人民法院应当认定合同无效。

解读:该条的核心是释明以虚拟货币为支付对价纠纷的处理方式。

第1句:虚拟货币具备网络虚拟财产的部分属性。

首先,这句话直接给予了虚拟货币一个司法定性。关于虚拟货币的定性,各国都有不同的结论,有的认为虚拟货币是虚拟财产,有的则认为虚拟货币属于有价证券,还有的直接把虚拟货币定义为货币。而我国则在2013年《关于防范比特币风险的通知》中,将虚拟货币定义为一种虚拟商品。且这种定义在2017年的《九四公告》中也得以延续。而在2021年1月1日《民法典》生效后,虚拟商品则被归类到了网络虚拟财产中。不过,这一定义却在2021年的《九二四通知》中被删去了。如今《金融工作会议纪要》则重新把这条内容加了回来。其中的原因,更多的还是为了司法实务案件的审理,一旦有了这个司法定义,不论是在民事领域还是刑事领域,都可以有一个更为准确的适用。

其次,这句话也肯定了虚拟货币是具有价值的。因为既然属于财产,必定有属于它的价值。但笔者认为该条的表述仍存在一些不妥之处。

修改建议:部分虚拟货币具备网络虚拟财产的属性。(将部分两个字从末尾移到开头)

理由:(1)为什么要在开头加上“部分”?虚拟货币种类繁多,除了比特币等主流币种,大多数虚拟货币其实可以划归到空气币的范畴,而这些空气币中,又有绝大多数其实并非对区块链技术进步或社会生态建设有直接或间接价值的币种,甚至直接就是犯罪分子用来实施传销、非法集资等违法犯罪的工具,而这种空气币,不论是从发布的目的、流通的目的,还是参与人的心态,抑或最终造成的结果来看,都不应当被归类到财产的范畴。因此,仅有部分虚拟货币(被国际社会或主流国家政府认可)才是具备网络虚拟财产属性的,如果不加以限制,直接将所有的虚拟货币都列为网络虚拟财产,最终将会导致在司法审判实务中产生新的理论矛盾,使得判决无法自圆其说,直接从理论层面增加了裁判的不确定性。(2)为什么要删掉结尾处的"部分"? 首先,网络虚拟财产当然具备多种子属性,但经过笔者的分析,虚拟货币从表面来讲,是完全符合全部的子属性的。其次,网络虚拟财产本身就是一个完整的司法定义,如果再进行细分,多数法律法官可能未必能够完全理解部分属性是哪些属性,更不要提其他法律人和普通群众了。如果非要在末尾处加上这个"部分",立法者最好释明到底是哪部分。笔者认为,我们可以认为虚拟货币不仅具有网络虚拟财产的属性,还具有证券等其他属性。这样不论是从理论层面,还是实务层面才是合理的。

第2句:当事人之间约定以少量虚拟货币抵偿因互易、劳务等基础关系所生债务的,如果不存在其他无效事由,人民法院应当认定合同有效。

第2句则是充分肯定了以虚拟货币为合同标的的合法性。在2021年《九二四通知》发布后,很多法院在遇到虚拟货币类的案件时,会直接认定合同无效。这明显是不合理的。这句规定虽然看起来只明确提到了抵偿因互易、劳务,但我们也不要遗漏后面的这个"等"字。这个"等"字反映在司法实务中,极有可能会造成两极分化,部分法院可能会认为"等"就约等于认同了几乎所有的不违反其他法律规定的民事法律关系。而另一部分的法院则可能会自动忽略这个"等"字。此外,"少量"一词的表述也是同样的模糊描述。多少量算多,多少量算少? 不过关于这一点,笔者并不反对,反而十分认同,毕竟每个地方都有当地的特殊情况,只要每个地区能够形成相对统一的审判尺度就可以了。笔者认为这也体现出了立法者的高瞻远瞩,在不断的试验中找到最适合的裁判尺度。

第3句:当事人请求对方当事人履行交付虚拟货币义务的,人民法院可予支持;因相关政策限制等原因不能实际履行的,可按合同签订时约定给付虚拟货币一方接受相应财产的实际价值确定其赔偿损失范围。

第3句是法院裁判以少量虚拟货币为支付对价类案件的具体裁判规则。也就是说,以后对此类案件的裁判,法院不应当直接认定为合同无效,而是可予支持(又是一个模糊的概念“可”)。同时,即使对方无法支付虚拟货币,也可以按照合同签订时约定的合同对价实际价值确定赔偿金额。例如,张三用一个比特币买李四的一头牛,但张三拿到牛后却拒绝支付李四一个比特币。此时,法院可以判决张三支付李四一个比特币,如果张三明确表示要遵纪守法不能上交易所支付比特币,法院也可以判决张三向李四赔偿这头牛的实际价值。

此外,值得注意的一点是,在我国以往的所有官方文件中,虽然承认了虚拟货币是虚拟商品,具有财产价值,但没有价值的评估依据。有的法院参考交易所的价格,有的法院则直接不予认定具体价格,导致当事人之间的纠纷无法得到公平正义的裁判。

修改建议:笔者认为如果能把“可”改成“应当”就更好了,增加司法的确定性。

第4句:当事人假借基础交易合同之名,以虚拟货币为经常性支付工具兑换法定货币或实物商品的,人民法院应当认定合同无效。

第4句其实是对《九二四通知》的延伸,也是为了预防有些人把法院当成“交易所”,利用虚假诉讼,进行虚拟货币的交易。其实这点通过最高人民法院发布的第199号指导案例就可以看出。但笔者认为仍然存在一些漏洞,因为什么是经常性,并没有对此作出释明。这一点反映在司法实务中,则会导致部分不法分子利用部分法院的裁判尺度漏洞或利用和部分法官的不正当关系,实现经常性的虚拟货币交易行为。

2.《金融工作会议纪要》第84条规定:当事人双方在合同中约定,委托人以自己的名义在虚拟货币交易平台上登记注册账户,委托受托人从事投资活动的;或者委托人直接将资金交付给受托人,由受托人以自己的名义或实际上借用他人名义从事投资管理的,可认定双方成立委托投资合同。合同签订在《九四公告》(2017年9月4日)发布之后的,因代理事项违法,人民法院应当认定委托合同无效。对委托人因此所受的损失,可以将委托事项的发生原因作为确定过错程度主要考量因素,由当事人分担。

解读:该条的核心其实是在于某种程度上确定《九四公告》的法律地位。

在此之前,无论是《关于防范比特币风险的通知》,还是《九四公告》,抑或《九二四通知》,在法律上的地位都仅属于规范性文件,并不属于法律。虽然《金融工作会议纪要》也不属于法律,但其在司法实践中的地位却约等于司法解释,而《金融工作会议纪要》对于《九四公告》的引用，相当于某种程度上赋予了《九四公告》在司法审判中和法律同等的作用。不仅如此，笔者认为虽然《九二四通知》没有被直接引用在内，但在法院的实际审判过程中，大概率也会类推使用。

而在将《九四公告》赋予"法律地位"后，在司法实务中法官可以减少"自由心证"的过程，不用在纠结规范性文件是否能够作为裁判的依据。原、被告双方也可以不用再纠结引用《九四公告》是否适当而进行辩论，大大节省了司法资源，增加了裁判的确定性。

此外，本条还对法院审理"委托投资虚拟货币纠纷"类的案件的裁判尺度进行了规范，即 2017 年 9 月 4 日之前的合同有效，之后的无效，简单明了。同时该条还规范了此类案件的案由，即"委托投资合同纠纷"，而在《金融工作会议纪要》发布之前，此类案件有立委托合同纠纷的，有立保管合同纠纷的，还有立合同纠纷的。最后，该条还释明了该类纠纷的处理方式，即"将委托事项的发生原因作为确定过错程度主要考量因素"来划分各方当事人的责任。例如，如果张三主动欺骗李四委托其投资虚拟货币，或者张三说了保本保息等让李四委托其进行虚拟货币投资，又或是张三拿李四的交易所账户进行量化交易等，那么张三大概率是要承担主要甚至全部的赔偿责任。

因此，该条一旦正式落地生效，将极大地保护委托人的合法权益。对于以往"合同无效驳回原告"的裁判方式而言，这无疑是司法的进步。

修改建议：总体而言，本条简单易懂，可执行性强。不过该条并未提及委托投资的虚拟货币如何确认价格的问题。虽然在《金融工作会议纪要》的第 83 条中有提及"以虚拟货币为支付对价纠纷"的处理方式，但如果只是将含有虚拟货币的交易所账户交给第三方投资，并非作为支付方式（即没有对价），明显无法依据第 83 条对虚拟货币的价格进行评估。那么此类情况下如何确认虚拟货币的价格，这样一来也就又回到了近几年虚拟货币类纠纷案件的终极难题"是否能够参考交易所价格"来确定虚拟货币的价格。

3.《金融工作会议纪要》第 86 条规定：用户于《关于防范代币发行融资风险的公告》（2017 年 9 月 4 日）发布之前在虚拟货币交易平台登记注册参与虚拟货币交易，交易平台未履行服务协议导致其损失的，应依法向用户承担违约责任。用户对损失的发生也有过错的，可以减少相应的损失赔偿额。用户于《关于防范代币发行融资风险的公告》（2017 年 9 月 4 日）发布之后在虚拟货币交易平台登记注册参与虚拟货币交易,以交易平台或虚拟货币发行人未履行清退义务导致其损失为由向人民法院提起民事诉讼的,人民法院应当裁定不予受理,告知其向有关部门申请处理。

4.《金融工作会议纪要》第 87 条规定:对当事人要求交付或返还比特币等“虚拟货币”的诉讼请求,人民法院应当查明虚拟货币的持有状况,明确是否具备交付或返还的可能性,并在文书中载明。经审理查明确定不能返还或交付的,应引导当事人提出合理诉求,鼓励当事人就财产性权益达成合意。经审理查明具备实际履行基础的,人民法院依照当事人诉请在判项中明确交付或返还虚拟货币,负有交付或返还义务的当事人拒不履行生效判决确定义务的,人民法院可依照民事诉讼法执行程序相关规定采取相应措施。

解读:该条可以说是《金融工作会议纪要》关于虚拟货币的 6 条规定中,重要程度仅次于第 83 条(承认了虚拟货币的价值)的一条规定。

虚拟货币类的案件办理不仅是难在法院能否支持原告的诉讼请求,更难在即使胜诉了也很难执行。在过往几年的虚拟货币类案件中,也不乏有很多法院支持原告返还虚拟货币的案例,但除一些具备特殊情况的案例外(如双方事先约定了违约条款等),没有一例常见情形下的普通案例(公开案例中没有)是可以执行到位的。

该条的发布,虽然也并不能快速地去解决虚拟货币案件执行难的问题,但至少也打开了虚拟货币执行类案件的局面,为虚拟货币类案件的执行铺好了大前提。

二、案例分析

(一)从法院执行文书看比特币纠纷的现状

对于任何案件来说,法院的判决仅是对法律事实的认定,并不是最终的结果。只有败诉的一方按照判决情况完成了执行,才算是彻底地完结。那么遇到对方不履行的情况,我们就只能申请法院执行了。

笔者检索了全网目前涉及比特币的判决,一共 2600 份左右,但其中的执行案件仅 3 起。这也就意味着,比特币相关的案件即使赢了诉讼,也很难去立执行案来寻求法院的帮助。

笔者分析了这仅有的3份执行裁定，其中一个是要求查封比特币钱包账户的，结果是没有查到，这可能就是“去中心化”的体现。第二个裁定是一个刑事案件的执行，法院查封了被执行人的交易平台账户，但却并没有直接划扣其中的比特币，理由是：“现因比特币等处置事宜正在请示上级法院，目前上级法院未有答复，待上级法院有明确结论后即可立即处置比特币或被查封的房产。”第3个裁定，法院查到了被执行人名下有车有房有存款，但也查不到比特币钱包私钥。虽然查到了有车、房和存款，法院却并没有强制拍卖、变卖或者划扣被执行人房子、车子和存款。仅是把被执行人登记到了失信人名单。

通过以上3个执行裁定，笔者认为：(1)参与比特币交易确实存在相当高的风险，即使胜诉，也很难执行对方的比特币或者其他财产；(2)法院不执行其他财产的主要原因，笔者认为是为了防止法院变相成为虚拟货币交易的平台，变相地支持了比特币的交易；(3)虚拟货币还是存放在钱包私钥最安全。

(二)少见的支持比特币折现法币的判决

笔者逐一研读了截至目前所有关于虚拟货币的近4000份判决书。其中关于比特币的2600份，关于以太币的200余份，其他虚拟货币有关的近1000份。在研读了近4000份判决后，和大家以往的结论一样，超过99%的判决是不支持比特币折现人民币的。不过，笔者也发现了几份判决是支持比特币折现的，但基本都是一审判决。遇到这类判决，笔者都会搜索一下二审或者再审的判决。但就在笔者也认为比特币绝对不可能折现这个结论没有问题的时候，笔者发现了一个有点“反常识”的判决——支持比特币折现，而且是二审法院的判决。

这是一份上海市某法院2020年5月的判决。和以往的判决一样，笔者也没有查到这份判决的执行裁定。大概率这个案子也没有立执行案。当然也不排除被告已经返还了原告比特币或者兑付了现金。

对于比特币折现人民币的判决，不支持的理由有很多：违反《九四公告》；扰乱金融秩序；违背公序良俗等。但笔者认为支持折现才符合司法逻辑，否则法院判决了，却执行不了，那法院判决的意义何在？但是如果折现，2020年比特币价格尚在4万多元一枚，现在20多万元一枚，是不是价格也要重新调整呢？

总之，在逐一将4000份判决浏览了一遍之后，笔者认为虚拟货币的司法实务，确实还处于摸索阶段，针对同一类型的事实，判决结果确实仍存在不一致。

(三)法院支持比特币折现但裁判理由值得商榷

为了研究币圈的相关司法实务,笔者仔细分析了目前我国法院关于虚拟货币的近4000份判决。其中的一份判决引起了笔者的兴趣,在仔细研究之后,发现这份判决是存在需要商榷的地方的。

1. 案情简介

2018年11月13日,敖某和谷某亮签订《比特币借币协议》。敖某依约向谷某亮出借250个比特币,约定的借币期限届满后,敖某要求谷某亮返还250个比特币。谷某亮没有返还,于是敖某将谷某亮起诉至法院。法院审理后,认为火币网为我国认可的虚拟货币交易平台,敖某主张将火币网上比特币的交易价格数据作为赔偿的认定标准,符合《比特币借币协议》的约定。最终,法院一审判决谷某亮偿还敖某250个比特币,如果不能偿还,则按判决生效之日火币网显示的比特币与人民币换算比例进行赔偿。

2. 判决分析

这是国内为数不多的法院支持比特币折现的一份判决。笔者认为支持比特币折现本身并没有对与错,在目前立法尚不明确的情况下,各个法院都可以有自己对虚拟货币裁判尺度的理解。

但是,上述案件的判决却存在3个需要商榷的问题:

第一,法院以“火币网为我国认可的虚拟货币交易平台”为由,支持原告提出的比特币折现公告不妥。自2017年9月4日,《九四公告》发布以来,国内就再也不存在合法的交易所了。币安、火币、OKEx等所谓的国内交易所,也仅是创始人为华人而已。国内是从来没有承认过这些交易平台的合法性的。所以,法院以“火币网为我国认可的虚拟货币交易平台”作为判决的支撑条件是不妥的。

第二,法院认为“比特币具有经济价值并可用人民币来表现”,笔者认为这一点是值得肯定的,这是目前少有的法院明确认可比特币可以用人民币折现的司法观点。但是,法院在最终判决时认定的“按本判决生效之日火币网显示的比特币与人民币换算比例进行赔偿”的做法却有所不妥。比特币的波动是剧烈的,判决时的比特币价格和被告执行时的比特币价格可能会有很大的落差,法院的判决日作为价格参考日,也是没有法律依据的,甚至有违公平原则。这可能也是大部分法院不支持比特币折现的一个潜在的重要依据,因为比特币确实很难限定一个让各方都感到公平的具体价格。

第三，支持比特币折现是否欠妥？笔者认为这仍然是目前我国民事诉讼活动中一个值得商榷的重要课题。若不支持比特币折现，则比特币到了执行阶段，即使被执行人有存款有车有房，法院也没有任何依据来执行他的这些财产。原告的权利也无法得到保障。而若支持比特币折现，比特币的定价又以什么时候的价格为准？

三、实务总结

（一）虚拟货币属于合法的虚拟财产

2022 年 5 月 5 日，上海市高级人民法院官方微信公众号“浦江天平”在“案例参考册”栏目发布了一则有关于比特币的案例。上海市高级人民法院在案例评析中指出，审判实践中，人民法院对比特币的法律定位形成统一意见，认定其为虚拟财产。同一天，北京法院审判信息网也发布了一份刑事案件的判决文书，也认定包括泰达币、以太币、比特币均属于虚拟财产，并以此为由未采纳辩护律师关于破坏计算机信息系统罪的观点，最终认定为盗窃罪。

关于虚拟货币的法律定性，不论是法律圈的还是非法律圈的，至今仍有很多人不明白，也因此产生了诸多维权不能。而其实早在 2013 年就有了定论。2013 年《关于防范比特币风险的通知》就已经将比特币定性为是一种“虚拟商品”。结合《民法典》出台后第 127 条首次明确对“网络虚拟财产”的规定，可以将比特币归类为网络虚拟财产中的虚拟商品。

但因为比特币在国内引起的一些潜在金融风险，中国人民银行为首的多部委都出台过提示风险的相关文件，特别是 2021 年 9 月 24 日发布的《九二四通知》，进一步将虚拟货币相关业务活动列为非法金融活动。导致很多办案单位都认为比特币为首的虚拟货币都是非法的。但实际上风险提示类的这些公告、通知、提示，也都没有打破 2013 年《关于防范比特币风险的通知》中对比特币属于“虚拟商品”属性的定义。而造成这一现状的主要原因则是虚拟货币相关的法律目前尚属空白状态。

（二）关于各大银行禁止虚拟货币交易政策解读

2021 年 6 月 21 日，中国人民银行约谈了国内部分银行和支付机构。重申了

“坚决切断虚拟货币交易炒作活动的资金支付链路”。随即，中农工建等各大银行均发布禁止支持比特币交易的公告，同时明确表明会“采取暂停相关账户交易、注销账户等措施”。

1. 银行是否有权暂停、注销存款账户

根据《九四公告》的规定，“各金融机构和非银行支付机构不得直接或间接为代币发行融资和‘虚拟货币’提供账户开立、登记、交易、清算、结算等产品或服务……”因此，银行发布公告表示会采取暂停相关账户交易、注销账户等措施确实有法可依。一旦银行发现交易资金属于虚拟货币交易款项，有权拒绝提供交易、结算等服务。

至于银行是否有权直接注销存款账户，笔者认为，银行和客户之间的关系，属于平等民事主体之间的合同关系，如果银行与客户之间有约定“客户进行违法行为银行可注销账户”，那么银行确实是有权利直接注销存款账户的，而且事实上大部分银行在开户的时候会约定类似条款的。

2. 注销账户后存款怎么办

银行注销账户，本质上是解除合同的行为。合同解除后，银行也应当依约退还客户的存款。因此，即使用户的存款账户被注销，银行里的存款也应退还给客户，即使里面的存款被公安机关认定为涉案财产，也应当在取得公安机关的书面要求后，才可以进行查询、冻结、划扣等行为。而在此之前，里面的存款都是银行应返还给客户的。

不过，在各大银行发布的公告中，都提及会“及时报告有关部门”。因此，如果交易确实涉嫌违法犯罪，则很可能会被公安机关在第一时间进行冻结。

3. 以后交易虚拟货币是否还能用银行转账

针对这个问题，笔者认为银行本次发表的公告，其实仍然无法起到“禁止”的作用，除非交易双方明确告知银行，否则银行很难判断某笔资金是否属于虚拟货币的交易资金。

有人可能会说银行可以通知公安机关等进行验证，但《商业银行法》第 29 条第 1 款规定：“商业银行办理个人储蓄存款业务，应当遵循存款自愿、取款自由、存款有息、为存款人保密的原则。”因此，在银行确认该笔资金系虚拟货币交易资金前不应当报告给相关单位，从而也就无法由第三方协助银行判断是否属于虚拟货币的交易资金。

所以，笔者认为银行本次发表的公告，其实仍然无法起到“全面禁止”的效果。

第四节　虚拟货币所涉的刑事法律实务

一、法律政策解读

（一）只给区块链项目方做软件等技术服务是否合法

在大环境越来越内卷的今天，即使是很多区块链行业的技术大牛也不一定能够挤得进腾讯、阿里这样的大厂。于是，有些技术大牛往往就只能给一些擦边的项目方做软件、封装等技术服务。很多人可能觉得，即使是违法犯罪，也是这些项目方违法犯罪。自己提供的只是技术，赚的钱也都是辛苦钱，肯定没事。但事实上真的是这样吗？答案必然是否定的。

1. 帮助信息网络犯罪活动罪

《刑法》第 287 条之二第 1 款规定：“明知他人利用信息网络实施犯罪，为其犯罪提供互联网接入、服务器托管、网络存储、通讯传输等技术支持，或者提供广告推广、支付结算等帮助，情节严重的，处三年以下有期徒刑或者拘役，并处或者单处罚金。”

同时，《最高人民法院、最高人民检察院关于办理非法利用信息网络、帮助信息网络犯罪活动等刑事案件适用法律若干问题的解释》第 11 条规定：“为他人实施犯罪提供技术支持或者帮助，具有下列情形之一的，可以认定行为人明知他人利用信息网络实施犯罪，但是有相反证据的除外：（一）经监管部门告知后仍然实施有关行为的；（二）接到举报后不履行法定管理职责的；（三）交易价格或者方式明显异常的；（四）提供专门用于违法犯罪的程序、工具或者其他技术支持、帮助的；（五）频繁采用隐蔽上网、加密通信、销毁数据等措施或者使用虚假身份，逃避监管或者规避调查的；（六）为他人逃避监管或者规避调查提供技术支持、帮助的；（七）其他足以认定行为人明知的情形。”

所以，即使是仅提供了技术服务，也可能会被认定为是帮助信息网络犯罪活动罪。

2. 共同犯罪

共同犯罪是我国刑事司法活动中的一个重要理论组成。共同实施犯罪行为的人就是共犯了。共同犯罪有3个特征：

一是各共同犯罪人所实施的行为都必须是犯罪行为，必须具有共同的犯罪行为，即各共同犯罪人的行为都是指向同一的目标，彼此联系、互相配合，结成一个有机的犯罪行为整体。

二是各个共同犯罪人的行为由一个共同的犯罪目标将他们的单个行为联系在一起，形成一个有机联系的犯罪活动整体。

三是各共同犯罪人的行为都与发生的犯罪结果有因果关系。

如果符合上述条件，会被认定为共同犯罪。一样会被追究刑事责任。

不过，如果你真的不知道对方是在实施犯罪行为，只是被卷入其中，就不必过于担心。

(二)境内人员为纯境外区块链项目提供服务是否合法

《九二四通知》第3条规定："对于相关境外虚拟货币交易所的境内工作人员，以及明知或应知其从事虚拟货币相关业务，仍为其提供营销宣传、支付结算、技术支持等服务的法人、非法人组织和自然人，依法追究有关责任。"①从上述规定可以看出，虽然仅规定了境内人员为境外交易所提供服务，但结合我国管辖原则可以得出结论，境内人员为境外交易所提供服务，无论该交易所是否仅服务于国外用户，均应被依法追究责任。

其实自快播事件以来，在刑事司法活动中，由于技术人员往往掌握了相关项目的核心运转机制，所以单纯的"技术中立"原则，并不能有效地得到司法机关的认可。虽然上述规定仅针对的是交易所，但其实所有的区块链项目如果在国内被认定为违法行为，在境内提供营销宣传、支付结算、技术支持等服务的人员也仍然有可能被追究相关责任。

因此，境内人员为纯境外区块链项目提供服务应当在判定相关服务在国内是否合法的情况下进行。而对于广大维权群体来讲，针对境内技术人员的维权亦可以同步进行。

---

① 参见《关于进一步防范和处置虚拟货币交易炒作风险的通知(银发〔2021〕237号)》，载中国政府网，https://www.gov.cn/zhengce/zhengceku/2021-10/08/content_5641404.htm。

（三）盗窃比特币能否构成犯罪

《中国检察官》杂志曾发表一篇题目为《非法窃取比特币的刑法定性》[①]的文章，并得出结论：2021 年 9 月之后盗窃比特币的不构成任何犯罪，因为比特币不属于刑法所保护的财产。那么虚拟货币是否属于刑法意义中的财产呢？笔者认为值得商榷。

首先，从《九四公告》来看并不能得出“交易平台支配的比特币不具有财产属性”的结论，《九四公告》虽然禁止了交易平台的业务活动，但并不因此导致交易平台里的比特币就不受法律保护。平台不合法，并不代表平台里面的比特币就不受法律保护。

其次，《九二四通知》第 1 条第 4 款虽然规定了：“任何法人、非法人组织和自然人投资虚拟货币及相关衍生品，违背公序良俗的，相关民事法律行为无效，由此引发的损失由其自行承担。”但自行承担损失，并不代表法律就不承认虚拟货币属于财产。

再次，笔者认为《刑法》保护交易中的比特币，与是否会滋生违法犯罪活动并无关联；保护不交易的比特币，也仍然有《刑法》保护的必要。《刑法》的第二条：“中华人民共和国刑法的任务，是用刑罚同一切犯罪行为作斗争，以保卫国家安全，保卫人民民主专政的政权和社会主义制度，保护国有财产和劳动群众集体所有的财产，保护公民私人所有的财产，保护公民的人身权利、民主权利和其他权利，维护社会秩序、经济秩序，保障社会主义建设事业的顺利进行。”从这段话表述的前后顺序可以看出，《刑法》存在的必要性是多维度的，不仅是为了保护经济秩序，惩罚犯罪、保护公民的私有财产，更是放在前面的，仅次于国家安全、社会制度等国之根本。

最后，从法律理论角度而言，刑法意义上的财产，确实经历了法律财产说，到后来的经济财产说，发展到主流的法律的经济财产说的过程。但这都是站在平衡社会矛盾、推动人权保护的角度进行演化的。并且至今“法律经济财产说”也没有一统江湖，“经济财产说”也仍有一席之地。笔者认为，学理解释、理论推演，最根本的还是要从社会实际出发，从《刑法》立法的根本出发，从而找到最合适的理论支撑。

---

① 参见吴春妹、李长林、王星云：《非法窃取比特币的刑法定性》，载《中国检察官》2022 年第 21 期。

从文章来看,这位作者是从比特币的刑法属性出发进行论证的:首先,是引用《数据安全法》论证了比特币属于一种计算机信息系统数据;其次,是引用了《关于防范比特币金融风险的通知》论证了比特币不属于法定货币。这两点笔者是没什么意见的。但这两点也并未排除比特币属于受法律保护的财产的基础。但最后这篇文章则通过很没有说服力的逻辑,论证了比特币在刑法意义上不具有财产属性。

为了论证比特币不具有刑法意义上的财产属性,文章还引用了几种学说,原文如下:"笔者认为,财物与财产有所区别,财物是对象概念,是犯罪行为所指向的物品,判断是否作为财物,需要具备管理可能性、转移可能性、价值性三个特征。而财产是法益概念,它是刑法所保护的客体,是他人对财物的支配关系,这种支配关系(权益)是否被刑法所保护,涉及到刑法与民法及整体法秩序是否认可。我国刑法上的财产概念是随着时代不断变化的,由最开始的法律财产说,到后来的经济财产说,发展到主流的法律的经济财产说。法律的经济财产说主张既不能完全从民事权利视角来理解财产,也不能完全从经济学上的经济价值来理解,应以经济价值为核心,同时考量权利是否受到法秩序认可,从双角度把握财产属性。据此比特币是否具有财产属性除了考量经济价值之外,还需考虑是否被整体法秩序所认可。而判断依据是国家的监管政策,分为三个阶段。"

后面三个阶段简单总结就是:2013 年《关于防范比特币金融风险的通知》认可比特币是虚拟商品;2017 年《九四公告》禁止 ICO;2021 年《九二四通知》全面禁止虚拟货币相关业务活动。但除 2013 年《关于防范比特币金融风险的通知》外,这位笔者对于每一个文件的理解都有些偏颇。

首先,文章通过《九四公告》解读出来结论:"交易平台支配的比特币不具有财产属性",也就是说除放在个人钱包里的比特币外,放在交易平台上的比特币就不是财产了。理由是《九四公告》禁止了交易平台的业务活动,因此交易平台里的比特币就不受法律保护了。

对此,笔者很想问个问题:只要是监管禁止的事,里面的财产就不受《刑法》保护?那么,非法集资的案件为什么要退还给集资参与人?法律也禁止诈骗,诈骗来的钱就不是钱了?因此,平台不合法,并不代表平台里面的比特币就不受法律保护。如果按照这篇文章的逻辑,为什么法院会判决盗窃赃物也是盗窃,诈骗赃款也是诈骗。

其次,文章通过《九二四通知》得出了完全否定比特币的财产属性的结论。

理由是《九二四通知》第 4 条规定："任何法人、非法人组织和自然人投资虚拟货币及相关衍生品，违背公序良俗的，相关民事法律行为无效，由此引发的损失由其自行承担……"文章还引用了北京"挖矿"第一案的例子来证明交易比特币是违背公序良俗的。但是，北京"挖矿"第一案本身在法律界就有诸多争议，如果北京"挖矿"第一案是对的，为什么还会有结论不同的深圳"挖矿"第一案？

最后，文章的观点认为如果《刑法》保护交易中的比特币，则会滋生违法犯罪活动；不交易的比特币，则没有《刑法》保护的必要。

我们先看针对不交易的比特币，文章认为没有保护的必要，那笔者就想问了，那些买中国人民银行发行的纪念币而且没打算卖掉的，是不是也丧失了保护的必要性。

而针对交易中的比特币的观点，笔者采取保留意见。《刑法》第 2 条规定："中华人民共和国刑法的任务，是用刑罚同一切犯罪行为作斗争，以保卫国家安全，保卫人民民主专政的政权和社会主义制度，保护国有财产和劳动群众集体所有的财产，保护公民私人所有的财产，保护公民的人身权利、民主权利和其他权利，维护社会秩序、经济秩序，保障社会主义建设事业的顺利进行。"从这段话表述的前后顺序可以看出，《刑法》存在的必要性是多维度的，不仅是为了保护经济秩序，惩罚犯罪、保护公民的私有财产更是放在前面的，仅次于国家安全、社会制度等国之根本。而从这篇文章的逻辑以及"盗窃比特币不构成犯罪"的结论来看，其仅考虑到了经济秩序的维护。

此外，笔者认为虚拟货币的交易并非滋生虚拟货币类违法犯罪的根源，真实的原因是由于我国人民群众普通较低的投资风险意识和国际金融环境的发展节奏还有差距。绝大多数国家、地区对于虚拟货币是持开放态度的，甚至我国香港、澳门地区公开表明要支持虚拟货币产业的发展，由此可以看出国际金融大环境的发展方向是明确的，这是大势所趋。因此，堵不如疏，笔者认为监管层从保护人民群众财产安全和维护市场经济秩序的角度进行短暂的引导和防范是必要的，但在深化改革、扩大开放的主旋律下，虚拟货币产业最终会向股市一样走出一条具有中国特色的社会主义道路。

3. 结语

最后，回到文章的结论，如果比特币的财产属性被否认，不仅盗窃不构成犯罪，行贿受贿是否也不构成犯罪？一个结论的产生，如果是带来了更多的问题，那么这个结论显然是不合理的。

而回到理论角度，刑法意义上的财产，确实经历了法律财产说，到后来的经济财产说，发展到主流的法律经济财产说的过程。但这都是站在平衡社会矛盾、推动人权保护的角度进行演化的。并且至今“法律经济财产说”也没有一统江湖，“经济财产说”也仍有一席之地。笔者认为，学理解释、理论推演最根本的还是要从社会实际出发，从《刑法》立法的根本出发，从而找到最合适的理论支撑，而当理论和实践不符的时候，往往是理论发生了错误，毕竟实践才是检验真理的唯一标准。

（四）虚拟货币涉众性经济犯罪法院应当移送公安机关

《金融工作会议纪要》第 88 条规定：人民法院在审理民商事案件中，发现行为人以代币发行融资或以从事虚拟货币理财及其他资产管理类活动等名义涉嫌非法筹集资金、非法发行证券、非法发售代币票券等涉众性经济犯罪的，应当及时将犯罪线索移送侦查机关。侦查机关作出立案决定前，人民法院应当中止审理；作出立案决定后，应当裁定驳回起诉；侦查机关未及时立案的，人民法院必要时可以将案件报请党委政法委协调处理。当事人基于基础法律关系而发生的非经营性“虚拟货币”交易或抵偿行为，与上述涉众性经济犯罪无关的民事纠纷，人民法院应予受理。

解读：本条为程序性规定。虽然之前也有《最高人民法院关于在审理经济纠纷案件中涉及经济犯罪嫌疑若干问题的规定》第 11 条“人民法院作为经济纠纷受理的案件，经审理认为不属经济纠纷案件而有经济犯罪嫌疑的，应当裁定驳回起诉，将有关材料移送公安机关或检察机关”这样的规定，在实际处置的过程中，很多法院只会裁定驳回起诉，在裁定驳回起诉后，却并不会及时将案卷移送至公安机关立案侦查，这就造成了原告方一定程度上处于“三不管”的状态（公安机关一般也很难立案）。

不过，这次的《金融工作会议纪要》明确规定了“涉众性经济犯罪”应当将犯罪线索移送公安查处，甚至进一步规定了，如果公安机关未及时立案的，法院还可以将案件上报至政法委协调处理。如果这一规定最终能够在正式稿中得到确认，那么将使此类案件不再处于“三不管”的状态。

最后，该条也将法院裁定驳回起诉的时间节点，放到了公安机关“作出立案决定后”，而不是目前普遍存在的公安机关“作出立案决定前”，这样一来也必然将大大地增强对当事人合法权益的保障。

二、案例分析

(一)比特币量化搬砖，涉嫌“帮助信息网络犯罪活动罪”真实案例

1. 2021 年是因搬砖被判帮助信息网络犯罪活动罪的元年

帮助信息网络犯罪活动罪其实早在 2015 年《刑法修正案(九)》颁布的时候，就存在了。但根据笔者的不完全统计，截至目前法院公布的因比特币搬砖涉嫌帮助信息网络犯罪活动罪共 16 例，其中河南省 6 例，广西壮族自治区 4 例，其他省份都是 1 ~2 例。其中 2020 年有 4 例，其他 12 例全部集中在 2021 年的上半年。由此，可以得出结论：帮助信息网络犯罪活动罪正在开始向区块链领域的案件蔓延。

2. 什么是帮助信息网络犯罪活动罪

《刑法》第 287 条之二第 1 款规定：“明知他人利用信息网络实施犯罪，为其犯罪提供互联网接入、服务器托管、网络存储、通讯传输等技术支持，或者提供广告推广、支付结算等帮助，情节严重的，处三年以下有期徒刑或者拘役，并处或者单处罚金。”

3. 搬砖是否一定会涉嫌帮助信息网络犯罪活动罪

搬砖本身并不会涉嫌帮助信息网络犯罪活动罪。根据目前现有的案例可以看出，涉嫌帮助信息网络犯罪活动罪的一个重要前提是犯罪嫌疑人明知交易对手系不法分子，交易的比特币或资金是违法所得。那么“明知”的标准该如何进行判断。

《最高人民法院、最高人民检察院关于办理非法利用信息网络、帮助信息网络犯罪活动等刑事案件适用法律若干问题的解释》第 11 条规定：“为他人实施犯罪提供技术支持或者帮助，具有下列情形之一的，可以认定行为人明知他人利用信息网络实施犯罪，但是有相反证据的除外：(一)经监管部门告知后仍然实施有关行为的；(二)接到举报后不履行法定管理职责的；(三)交易价格或者方式明显异常的；(四)提供专门用于违法犯罪的程序、工具或者其他技术支持、帮助的；(五)频繁采用隐蔽上网、加密通信、销毁数据等措施或者使用虚假身份，逃避监管或者规避调查的；(六)为他人逃避监管或者规避调查提供技术支持、帮助的；(七)其他足以认定行为人明知的情形。”

从上面的规定可以看出,不论是作为平台方,还是搬砖党,认定明知的法定理由还是很多的。所以,如果各位搬砖党们不想与帮助信息网络犯罪活动罪有牵连的话,最有效的方式就是远离“不明资金和不明比特币”。如果没有识别清楚资金来源,那么就要在收到任何形式的提醒后,立即切断与交易对手的交易。切勿为了眼前的利益迷失方向。

4. 在火币等主流交易所搬砖是否会涉嫌帮助信息网络犯罪活动罪

答案是“会”。具体可以参考“徐某帮助信息网络犯罪活动案”①。当事人就是在火币网进行的交易。仍然被判处了帮助信息网络犯罪活动罪。所以,帮助信息网络犯罪活动罪的重点不是你在的平台大与小,而是上一条笔者提到的是否明知属于“问题资金”。

5. 被误认为是帮助信息网络犯罪活动罪犯罪嫌疑人的解决办法

最简单的方式就是提供证据证明你不是“明知”交易对手系不法分子或交易资金系违法所得。比如,第一次和对方交易等。如果没有证据的话,就需要看公诉人手中的证据是否足以证明你系“明知”了。

(二)区块链涉刑案件不应简单定为传销罪

在大部分区块链行业的案件中,特别是涉及虚拟货币的案件中,最常见的就是以涉嫌“组织、领导传销活动罪”进行立案侦查的。

区块链行业中,大部分人会谈“传”色变,因为涉传之后,不仅组织、领导者会面临牢狱之灾,投资人参与传销的资金也将全部没收、收归国有,但为什么又不断地有人参与传销呢?为什么这里面也有一些案件笔者认为不应简单地以“传销”进行定罪量刑呢?毕竟如果能够换个罪名,投资人的财产是可以保全的。

1. 传销其实有两种,层级只是表象,谎言才是原罪

(1)传销分两种:刑事犯罪传销和行政违法传销。

非法集资类的罪名中,传销区别于集资诈骗、非法吸收公众存款等罪名的主要区别之一就在于“层级”。根据《最高人民法院、最高人民检察院、公安部关于办理组织领导传销活动刑事案件适用法律若干问题的意见》的规定,组织体系中的层级一旦达到三级,就会被认定为传销行为。

① 湖南省耒阳市人民法院刑事判决书,(2021)湘0481刑初107号。

关于传销行为的规定，不仅在《刑法》中有规定，在行政法规《禁止传销条例》中也有规定。所以，才有了2019年“花生日记”被广州市工商局以传销违法为由实施行政处罚，这个案件属于行政处罚类案件，而不是由公安机关管辖的刑事案件。

(2)行政违法传销和刑事犯罪传销的区别。

《刑法》第224条之一规定：“组织、领导以推销商品、提供服务等经营活动为名，要求参加者以缴纳费用或者购买商品、服务等方式获得加入资格，并按照一定顺序组成层级，直接或者间接以发展人员的数量作为计酬或者返利依据，引诱、胁迫参加者继续发展他人参加，骗取财物，扰乱经济社会秩序的传销活动的，处五年以下有期徒刑或者拘役，并处罚金；情节严重的，处五年以上有期徒刑，并处罚金。”

《禁止传销条例》第7条规定：“下列行为，属于传销行为：(一)组织者或者经营者通过发展人员，要求被发展人员发展其他人员加入，对发展的人员以其直接或者间接滚动发展的人员数量为依据计算和给付报酬(包括物质奖励和其他经济利益，下同)，牟取非法利益的；(二)组织者或者经营者通过发展人员，要求被发展人员交纳费用或者以认购商品等方式变相交纳费用，取得加入或者发展其他人员加入的资格，牟取非法利益的；(三)组织者或者经营者通过发展人员，要求被发展人员发展其他人员加入，形成上下线关系，并以下线的销售业绩为依据计算和给付上线报酬，牟取非法利益的。”

从以上两个法条我们不难看出，《刑法》中的组织、领导传销活动罪的规定仅仅汇集了《禁止传销条例》中规定的第一种和第二种传销类型，简单来说就是以“交纳费用”获得“拉人头”资格为起点，以“拉人头”数量获得计酬或返利为过程，以“骗取财物”为终点。

而《禁止传销条例》第7条规定的第3种传销类型，也就是“团队销售计酬”的方式并没有被纳入刑事传销的范围。简单来说，就是分佣金不是看“人头”拉了多少或是会员费交了多少，而是看会员在消费之后产生的佣金，同时也只有佣金这部分在按照上下线分配过程中超过了三级。这与“拉人头”为主要赚钱方式的传销是有本质区别的。这也是在传销类刑事犯罪的诉讼过程中，辩方经常会提出涉案行为属于“经营性传销”而非“诈骗性传销”的原因。

很多人可能认为只要经营的内容是非法的，就应当被认定为刑事犯罪传销，这一点是严重错误的,因为《禁止传销条例》中也明确规定了行政违法型的传销也有要求“牟取非法利益的”才要处罚。可见,经营的内容合法与否,并不是刑事传销和行政传销的区分要件。

(3)层级只是表象,谎言才是原罪。

除“团队销售计酬”型的传销属于行政传销外,对于刑事传销和行政传销中的重合的那两种情形应当如何进行区分,从目前主流的学界观点来看,区分两者的核心就在于宣传的话术中,是否存在足以被认定为“欺诈”的谎言。不过,这里的“欺诈”并不是要求会员必须陷入错误认识,认为自己被骗了,才能够认定。

因为在传销活动中,有的传销行为本身是比较隐蔽的,会员根本不会意识到自己被骗了,甚至有些会员已经明知是骗局也要参与,只不过是坚信自己不是最后的“接盘侠”而已。因此,如果都以会员被骗作为条件,那么有的会员就会认为被骗,有的会员没有认为被骗,组织、领导传销活动罪最终的认定必将受制于“会员被骗与否”的制约,为司法活动带来额外的成本和制约。于是《最高人民法院、最高人民检察院、公安部关于办理组织领导传销活动刑事案件适用法律若干问题的意见》第 3 条规定:“参与传销活动人员是否认为被骗,不影响骗取财物的认定。”

那么,为什么会有那么多专家学者提出“诈骗型传销”的概念呢?笔者认为,传销之所以会不断地有会员愿意参与,愿意“交纳费用”,很大程度是因为大家都在做一个集体的“白日梦”,梦想着交了入门费以后就可以获得源源不断的利润。所以,诈骗性传销中的诈骗,更多的骗的不是别人,而是自己。“层级只是表象,谎言才是原罪”,这里的谎言是自己对自己说的。

2. 区块链行业中的涉传行为,不应简单归类为犯罪

前面的内容,笔者主要带大家分析了传销分为两种,分别是行政违法的传销和刑事犯罪的传销。也提到了“经营性传销”和“诈骗性传销”的分类。经营性传销更多应当被归类为行政违法,而诈骗性传销才应该归类为刑事犯罪。

那么,区块链行业的涉传行为,应当如何认定呢?笔者认为有 3 种情况。

(1)未虚构事实的“团队销售计酬”不应被认定为刑事传销。

去年以“星际联盟”为首的很多矿商,都是以“组织、领导传销活动罪”立案侦查的。但笔者认为,对于这些矿商,应该就具体事实加以区分,因为据笔者了解,很多矿商虽然存在多层级销售,但大多是靠产品利润来分拨佣金的,并非单

纯地靠“拉人头”来获利。而如 Fil 矿机等产品,即使是非法的,也仍然应当被归类为经营性的传销行为,属于行政违法的范畴。如果矿商们主动到市场局反映问题,大概率也不会被公安机关立案侦查了,如果已经被认定为仅属于行政违法,公安机关也就失去管辖权了。

前面的内容笔者提到单纯的“团队销售计酬”型传销,属于经营性传销,属于行政违法,归市场监督管理局管辖。但一定要注意两点:一是主要以销售产品为盈利模式,而不以“拉人头”为主要盈利模式;二是销售的产品或服务真实存在,且具有对应价值。如果销售的产品或服务并不存在,或存在严重夸大,则不属于正常的销售商品或服务的范畴。这种情况下就有可能会被认定为刑事犯罪中的传销了。

(2)不是“空气币”的项目不应被认定为刑事犯罪型传销。

比特币、以太坊、泰达币、Fil 币,这些虚拟币,是否属于“空气币”这一问题,具体来说,Fil 币情况特殊,在没有实现 Filecoin 项目白皮书中提到的星际文件系统存储价值之前,先不讨论。但比特币、以太坊、泰达币一定不是“空气币”。

简单来说,如果你想更直观地判断一个虚拟币是否属于“空气币”,可以看看它有没有对应的“权利价值映射”。笔者曾提出一个关键词——“权利价值映射”,有对应权利价值的虚拟币,则不属于“空气币”。

可以肯定的是,所有的“空气币”案件,不是诈骗就是非法集资,也就是非法吸收公众存款、集资诈骗或传销。

通过之前的分析,我们知道,认定刑事犯罪传销的要件之一就是看是否存在“骗取财物”的情形。关于骗取财物的认定,《最高人民法院、最高人民检察院、公安部关于办理组织领导传销活动刑事案件适用法律若干问题的意见》第 3 条规定:“传销活动的组织者、领导者采取编造、歪曲国家政策,虚构、夸大经营、投资、服务项目及盈利前景,掩饰计酬、返利真实来源或者其他欺诈手段……从参与传销活动人员缴纳的费用或者购买商品、服务的费用中非法获利的,应当认定为骗取财物。”而“空气币”不是虚构项目内容,虚构或夸大盈利前景的。不然,也不会被叫作“空气币”了。

但如果不是“空气币”,就必然是有项目对应的计划或已经落地的内容了,对于这部分案件笔者认为更多地应该归类为经营性传销,也就是行政违法型传销。

(3)刑事犯罪型传销的周边供货商、服务商等第三方关联主体,不应全部被归类为传销的共犯。

以矿商为例,假定在矿商涉及刑事犯罪型传销的情况下,给矿商提供矿机的供货方,给矿商提供经营场所的物业方,给矿商进行矿机托管的托管方,给矿商进行广告推广的广告方,是否属于传销的共犯?

《最高人民法院关于审理非法集资刑事案件具体应用法律若干问题的解释》(以下简称《非法集资解释》)第 12 条第 2 款规定:“明知他人从事……组织、领导传销活动等集资犯罪活动,为其提供广告等宣传的,以相关犯罪的共犯论处。”

所以,对于明知涉传,仍然给涉传矿商进行广告宣传的广告方,确实应当被认定为共犯,这也是笔者经常说的,一个项目中,风险最大的是项目宣发,其次是市场销售,再次是项目运营,最后才是技术、财务等。

但除广告方外,笔者认为与涉传矿商相互独立的托管方、物业方、供货方均不应被归类为传销的共犯。因为从表面上来看,虽然少了托管方、物业方、供货方矿商的配套,矿商就无法经营下去。但实际上,已经被认定涉传的矿商,大多都是十单九空,也就是说涉传矿商卖的根本就是空气,而不是实实在在的矿机。组织内成员的盈利模式靠的也不是矿机“挖矿”,而是人头费。而矿机,仅仅是个集资的幌子。在这种情况下硬性地将托管方、物业方、供货方认定为共犯,既没有法律依据,也是没有必要的。

有人可能会说,那如果矿商不是十单九空卖空气呢?如果矿商单单对应,最多涉及的是行政违法型的传销,而不是刑事犯罪了,就更不用提其他关联方了。

如果非要给这些关联主体定罪的话,笔者认为帮助信息网络犯罪活动罪还勉强能构成,毕竟在明知的情况下还提供服务。但如果是在明知的情况下,则不应认定构成犯罪。

(三)非法集资罪

2021 年 5 月 1 日,国务院出台的《防范和处置非法集资条例》正式生效。其中关于非法集资人和非法集资协助人的定义是一切的起点。非法集资人,是指发起、主导或者组织实施非法集资的单位和个人;非法集资协助人,是指明知是非法集资而为其提供帮助并获取经济利益的单位和个人,在实践中大多数是为了所谓的“奖励金”拉了很多人参与集资的人。那么,对非法集资人,如果不构成犯罪,会被处以集资金额 20% 以上 1 倍以下的罚款。对非法集资协助人,则会给予警告,处违法所得 1 倍以上 3 倍以下的罚款。两者如果构成刑事犯罪的话,还将会移交公安机关处理,依法追究刑事责任。最重要的是,对非法集资人、非法集资协助人,还会将其信用记录纳入全国信用信息共享平台。而征信对于人在社会上的活动具有重要作用。最后,任何人在非法集资中获得的广告费、代言费、代理费、好处费、返点费、佣金、提成等经济利益都将会被追回。当然,《防范和处置非法集资条例》第 25 条第 3 款还明确规定:因参与非法集资受到的损失,由集资参与人自行承担。投资有风险,千万别集资。

1. 吸收比特币构成非法集资罪

为了研究币圈的相关司法实务,笔者用一个月的时间仔细分析了我国法院关于虚拟货币的近 4000 份判决。其中有一份判决,引起了笔者的注意。

(1)案情简介。

这是一份 2020 年 11 月浙江省的真实判决。① 2019 年,高某等人利用境外服务器设立"通证银行"投资平台,对外宣称可存储主流"虚拟货币"理财,承诺随存随取,不设锁仓,以日息千分之一至千分之八的高额回报等静态收益模式向公众吸收比特币、以太币等虚拟货币,并以"拉人头"收取返利的动态收益模式予以传销式推广,诱使他人将持有的虚拟货币存入"通证银行"平台。好景不长,同年 6 月,该平台的虚拟货币就无法提取了。同年 7 月,该平台将储户的主流货币强制转化成 TB 资产。随后,平台关闭,无法登录。经查,高某等人通过上述方式吸收的虚拟货币价值人民币 1 亿多元。经法院审理后,涉案人员被认定为非法吸收公众存款罪。

(2)吸收比特币、以太币等虚拟货币是否构成犯罪。

根据笔者的检索,目前将吸收虚拟货币也认定为犯罪的,除上述案例外,并没有其他判决,因此这种情况尚属个例。但对于币圈来说,无疑是一巨大的"利空"。那么吸收虚拟货币是否应当被认定为犯罪呢?

笔者通过分析全网近 4000 份关于虚拟货币的判决后,发现了一个严重矛盾的现象,那就是虚拟货币在民事和刑事领域,价值认定的模式是完全不一样的。从民事角度而言,除少数几份判决外,法院普遍认为虚拟货币是不能和人民币等

---

① 参见浙江省泰顺县人民法院刑事判决书,(2020)浙 0329 刑初 136 号。

法币进行挂钩的。而从刑事角度而言,法院则普遍认为虚拟货币是有价值的,而且是可以参考案发时的交易平台价格的。所以,吸收虚拟货币也被认定为犯罪,符合法院在刑事案件中的一贯裁判尺度。至于具体为什么法院会出现这样的矛盾现象,笔者会在之后的内容中进行专门的分析。

(3)再次出现类似判决的可能性。

笔者认为,是否再次出现这样的判决不好判断。毕竟虚拟货币虽然在民事诉讼中不被认定为有具体价格,但仍然是具有财产属性的。

但从另一个角度来看,根据《刑法》第 176 条的规定,非法吸收公众存款罪的吸收对象是"公众存款",虽然在《非法金融机构和非法金融业务活动取缔办法》中已经将存款扩大解释为了"资金",但在《九四公告》等规定明确虚拟货币不具有"货币"属性的情况下,虚拟货币是否属于非法吸收公众存款罪中的资金还有待商议。

而如果把虚拟货币定义为虚拟商品的话,笔者则认为非法吸收虚拟财产是不能构成非法吸收公众存款罪的。一方面是因为对象不符;另一方面如果虚拟财产也可以构成非法吸收公众存款罪的话,那各种游戏里面的商人都是非法吸收公众存款罪的嫌疑人了。

所以,法律一方面不承认虚拟货币的货币属性,另一方面将虚拟货币冠以"存款"或"资金"的名义,如果这不是一个冤假错案的话,那就是另一个矛盾现象了。至于以后会不会大规模地出现这样的判决,笔者认为在没有明确的司法解释出台的情况下,应该不会大规模地出现这种情况。毕竟,司法的公平公正才是第一要义。民事可以多用原则,刑事还是需要具体的法条约束(特别是在不利于被告人的角度)。

2. 发行虚拟货币不构成非法集资类犯罪

(1)案情简介。

众所周知,以比特币为代表的加密货币的产生方式,是通过矿机运行特定程序生产出来的,这个过程被称为"挖矿",而决定"挖矿"产出多少的因素则是矿机的运算能力,简称"算力"。然而"挖矿"又是具有一定门槛的,为了方便普通人不用维护矿机,即可获得算力对应的收益。2020 年,小王发行了一个以算力为底层资产的"算力币"。

经过一段时间的准备工作后,小王的"算力币"在交易所成功上币,并以泰达币为对价完成了首轮“算力币”的销售，由此小王等项目组成员获利价值约1亿元人民币的泰达币。

2022年，小王被公安机关以非法经营罪为由抓获，后又被认定为非法吸收公众存款罪。但由于“算力币”的二级市场表现强势，首批购买“算力币”的用户，均获得了10倍左右的收益，又由于“算力币”有算力作为底层资产，所以该“算力币”直至案发仍未跌破发行价。因此，直接从项目方处购买的用户无一亏损。

(2)律师观点。

A.本案中的涉案标的不属于《刑法》中所规定的“资金”。

非法吸收公众存款罪属于“破坏金融管理秩序罪”章节中的犯罪类型，其保护的法益为我国的金融管理秩序。关于非法吸收公众存款罪中的“存款”，经历了从传统意义上的“存款”到扩大解释后的“资金”。但“资金”也应仅包括我国承认的、可以用于生产经营或日常生活的、合法有效的法定货币或有价证券等，除此之外，司法机关应从刑法的谦抑性原则和刑事诉讼活动中有利于被告人原则履行司法职责，不应超出上位法擅自作出涉及范围更广的扩大解释。

本案中，小王发售“算力币”所换取的泰达币虽然具有一般等价物的特性，但一般等价物并不必然等于“资金”。不仅如此，根据《关于防范比特币风险的通知》《九二四通知》等政策性文件或规范性文件的规定，虚拟货币不具有与法定货币等同的法律地位，不具有法偿性，不应且不能作为货币在市场上流通使用。因此，既然我国并不认可虚拟货币的货币地位，也禁止其作为货币在市场上流通，同时在上述规范性文件中进行了“投资风险自担”的风险提示，则不应认定虚拟货币属于刑法意义上的“资金”，也不应认定虚拟货币的发售行为破坏了刑法意义上的金融管理秩序。

此外，目前针对虚拟货币的禁止性或限制性规定，更多的是国家有关部门根据我国金融市场的现状而制定的，也并不排除未来会根据我国金融市场的发展而进行一定程度的开放。本案中的投资人也都是通过一些违法方式进行投资的。若在当前没有法律明确规定的环境下，为了个案而作出虚拟货币属于“资金”的结论性意见，极易在未来造成冤假错案。

B.2022年《非法集资解释》中的“虚拟币交易”仅包括利用虚拟货币吸收法定货币的形式。

2022 年新修正的《非法集资解释》第 2 条第 8 项新增了"以网络借贷、投资入股、虚拟币交易等方式非法吸收资金的"以非法吸收公众存款罪定罪处罚。

但该条规定不论是从文义解释,还是体系解释,抑或理论解释来看,都仅仅是将"虚拟币交易"作为等同于"网络借贷、投资入股"等方式的吸收方式。也就是说本条款的重点在于"虚拟币交易"这种方式,更直接的理解则是指通过销售虚拟货币换取法币的方式。而并非是将非法吸收公众存款中的"存款"(资金)直接扩大解释为不具有法币地位的"虚拟币"。

本案中小王发售"算力币"系通过币安交易所进行的,而非直接以法币的形式进行销售,也非间接地指导投资人在购买泰达币后立即购买"算力币"。因此,"投资人通过交易所购买泰达币"和"投资人用泰达币在币安交易所购买算力币"应分别进行认定,两起事实的发生并没有必然的直接因果关系。

此外,交易所同时提供有法定货币与虚拟货币之间的兑换业务以及虚拟货币与虚拟货币之间的兑换业务。而从小王发售的"算力币"并未选择直接以法定货币的形式进行兑换交易的做法,不论是从主观还是从客观来看,均不应当认定为非法吸收"资金"的行为。

C. 本案并未形成非法吸收公众存款类犯罪中必然存在的"资金池"。

非法吸收公众存款罪除"非法性、公开性、社会性、利诱性"四个特征外,还有一个重要的认定标准就是是否形成资金池。抛开泰达币是否属于"资金"的范畴这个问题来看,本案也并未形成资金池。

非法吸收公众存款罪"资金池"中的资金,仅特指投资人的资金,自有资金并不属于资金池中的资金。本案中,小王本质上是通过发售"算力币"而实现销售专用基于矿机产生的"比特币算力"。小王自"算力币"销售出去之时,产生的法律结果是失去了"算力币"(比特币算力收益权)的所有权,同时获得了泰达币的所有权,而非是帮投资人保管泰达币的行为。且实际上小王销售"算力币"所获得的泰达币也在不久之后就被分完,主客观均可一致地反映出本案并未形成资金池。

(3)律师点评。

笔者接手案件后,在充分了解案情后,第一时间向办案机关提交了不构成非法经营罪的辩护意见以及非法经营罪的法律检索报告。最终意见被成功采纳,办案机关变更了罪名,由非法经营罪变更为非法吸收公众存款罪。最终小王被判处了缓刑。

(四)2022 年《非法集资解释》对币圈的四点影响

2022 年 2 月 24 日,最高人民法院发布了《最高人民法院关于修改〈最高人民法院关于审理非法集资刑事案件具体应用法律若干问题的解释〉的决定》,修改了 2010 年制定的《非法集资解释》。

笔者认为,本次解释修改的内容主要可以分为两个大的方面:一方面是对具体涉案行为的扩充,如以网络借贷(主要指 P2P)、虚拟币交易、融资租赁、养老服务等为名实施非法集资的行为;另一方面则是对量刑的调整,如自然人犯罪和单位犯罪量刑标准的统一,又如积极退赃退赔的减轻处罚。

特别是虚拟货币入刑的加入,是对《九二四通知》在非法集资类犯罪中的一大落地措施。笔者先从虚拟货币的 4 个角度解读《最高人民法院关于修改〈最高人民法院关于审理非法集资刑事案件具体应用法律若干问题的解释〉的决定》。

1. 吸收虚拟币是否等于吸收资金仍未明确

修改后的《非法集资解释》,将第 2 条第 8 项修改为了“以网络借贷、投资入股、虚拟币交易等方式非法吸收资金的”。从字面意思理解,仅是将“虚拟币交易”作为等同于“投资入股”等方式的吸收方式。也就是说,本条款的重点在于“交易”的方式,而并没有将非法吸收公众存款中的“存款”,或是非法集资中的“资金”直接扩大解释为包含了“虚拟币”。

也就是说,如果项目方是以虚拟币为中转方式来吸收资金,则构成非法集资类的犯罪。而如果项目方直接吸收集资参与人手中原本就持有的虚拟币,并不一定构成犯罪。

举例来说:如果 A 项目是非法集资类的项目,张三为了掩人耳目,没有直接吸收集资参与人的现金,而是让集资参与人买了虚拟货币后再转给张三,则张三构成犯罪。而如果张三吸收的直接就是虚拟币,则不构成。

注意:上述解读的角度仅为从字面意思去理解,若结合上下文语境,更多的是作为辩护人的角度。若从控告人角度看,仍不能排除直接吸收虚拟币也构成犯罪的可能,切勿以身试法(不过也能看出本次修改也仍有“漏洞”遗留)。

2. 投资人维权立案难度增加

关于非法吸收公众存款罪,修改前的《非法集资解释》第 3 条中,是有区分个人犯罪和单位犯罪的，个人非法吸收30人或20万就构成，而单位则是非法吸收150人或100万以上的才构成犯罪。而修改后的《非法集资解释》第3条，则将个人和单位的区分去掉了，统一标准为非法吸收150人或100万以上。

这无疑增加了投资人的维权难度，以往拉个30人的维权小群就可以相约去报案了，而现在需要150人，难度绝对翻了5倍不止。有些人认为，可以用100万的金额来维权，但是，大多数非法集资类的案件不只是看金额的。

当然，换个角度，也能看出立法者是在打击非法集资的参与，毕竟维权成本和风险都大大增加了。但是会不会让犯罪分子更加嚣张呢？笔者倒是不这样认为，至少对于币圈的案子而言，虽然不能控告非法集资了，但是控告非法利用信息网络罪、帮助信息网络犯罪活动罪、非法经营罪、诈骗罪等，还是可以的。维权过程不重要，结果才重要。

3. 鼓励集资项目方积极进行清退

修改后的《非法集资解释》增加了一个第6条，概括起来就是项目方被提起公诉前（也就是在案子到法院之前），如果能积极清退集资款项，可以从轻或减轻处罚，最多可以直接不起诉或免予刑事处罚。当然，即使刑事方面没有处罚，行政方面也是会处罚的，不过相对而言轻了很多。

这一条的增加，核心宗旨在于激励项目方积极展开清退，维护社会稳定。不过要注意是在“提起公诉前”，不要拖到案子到了法院之后才积极清退。

4. 某些币圈行业从此入刑

修改后的《非法集资解释》第2条第9项新增了“以委托理财、融资租赁等方式非法吸收资金的”也应认定为非法吸收公众存款罪。

首当其冲的就是众多做“量化”的公司了。因为“委托理财”的招牌以后可能不能使用了，还在以“委托理财”作为合同名，或委托理财类的条款作为核心条款的量化公司，基本等于自行准备犯罪证据了。

其次，就是部分以投资为本质目的，表面上以“销售+租赁”的“融资租赁”形式进行联合“挖矿”的矿商了。因为“融资租赁”也明确入刑了。这里笔者想抛出一个问题：以往的以投资回报为宣传口号，无实际交付的“销售+托管”形式，是否也属于非法集资呢？毕竟“以转让林权并代为管护”的形式以及“以代种植（养殖）、租种植（养殖）、联合种植（养殖）”的形式吸收资金的，也被认定为非法集资类犯罪。

（五）非法利用信息网络罪

笔者之前分析过，参与区块链项目或者玩虚拟货币，可能会涉及诈骗类犯罪、非法集资类犯罪、传销类犯罪、帮助信息网络犯罪活动罪、洗钱罪、非法经营罪等罪名。近期，又有一个全新的罪名正在逐渐替代前面这些罪名成为新的“兜底”罪名，而且大有蔓延整个区块链行业的趋势。这个罪名就是《刑法》第287条之一的非法利用信息网络罪。

这个罪名也算是帮助信息网络犯罪活动罪的“兄弟”罪名，非法利用信息网络罪是287条之一，帮助信息网络犯罪活动罪是287条之二。二者也是相辅相成，如果非法利用信息网络罪坐实，也免不了相关第三方的技术人员、销售人员等会涉及帮助信息网络犯罪活动罪。

1. 非法利用信息网络罪的释义

根据《刑法》第287条之一的规定，非法利用信息网络罪的认定标准主要有3点：一是利用信息网络设立用于实施诈骗、传授犯罪方法、制作或者销售违禁物品、管制物品等违法犯罪活动的网站、通讯群组的；二是利用信息网络发布有关制作或者销售毒品、枪支、淫秽物品等违禁物品、管制物品或者其他违法犯罪信息的；三是利用信息网络为实施诈骗等违法犯罪活动发布信息的。

简单来讲，只要建个群发布违法犯罪的信息，情节严重的，都可能会涉及这个罪名。至于情节严重的认定标准有，《最高人民法院、最高人民检察院关于办理非法利用信息网络、帮助信息网络犯罪活动等刑事案件适用法律若干问题的解释》第10条规定：“非法利用信息网络，具有下列情形之一的，应当认定为‘情节严重’：（一）假冒国家机关、金融机构名义，设立用于实施违法犯罪活动的网站的；（二）设立用于实施违法犯罪活动的网站，数量达到三个以上或者注册账号数累计达到二千以上的；（三）设立用于实施违法犯罪活动的通讯群组，数量达到五个以上或者群组成员账号数累计达到一千以上的；（四）发布有关违法犯罪的信息或者为实施违法犯罪活动发布信息，具有下列情形之一的：1. 在网站上发布有关信息一百条以上的；2. 向二千个以上用户账号发送有关信息的；3. 向群组成员数累计达到三千以上的通讯群组发送有关信息的；4. 利用关注人员账号数累计达到三万以上的社交网络传播有关信息的；（五）违法所得一万元以上的；（六）二年内曾因非法利用信息网络、帮助信息网络犯罪活动、危害计算机信息系统安全受过行政处罚，又非法利用信息网络的；（七）其他情节严重的情形。”

2. 为什么说非法利用信息网络罪是兜底罪名

《刑法》中规定的罪名一般都是比较明确的，具体行为对应具体罪名。但也仍然有一些罪名，是可以包括很多行为的，如非法经营罪、寻衅滋事罪等，这类罪名往往被称为兜底罪名。

为什么说非法利用信息网络罪也是兜底罪名呢？因为《最高人民法院、最高人民检察院关于办理非法利用信息网络、帮助信息网络犯罪活动等刑事案件适用法律若干问题的解释》第 7 条规定：“刑法第二百八十七条之一规定的‘违法犯罪’，包括犯罪行为和属于刑法分则规定的行为类型但尚未构成犯罪的违法行为。”

也就是说，即使发布的消息本身不是犯罪行为，只要属于违法，也可能导致发布者构成非法利用信息网络罪。可以说这个罪名的认定比帮助信息网络犯罪活动罪还要“轻松”。

3. 哪些人可能涉及非法利用信息网络罪

笔者认为，在区块链或虚拟货币相关的案件中，非法利用信息网络罪的涉案主体主要有以下几类：

(1)针对 C 端销售的矿商。不过，笔者认为矿商也应当做一些区分，并不是所有的矿商都应当被挂一个非法利用信息网络的罪名。

(2)宣传违规项目的群主。但这里笔者认为应当进行一些区分，如宣传 swarm 项目(在 swarm 被认定为非法前)，本身不应当“一刀切”，但售卖 BZZ 私募币的就涉及了，因为售卖私募币本身是涉嫌参与非法代币发行融资活动的。

(3)宣传违规项目的自媒体、网站站长。理由和群主一样，只不过身份换了一下。

(六)非法利用信息网络罪和帮助信息网络犯罪活动罪的区别

根据笔者以往办理“退矿机、退私募币类”案件的经历，可以发现部分地区的公安机关，不论报案人报的是诈骗类的罪名还是非法经营类的罪名，最后总会将立案侦查的罪名定性为“非法利用信息网络罪”。非法利用信息网络罪可能将成为区块链和虚拟货币领域的案件中的兜底罪名。

非法利用信息网络罪和帮助信息网络犯罪活动罪作为两大兜底罪名，在具体应用中有什么区别呢？笔者整理总结了以下 3 点关键区别：

一是行为方式不同，非法利用信息网络罪将是对“纯网上行为”的认定。对比两个法条的规定及相关司法解释不难发现，非法利用信息网络罪是对“纯网上行为”的定性，而帮助信息网络犯罪活动罪是对“帮助行为”的定性，并不局限于是否为网上的行为。

非法利用信息网络罪更像是一个特殊罪名，一旦出现难以区分行为人的行为性质属于“发布消息”还是“广告推广”时，优先适用非法利用信息网络罪，因为它是纯依靠网络的特殊罪名。在两罪界分实在困难的情况下，宜优先适用非法利用信息网络罪。这也是非法利用信息网络罪兜底的一种体现。

二是行为目的不同。非法利用信息网络罪中涉及的主要行为类型是建设群组网站和发布信息，这两种类型均涉及两个精准：或针对范围特定的犯罪对象进行精准引流，如专门成立群组或相关网络，将可能成为被害人的群体进行精准聚集；或发布的信息重点精准，如发布消息中重点均落在某个具体实施犯罪所使用的即时通讯账户上，从而实现不法分子与犯罪对象的精准对接，如发布信息最常见类型就是编造虚假信息，引发网友关注某个公司的产品等。

而帮助信息网络犯罪活动罪的着力点并不在于犯罪对象，更在于全面辅助犯罪实施，更多关注不法分子这一群体，无论是技术支持还是其他帮助行为，均不以直接的犯罪活动为重点，而是更多方便犯罪活动的开展，如帮助其转款、帮助其虚张声势、帮助其提供账号（而非做账号推广）等。

三是认定标准不同。设立非法利用信息网络罪，目的是解决信息网络犯罪中带有预备性质的行为如何处理的问题，将刑法规制的环节前移，以适应惩治犯罪的需要。之所以称为带有预备性质的行为，是因为行为的效果并不确定，精准投放的犯罪对象并不一定会成为实际受损的被害人，所以该罪名的入罪标准均是从行为人自身的行为来界定，如向多少群组发送信息，自己得了多少非法所得，并不关注其违法犯罪行为所带来的实际“效果”。

而帮助信息网络犯罪活动罪则恰恰相反，该罪名的入罪标准更多的是关注其所帮助的犯罪行为的“效果”，甚至在帮助信息网络犯罪活动罪的构成要件中已经直接把“违法”二字去掉了，因为违法本身就是对效果的否定，如帮助提供支付结算多少元、为几个对象提供帮助等。

（七）宣传区块链虚拟货币项目被认定为非法利用信息网络罪的辩护焦点

非法利用信息网络罪的认定标准是很低的，一旦被以非法利用信息网络罪

立案侦查,笔者认为具体的辩护焦点主要有以下两点:

一是是否用于"实施违法犯罪活动"。根据《刑法》第287条之一的规定,非法利用信息网络罪,只有规定行为达到"情节严重"才会构成犯罪。而根据《最高人民法院、最高人民检察院关于办理非法利用信息网络、帮助信息网络犯罪活动等刑事案件适用法律若干问题的解释》,除了"违法所得一万元以上""二年内再犯"以及"发布有关违法犯罪的信息或者为实施违法犯罪活动发布信息"外,均要求设立的网站或通讯群组为了用于"实施违法犯罪活动"。

因此,网站或通讯群组的设立目的就成为辩护的重要焦点。当然,设立的目的也并不是单纯依靠创建者的供述来认定。网站或群内的日常信息,才是辩护工作中主要应当关注的焦点。

二是发布的信息是否属于违法犯罪活动。值得注意的是,根据《最高人民法院、最高人民检察院关于办理非法利用信息网络、帮助信息网络犯罪活动等刑事案件适用法律若干问题的解释》的规定,这里的"违法犯罪"活动,不光包括犯罪活动,还包括了在《刑法》中列明的但尚未达到犯罪的违法活动。

区块链本身并不违法,虚拟货币的存在也是法律所认可的。那么,如果是单纯地发布关于合法的区块链项目以及虚拟货币的相关内容进行讨论,笔者认为并不属于违法犯罪活动。

但如果涉及区块链项目的公开融资、公开发布交易信息,或发布虚拟货币交易所等信息的,则属于"违法犯罪"活动了。

因此,笔者认为非法利用信息网络罪的第二个主要辩护焦点,就在于所参与的项目是否属于"违法犯罪"行为。但区块链项目往往涉及很多个方面,而且由于项目大多在国外,如何区分项目具体哪部分合法、哪部分违法(且应为刑法中的违法行为),才是非法利用信息网络罪构成与否的核心辩护焦点。因此,对于这类案件的辩护,笔者还是推荐大家找了解区块链行业的律师来进行。

(八)洗钱罪

1. 洗钱罪的概念

《刑法》第191条规定:为掩饰、隐瞒毒品犯罪、黑社会性质的组织犯罪、恐怖活动犯罪、走私犯罪、贪污贿赂犯罪、破坏金融管理秩序犯罪、金融诈骗犯罪的所得及其产生的收益的来源和性质,有下列行为之一的,没收实施以上犯罪的所得及其产生的收益,处5年以下有期徒刑或者拘役,并处或者单处罚金;情节严重的，处5年以上10年以下有期徒刑，并处罚金：（一）提供资金账户的；（二）将财产转换为现金、金融票据、有价证券的；（三）通过转账或者其他支付结算方式转移资金的；（四）跨境转移资产的；（五）以其他方法掩饰、隐瞒犯罪所得及其收益的来源和性质的。单位犯前款罪的，对单位判处罚金，并对其直接负责的主管人员和其他直接责任人员，依照前款的规定处罚。

关于洗钱罪的法律规定虽然长，但笔者认为言简意赅的总结起来也就是一句话：明知是非法所得，仍通过各种手段使其合法化的行为。

而关于洗钱罪处罚的对象，通过上面的五类人员，基本上也涵盖了各种参与者。

2. 洗钱罪的争议焦点——“明知”

关于洗钱罪的构成要件，不论是四要件理论还是三阶层理论，回到司法实务中，大家争论的焦点往往就在于涉案的当事人是否“明知”是赃款。

《最高人民法院关于审理洗钱等刑事案件具体应用法律若干问题的解释》第1条规定：刑法第191条、第312条规定的“明知”，应当结合被告人的认知能力，接触他人犯罪所得及其收益的情况，犯罪所得及其收益的种类、数额，犯罪所得及其收益的转换、转移方式以及被告人的供述等主、客观因素进行认定。具有下列情形之一的，可以认定被告人明知系犯罪所得及其收益，但有证据证明确实不知道的除外：（1）知道他人从事犯罪活动，协助转换或者转移财物的；（2）没有正当理由，通过非法途径协助转换或者转移财物的；（3）没有正当理由，以明显低于市场的价格收购财物的；（4）没有正当理由，协助转换或者转移财物，收取明显高于市场的“手续费”的；（5）没有正当理由，协助他人将巨额现金散存于多个银行账户或者在不同银行账户之间频繁划转的；（6）协助近亲属或者其他关系密切的人转换或者转移与其职业或者财产状况明显不符的财物的；（7）其他可以认定行为人明知的情形。

从上面的几点可以看出，认定“明知”的门槛还是很低的，只要资金没有正当理由地流动，就有可能被认为是“明知”。

3. 洗钱罪的上游罪名

洗钱罪是一种下游犯罪，也就是说想要认定构成洗钱罪，必须存在洗钱罪的上游罪名才可以，而其上游犯罪就是：毒品犯罪、黑社会性质的组织犯罪、贪污贿赂犯罪、恐怖活动犯罪、走私犯罪、破坏金融管理秩序犯罪、金融诈骗犯罪等7种犯罪。

4. 洗钱罪和掩饰隐瞒犯罪所得罪、帮助信息网络犯罪活动罪的区别

首先，侵犯的客体不同。《刑法》分则部分共有 10 章，对应十大类罪名，洗钱罪被归类在“破坏社会主义市场经济秩序罪”中，帮助信息网络犯罪活动罪、掩饰隐瞒犯罪所得罪则被归类在“破坏社会管理秩序罪”中。

其次，行为的对象不同。洗钱罪只针对 7 个上游犯罪，而掩饰、隐瞒犯罪所得罪则泛指一切犯罪的所得赃物，帮助信息网络犯罪活动罪则是指帮助正在实施中的信息网络犯罪行为。

最后，行为方式不同。洗钱罪是指通过某类中介方式来隐瞒和掩饰违法所得及其收益的性质和来源，掩饰、隐瞒犯罪所得罪则包括窝藏、转移、收购或代为销售赃物 4 种行为。而帮助信息网络犯罪活动罪的行为本质，实际上属于上游犯罪的帮助犯，是“收取”上游赃款本身，并不涉及资金形式的转移或转换。

为什么要区分这 3 个罪名呢？因为洗钱罪最低 5 年以内，其他两个罪名最低 3 年以内，洗钱罪判得最重。

（九）诈骗罪

诈骗罪是一个很有意思的罪名，作为一个自古以来就存在的传统罪名。你认为它规定得很完善，但是《刑法》就一句“诈骗公私财物”的要处罚；你认为它规定得不完善，但是又有一堆相关司法解释来列举各种情形该怎么认定。但就在这一堆司法解释中，恰巧就是没有规定关于买卖虚拟货币这种情形应该怎么认定。

近年来，随着加密货币的热度不断增加，也有越来越多的人开始接触虚拟货币。于是涉币案件也逐渐增多。不论是卖币方被认定为诈骗罪的犯罪嫌疑人，还是买币方认为自己被骗了，想去刑事控告，笔者团队都会经常遇到。

我们今天先不谈论买卖加密货币的时候，一方不给币或一方不给钱这种相对浅显的案例是否构成诈骗罪。而是来深度地分析一下，钱货两清的前提下还能否构成诈骗（特别是买卖一些非主流币，甚至是空气币）。

1. 有罪论和无罪论

我们先来看一个真实案例改编的小故事：小王以前从来没有投资过加密货币，在看到近几年比特币的暴涨后，决定投资加密货币。币圈“老韭菜”小张在得知小王的意愿后，向小王推荐了一个自己参与的空气币项目 CTB，并告诉小

王 CTB 的价格将很快超过比特币。于是小王向小张购买了价值人民币 10 万元的 CTB。一年后,CTB 经历了暴涨暴跌后最终归零,小王认为自己被骗于是报警。

有罪论的观点:小张作为币圈“老韭菜”,虚构了“空气币”具有投资价值可以暴涨的事实,隐瞒了“空气币”本质上没有任何价值的真相。小王则基于 CTB 和比特币一样都可以“放心”投资的错误认识,购买了实质上没有价值的“空气币”。小张构成诈骗罪。

无罪论的观点:小王的目的很显然就是为了投资,不论小王知不知道加密货币的风险,也应该知道投资有风险。并且小王购买的 CTB 也确实存在涨跌的情况。至于最终的归零,也是一年后的事情。任何项目都有可能归零,投资公司股权也有可能破产清零。而且一年的时间内,小王随时都可以变卖,没有变卖导致的损失不是被诈骗的理由。小王在投资的一刻并没有基于错误认识被骗。小张也是基于等价交易而取得,没有非法占有的故意。

不论是有罪论的观点,还是无罪论的观点,以上这些都是笔者在具体办理案件的过程中经常遇到的。从表面上来看,小张确实没完全说实话,小王确实也一定程度上又受到欺骗,但投资有风险这件事又是人人都应该知道的,到底有罪还是无罪呢?往往办案单位在面临此类案件的时候,也拿不准到底是有罪还是无罪,于是就出现了很多“办案结果不一致”。

2. 有罪和无罪的临界点

“刑法是司法的最后一道底线”,刑法中规定的罪名大多数也是对违反民法或行政法的升格处罚。因此,很多民事行为和刑事行为是存在转换可能的,民事行为和刑事行为之间,是存在转变的临界点的。

因此,如果我们能够准确地找到民事欺诈和刑事诈骗的临界点,也就能够正确地区分是否构成犯罪了。但值得注意的是,很多看起来有效的临界点,往往并不是真正的临界点。

(1)有效的临界点。

刑法的重要基本原则之一就是罪刑法定原则。因此,有效的临界点一定是有法律规定的。篇幅有限,诈骗罪的法律规定笔者就不逐文逐字去分析总结了,简单总结了以下 3 个明显的临界点:

临界点一:主观动机。

民事欺诈和刑事诈骗，二者虽然在主观上都有欺骗的故意，但其行为动机却是不同的。民事欺诈中行为人往往只是想利用信息差来赚点小钱、占点便宜。而刑事诈骗中行为人往往追求的就是用极小的代价换取极大的利益。回到案例中，如果小张明知道卖给小王的 CTB 不具备市场流通价值（特指实际流通价值），而为了自己早日套现离场而卖给小王，则小张的动机就应当归类为刑事诈骗。

更详细的区分民事欺诈和刑事诈骗主观动机临界点的方式，可以参考《最高人民法院关于审理诈骗案件具体应用法律若干问题的解释》以及《全国法院审理金融犯罪案件工作座谈会纪要》中关于主观故意的区分方式。

临界点二：经济对价。

公平公正原则和诚实信用原则都是民法的基本原则，由此可以看出民事活动中双方在权利义务上是具有对称性的。即使民事活动中存在欺诈，实施欺诈行为的一方也并非完全不用付出对应的经济对价。而刑事诈骗中，实施诈骗行为的一方则是根本没有计划付出任何经济对价或只计划付出一小部分的经济对价。

回到案例中，如果小张明知 CTB 项目涉嫌违法犯罪，仍然购买后卖出来获利，则其行为已经脱离了民事活动的范畴，其付出的对价在民事活动中也一文不值（非法所得将被没收），小张虚构暴富前景、隐瞒涉案真相的二次卖出行为则构成了犯罪。如果小张并不知道项目涉嫌违法犯罪，且其在客观上也已经付出了对应的民事对价（不仅是经济对价），则不构成犯罪。

这一点，也是为什么项目方、团队长等更容易被认定为涉嫌刑事犯罪的重要原因之一。

临界点三：履约能力。

民事欺诈和刑事诈骗很重要的一点就是行为人能否依约履行双方约定的主要义务。民事欺诈并不是“纯骗”，还是需要履行一些承诺的。而刑事诈骗则目的明确，就是“纯骗”，所描绘的宏伟蓝图、美好前景、共同致富，基本都是凭空捏造的，根本没有计划实现或根本无法实现。

回到案例中，这里的履约并不是小张把 CTB 交给小王这一个动作，而是背后隐含的一系列配套行为。如果小张在卖 CTB 的时候，描述了诸如国家支持、名人参与、资本青睐等子虚乌有的事实，或故意隐瞒了机构操盘、控制市场等违法事实,则涉嫌刑事诈骗。而如果小张在卖 CTB 的时候,仅仅描述了市场走势、涨势预测等,则属于民事欺诈的范畴。

有人可能会问小张如果也是被骗了才会这样和小王说这些假信息呢?很简单,小张给小王退了钱,就证明其不存在非法占有的故意,至于小张本人的损失,再找欺骗小张的人承担。归根结底,这几个临界点最重要,也是为了进一步细分犯罪构成的特征。

(2)识别伪临界点。

除上述的这些有效临界点之外,还有一些看起来很像临界点但却不是有效的临界点。

伪临界点一:投资行为还是诈骗行为。

很多办案机关在办理加密货币类案件的时候,总是直接告诉当事人:"你这是投资行为,不是犯罪我们不管。"投资行为和诈骗行为并不是矛盾体,一方是以投资为目的,一方是以诈骗为目的,基于错误的认识处分了财产,很符合诈骗罪的规定,切勿以此概念混淆。

伪临界点二:时间长短。

回到案例,很多办案单位说小王没有被骗的重要观点之一,就是小王已经拿着 CTB 一年了才报案,中间明明有无数次机会可以卖出。这种看起来有一定道理的观点,反而是最错误的。

首先,如果 CTB 没有归零,小王还幻想着 CTB 超越比特币,没有意识到被骗很正常。过了一年才报案只能证明小王发现得晚而已。其次,如果小王已经意识到了,小王也卖出了,那小王的行为和小张又有什么区别?最后,诈骗罪的既遂,是完成非法占有的那一刻。判断是否构成诈骗罪,仅需要考虑完成交易的那一刻,小王是否被小张诈骗,在那一刻就有了定论。用一年之后的行为再去评论案发时的行为,不仅对小王不公平,对小张也是不公平的。

伪临界点三:曾经很"值钱"。

在办理案件的过程中,很多司法机关会以币价走势和描述一致,或币价和交易对价"等值"为由认定不构成诈骗罪。但实际上币是否"值钱"本质上就是一个伪命题。

和传统的公司股权、实体物品等传统的诈骗作案工具不同,"空气币"作为一种新兴的犯罪作案工具,由于受到操控市场、闭环流通、左手倒右手等种种非正常因素影响,币价容易受到项目方的人为操控。币价往往会在很长一段时间内都看起来很高,流通量也看起来很大。但实际上一旦项目失败或项目方跑路,币价就会一夜归零。因此,是否曾经“值钱”都不应当是影响诈骗罪构成的考量因素。再举一个最简单的例子,可以参考一下为什么很多赌场最后没有认定开设赌场罪,而认定了诈骗罪。

三、实务总结

(一)判断虚拟货币交易所提供的证据是否是合格的证据

如果你办理过或者经历过虚拟货币类的刑事案件(不论是盗窃、诈骗,还是传销、非法吸收公众存款等罪名),那么你一定知道在这类案件的办理过程中,通常都会用到交易所提供的数据作为定罪量刑的依据。而且交易所提供的各种“原始数据”,往往都还是定罪量刑的核心证据之一。例如,笔者曾经办理的多个非法集资类案件,所依据的就都是交易所提供的数据,这个时候,交易所说是 100 万元就是 100 万元,说是 1 亿元就是 1 亿元,因为所有的数据都在交易所中,甚至报案人都空口无凭。因此,从被告人或辩护人的角度来看,很多案件如果排除了交易所提供的电子数据,就无法定罪了。那么如何解决这一问题,法律作出了规定。

《关于办理刑事案件收集提取和审查判断电子数据若干问题的规定》第 2 条规定:“侦查机关应当遵守法定程序,遵循有关技术标准,全面、客观、及时地收集、提取电子数据;人民检察院、人民法院应当围绕真实性、合法性、关联性审查判断电子数据。”第 28 条规定:“电子数据具有下列情形之一的,不得作为定案的根据:(一)电子数据系篡改、伪造或者无法确定真伪的;(二)电子数据有增加、删除、修改等情形,影响电子数据真实性的;(三)其他无法保证电子数据真实性的情形。”

因此,若无法验证该电子数据的真实性,则不能作为定罪量刑的证据。那么如何确定真实性呢?《关于办理刑事案件收集提取和审查判断电子数据若干问题的规定》第 5 条规定:“对作为证据使用的电子数据,应当采取以下一种或者几种方法保护电子数据的完整性:(一)扣押、封存电子数据原始存储介质;(二)计算电子数据完整性校验值;(三)制作、封存电子数据备份;(四)冻结电子数据；（五）对收集、提取电子数据的相关活动进行录像；（六）其他保护电子数据完整性的方法。”第 9 条规定：“……无法扣押原始存储介质的，可以提取电子数据，但应当在笔录中注明不能扣押原始存储介质的原因、原始存储介质的存放地点或者电子数据的来源等情况，并计算电子数据的完整性校验值……”和第 10 条规定：“由于客观原因无法或者不宜依据第八条、第九条的规定收集、提取电子数据的，可以采取打印、拍照或者录像等方式固定相关证据，并在笔录中说明原因。”因此，侦查机关最低也应该在固定电子数据类证据时说明采取了何种方式保护了电子数据的完整性。但实际上有些侦查机关在一些案件中无法保证满足上述条件之一，因此从交易所调取的电子数据的证据效力就存在重大问题，依法不能作为定罪量刑的证据。

（二）LUNA 币崩盘维权路径分析

2022 年 5 月 12 日，注定要被载入币圈的史册。所有币种全线暴跌，大饼比特币跌破 27,000 美元。而引发这次暴跌的“罪魁祸首”，就是之前有着“币圈茅台”之称的 Luna 币。曾经一度达到虚拟货币市值排名前十的 Luna，24 小时内暴跌超过 98%，曾经高达 117 美元的 Luna，现在也已经跌到 1 块钱人民币了。至于 Luna 暴跌的原因，相关的分析层出不穷。笔者仅从法律角度来分析一下 Luna 暴跌后国内用户比较靠谱的维权路径。

如果说找项目方、造谣方进行跨国诉讼这种成功率不高的维权路径，那么，国内用户通过以下两种方式也是可以要回损失的，这也都是有过成功案例的。

（1）把币交给“机构”炒币的。2022 年《非法集资解释》出台后，虚拟货币也被认定为变相集资。如果人数或金额达到要求，不论所谓的“机构”最后被认定的是非法吸收公众存款还是集资诈骗，他都要赔偿你的损失。

（2）被别人“喊单”买入的。可以找“喊单”方补偿损失，因为国内虚拟货币交易炒作被认定为非法金融活动，“喊单”方的行为有可能涉嫌非法利用信息网络罪。特别是“喊单”者还有获利的话，可以要求“喊单”方进行一定程度的赔偿。

除此之外，根据不同的情况还可以通过非法经营等途径实现维权。虽然一定程度上可以维权挽回损失，但笔者还是提醒大家，牛市投机、熊市维权，远离币圈就是远离风险。

第五节　虚拟货币所涉的行政法律实务

一、法律政策解读

（一）三家协会发布《关于防范虚拟货币交易炒作风险的公告》

2021 年 5 月 18 日，中国互联网金融协会、中国银行业协会、中国支付清算协会联合发布《关于防范虚拟货币交易炒作风险的公告》（以下简称《虚拟货币交易公告》），主要内容就是禁止三家协会所属的金融机构开展与虚拟货币相关的业务。

首先，从性质上来说，和之前中国人民银行、原中国银行保险监督管理委员会、公安部等国家部委发布的关于虚拟货币文件的不同，这次的《虚拟货币交易公告》并非法律法规或司法解释，而是应当归类于行业标准。所以，《虚拟货币交易公告》并不具有法律意义，但在司法活动中仍然具有一定的参考意义。

其次，《虚拟货币交易公告》明确表示了虚拟货币不属于法定货币，但也确认了虚拟货币属于虚拟商品，受《民法典》保护。

再次，《虚拟货币交易公告》明确禁止金融机构参与虚拟货币的登记、交易、清算和结算等活动。根据以前的规定，这些机构直接用法定货币兑换虚拟货币确实是违法的。然而，仍然存在一个重大问题，即如何识别资金是否与虚拟货币交易有关。

最后，《虚拟货币交易公告》禁止相关金融机构将虚拟货币作为信托、基金等投资的标的。这一点也明确了国内金融机构不得向美国一样，将虚拟货币作为持仓标的。但《虚拟货币交易公告》并未明确该条款是否具有穿透性，如果基金公司购买了某公司的股票，该公司又大量持有比特币该如何定性？这些都急需从法律的角度进一步完善。

（二）浅析“5·21 金融委打击比特币”

2021 年 5 月 21 日，国务院金融稳定发展委员会召开第五十一次会议，会议中提及要“打击比特币挖矿和交易行为”。消息发布后的 10 分钟内，就造成了比特币的暴跌，无数人因此爆仓。相对之前的协会而言，这次的国务院金融稳定发展委员会算是目前国家层面最高级的组织进行发声了。那么这算是对比特币的绝地封杀吗？

根据国务院金融稳定发展委员会会议的公开报道中提到的关于比特币的相关内容，笔者从司法实务的角度分析，认为并非完全封禁，以下是具体的几点考虑：

首先，需要明确的一点，虽然国家各部门目前提及虚拟货币市场时，大多只提到“比特币”，但需要提醒大家的是，不论是在国家政策层面，还是在司法实务中，目前的“比特币”就是所有虚拟货币的代称。所以不要被一些居心不良的人以“国家禁止的是比特币又不是某某币”欺骗。

其次，本次国务院金融稳定发展委员会会议中提及的内容还是以“六稳六保”中的“稳金融”为主要旋律，关于比特币的相关内容，仅是会议整体中的一部分。主要目的是金融维稳，所以政策倾向是很明确的，那就是不鼓励资金流向虚拟货币市场。虽然在公告中用的是“打击”来描述，但直至目前，各部委除作出一些风险提示性的公告外（包括2017年的《九四公告》），仍未有任何实际可行的具体条例落地。所以，本次会议中虽然提及打击比特币“挖矿”和交易，但并不算是“绝地封杀”。

作为法律从业者，笔者从理论角度认为，一个有效的法律规范必须由行为条件、行为模式和法律后果3个组成部分。只有这三部分全面并具体化，法律才能在实践中得到实施。否则，该规范将更多的仅具有指导意义。目前，对于虚拟货币的规定似乎仅停留在行为条件阶段，而没有清晰地描述行为模式。例如，我们如何区分“挖矿”行为与正常的计算机运行行为？一台正常运行的计算机，一旦运行“挖矿”程序，是否应立即受到查处？如果要设定一个时间限制，那么“挖矿”行为应持续多久？一小时？一个月？这些问题需要明确的法律规定才能作出判断。只有当这些具体法规落实后，我们才能说国家真正开始严厉干预。

最后，应明确的是，此次打击的主要目标是直接从事虚拟货币相关业务的组织、机构或公司，而不是个人。据目前国家发布的一些公告或规定，政策层面已明确禁止从事虚拟货币“挖矿”或交易。然而，如果没有制定相关的法律规定或发布相关的司法解释，这些政策实现落地的效果仍存在不足。当相关规定真正出台的那一天，也将是打击最严厉的时刻。自2013年《关于防范比特币风险的通知》发布以来，已经过去了8年，比特币的法律地位应该已为大众所了解。特别是那些从事虚拟货币相关的“挖矿”、发行、交易、兑换等业务的人，他们可能面临涉及非法吸收公众存款罪、集资诈骗罪、组织领导传销活动罪、诈骗罪、合同诈骗罪、非法经营罪、帮助信息网络犯罪活动罪、掩饰隐瞒犯罪所得罪等刑事犯罪的风险，这些都已经有公开判决的罪名。因此，参与虚拟货币活动时，务必掌握合法的边界，千万不要因追求盈利而冒险违法，超出认知的收益最终往往导致财务和人身的双重损失。

(三)《九二四通知》

2021年9月24日，中国人民银行、中央网络安全和信息化委员会办公室、最高人民法院、最高人民检察院、工信部、公安部、国家市场监督管理总局、原中国银行保险监督管理委员会、中国证券监督管理委员会、国家外汇管理局联名发布了《九二四通知》。同日，国家发展和改革委员会等11部门也联名发布了《国家发展改革委等部门关于整治虚拟货币“挖矿”活动的通知》。距离上次密集出台虚拟货币的相关政策法规仅过去了3个月。《国家发展改革委等部门关于整治虚拟货币“挖矿”活动的通知》与以往所有关于虚拟货币的公告不同的地方主要有两点。

第一点是名称的变化。以往的各种关于虚拟货币的公告更多是“公告”的性质，更多的是向公众进行告知，而本次则是“通知”的性质，更多的是对10部委各级行政部门的内部通知，是要落实到具体行动里。这就说明国家真的要开始有所行动了。

第二点则是最高人民法院、最高人民检察院的加入。最高人民法院、最高人民检察院作为司法机关的加入，也更说明了国家即将从以往的执法角度向司法角度倾斜。极高概率，之后各级法检系统都将针对“虚拟货币”相关的案件进行针对性研究讨论，不排除将会出现一些《会议纪要》来指导虚拟货币相关案件的司法工作，更不排除最高人民法院、最高人民检察院出台虚拟货币相关的司法解释。

以下具体针对《九二四通知》进行逐条逐句：①

1.《九二四通知》第1条规定：虚拟货币不具有与法定货币等同的法律地

① 参见《关于进一步防范和处置虚拟货币交易炒作风险的通知银发〔2021〕237号》，载中央人民政府网，https://www.gov.cn/zhengce/zhengceku/2021-10/08/content_5641404.htm。

位。比特币、以太币、泰达币等虚拟货币具有非货币当局发行、使用加密技术及分布式账户或类似技术、以数字化形式存在等主要特点，不具有法偿性，不应且不能作为货币在市场上流通使用。

解读：本条规定的内容，其实最早可以追溯到2013年《关于防范比特币风险的通知》，早在该通知发布的时候，就已经明确了虚拟货币不具有与法币的等同地位。但值得注意的是，本次通知也并没有打破2013年至今虚拟货币被认定为是虚拟商品的合法财产属性，也没有打破虚拟货币交易“作为一种互联网上的商品买卖行为，普通民众在自担风险的前提下拥有参与的自由”。此段内容为央行官网解读文章的原话。因此，针对该条表述的内容，属于虚拟货币圈子老生常谈的内容，并没有超出以往的政策监管范围。

2.《九二四通知》第2条规定：虚拟货币相关业务活动属于非法金融活动。开展法定货币与虚拟货币兑换业务、虚拟货币之间的兑换业务、作为中央对手方买卖虚拟货币、为虚拟货币交易提供信息中介和定价服务、代币发行融资以及虚拟货币衍生品交易等虚拟货币相关业务活动涉嫌非法发售代币票券、擅自公开发行证券、非法经营期货业务、非法集资等非法金融活动，一律严格禁止，坚决依法取缔。对于开展相关非法金融活动构成犯罪的，依法追究刑事责任。

解读：这项规定与前述规定一样，其源头可以追溯到2017年9月4日发布的《九四公告》。原来的规定是对涉嫌犯罪的行为移送司法机关处理，而现在在最高人民法院、最高人民检察院介入后，直接提升为追究刑事责任。这无疑进一步强化了司法层面的执行力度。

3.《九二四通知》第3条规定：境外虚拟货币交易所通过互联网向我国境内居民提供服务同样属于非法金融活动。对于相关境外虚拟货币交易所的境内工作人员，以及明知或应知其从事虚拟货币相关业务，仍为其提供营销宣传、支付结算、技术支持等服务的法人、非法人组织和自然人，依法追究有关责任。

解读：本条规定的引入，可谓是《九二四通知》的一大新亮点。主要有两点值得我们重视：首先，自《九四公告》发布以来，尽管国家一直禁止为虚拟货币提供支付和结算等服务，但对于境外交易所在国内的工作人员的行为定性并未明确。而本次的规定给出了明确的定性。其次，以往仅禁止的是支付结算服务以及部分互联网商城的上架服务，而本次通知则明确禁止所有为交易所提供营销宣传和技术支持的服务。

4.《九二四通知》第4条规定：参与虚拟货币投资交易活动存在法律风险。任何法人、非法人组织和自然人投资虚拟货币及相关衍生品，违背公序良俗的，相关民事法律行为无效，由此引发的损失由其自行承担；涉嫌破坏金融秩序、危害金融安全的，由相关部门依法查处。

解读：对于这一条，相关政府部门的表述相对含糊。涉及违反公序良俗的民事行为将被视为无效，但具体什么被认定为公序良俗的标准呢？政策法规实际上构成了公序良俗的一部分，因此最直接的判断标准可能就是过去国家发布的各类政策和公告。例如，如果你的投资涉及“挖矿”或交易所等业务，那么这种投资很可能就被视为无效。

然而，需要特别注意的是，“由此引发的损失由其自行承担”这一表述，并不意味着你只能默默接受损失。合同无效应如何处理？依法应当互相返还。因此，这句话并不意味着你无法向对方索取损失。

5.《九二四通知》第5条规定：各部门协同联动。中国人民银行联合中央网信办、最高人民法院、最高人民检察院、工业和信息化部、公安部、市场监管总局、银保监会、证监会、外汇局等部门建立工作协调机制，协同解决工作中的重大问题，督促指导各地区按统一部署开展工作。

解读：这一条主要传达的信息是各部门将实行联动操作。这一点可以直接从文本表述中理解。

6.《九二四通知》第6条规定：强化属地落实。各省级人民政府对本行政区域内防范和处置虚拟货币交易炒作相关风险负总责。由地方金融监管部门牵头，国务院金融管理部门分支机构以及网信、电信主管、公安、市场监管等部门参加，建立常态化工作机制，统筹调动资源，积极预防、妥善处理虚拟货币交易炒作有关问题，维护经济金融秩序和社会和谐稳定。

解读：这一规定的含义非常明确，强调责任主体的设定。值得注意的是，在今后处理虚拟货币相关维权的案件时，首要对象应为各地金融办公室，因为这一部门被设定为主导部门。

7.《九二四通知》第7条规定：全方位监测预警。各省级人民政府充分发挥地方监测预警机制作用，线上监测和线下排查相结合，提高识别发现虚拟货币交易炒作活动的精度和效率。中国人民银行、中央网信办等部门持续完善加密资产监测技术手段，实现虚拟货币“挖矿”、交易、兑换的全链条跟踪和全时信息备份。金融管理部门指导金融机构和非银行支付机构加强对涉虚拟货币交易资金的监测工作。

解读：从字面意思上看，实体“挖矿”的生存空间正在被压缩，我们可能会看到矿业公司的倒闭热潮。然而，我们更应该关注的是，“全链条跟踪和全时信息备份”实施后，虚拟货币去中心化的“隐蔽”优势是否会显著削弱。笔者认为这可能是一个较大的挑战，毕竟只要经过某些平台的交换，就如同断线的风筝，无法追踪。但总体来说，对于那些希望通过虚拟货币转移财产的人，包括被“贪官污吏”代表的那些洗钱者，其成本已经大幅提高。

8.《九二四通知》第 8 条规定：建立信息共享和快速反应机制。在各省级人民政府领导下，地方金融监管部门会同国务院金融管理部门分支机构、网信部门、公安机关等加强线上监控、线下摸排、资金监测的有效衔接，建立虚拟货币交易炒作信息共享和交叉验证机制，以及预警信息传递、核查、处置快速反应机制。

解读：从表面上看，这几条规定的整合可以确证一点，国家已经开始对虚拟货币引发的违法犯罪现象进行严格的打击。不论这些机制和系统落地的效果如何，与原先相比，都无疑是一个重要的进步。

9.《九二四通知》第 9 条规定：金融机构和非银行支付机构不得为虚拟货币相关业务活动提供服务。金融机构和非银行支付机构不得为虚拟货币相关业务活动提供账户开立、资金划转和清算结算等服务，不得将虚拟货币纳入抵质押品范围，不得开展与虚拟货币相关的保险业务或将虚拟货币纳入保险责任范围，发现违法违规问题线索应及时向有关部门报告。

解读：这一条规定的出台，笔者认为还是存在一些不合理的地方。“不得将虚拟货币纳入抵质押品范围”也就是变相地不承认虚拟货币的价格，这一点和现有的民事诉讼规则类似。但刑事诉讼中，针对犯罪活动中的虚拟货币又承认了这些虚拟货币的价格。司法活动中这种自相矛盾的现象是不应该出现的，而这一条的加入，无疑更加重了这种矛盾。

10.《九二四通知》第 10 条规定：加强对虚拟货币相关的互联网信息内容和接入管理。互联网企业不得为虚拟货币相关业务活动提供网络经营场所、商业展示、营销宣传、付费导流等服务，发现违法违规问题线索应及时向有关部门报告，并为相关调查、侦查工作提供技术支持和协助。网信和电信主管部门根据金融管理部门移送的问题线索及时依法关闭开展虚拟货币相关业务活动的网站、移动应用程序、小程序等互联网应用。

解读:与《九二四通知》第 2 条,以及《九四公告》遥相呼应。只不过更细致化。

11.《九二四通知》第 11 条规定:加强对虚拟货币相关的市场主体登记和广告管理。市场监管部门加强市场主体登记管理,企业、个体工商户注册名称和经营范围中不得含有“虚拟货币”“虚拟资产”“加密货币”“加密资产”等字样或内容。市场监管部门会同金融管理部门依法加强对涉虚拟货币相关广告的监管,及时查处相关违法广告。

解读:工商注册部门已经开始了这样的操作。而广告监管也开始强化了管理。

12.《九二四通知》第 12 条规定:严厉打击虚拟货币相关非法金融活动。发现虚拟货币相关非法金融活动问题线索后,地方金融监管部门会同国务院金融管理部门分支机构等相关部门依法及时调查认定、妥善处置,并严肃追究有关法人、非法人组织和自然人的法律责任,涉及犯罪的,移送司法机关依法查处。

解读:这部分内容与《九二四通知》第 6 条相互呼应,对于维权问题,首先应寻求金融监管部门的帮助。

13.《九二四通知》第 13 条规定:严厉打击涉虚拟货币犯罪活动。公安部部署全国公安机关继续深入开展“打击洗钱犯罪专项行动”“打击跨境赌博专项行动”“断卡行动”,依法严厉打击虚拟货币相关业务活动中的非法经营、金融诈骗等犯罪活动,利用虚拟货币实施的洗钱、赌博等犯罪活动和以虚拟货币为噱头的非法集资、传销等犯罪活动。

解读:本条也是具体措施的体现。值得注意的是,虽然提到了“断卡行动”等,但并不意味着因交易虚拟货币被冻结的银行账户、支付宝账户和微信账户不能解冻。

14.《九二四通知》第 14 条规定:加强行业自律管理。中国互联网金融协会、中国支付清算协会、中国银行业协会加强会员管理和政策宣传,倡导和督促会员单位抵制虚拟货币相关非法金融活动,对违反监管政策和行业自律规则的会员单位,依照有关自律管理规定予以惩戒。依托各类行业基础设施开展虚拟货币交易炒作风险监测,及时向有关部门移送问题线索。

解读:与 2021 年 5 月 18 日中国互联网金融协会、中国银行业协会、中国支付清算协会联合发布的《虚拟货币交易公告》内容大同小异。

15.《九二四通知》第 15 条规定：加强组织领导和统筹协调。各部门、各地区要高度重视应对虚拟货币交易炒作风险工作，加强组织领导，明确工作责任，形成中央统筹、属地实施、条块结合、共同负责的长效工作机制，保持高压态势，动态监测风险，采取有力措施，防范化解风险，依法保护人民群众财产安全，全力维护经济金融秩序和社会稳定。

解读：充分说明了虚拟货币的相关问题，是一个金融问题、民生问题。

16.《九二四通知》第 16 条规定：加强政策解读和宣传教育。各部门、各地区及行业协会要充分运用各类媒体等传播渠道，通过法律政策解读、典型案例剖析、投资风险教育等方式，向社会公众宣传虚拟货币炒作等相关业务活动的违法性、危害性及其表现形式等，增强社会公众风险防范意识。

解读：这意味着政府和各相关机构要加强对虚拟货币炒作等违法活动的解读和宣传，向公众普及相关法律法规，以及虚拟货币炒作可能带来的风险和危害。通过发布典型案例，可以让公众更加清楚地了解虚拟货币炒作的违法性和危害性。同时，还应该加强投资风险教育，让公众了解投资虚拟货币的风险，避免盲目参与。

（四）做区块链行业需要进行备案

1. 需要备案的原因

早在 2019 年 2 月 15 日，国家互联网信息办公室发布的《区块链信息服务管理规定》就开始实施了。该规定第 11 条第 1 款明确规定：“区块链信息服务提供者应当在提供服务之日起十个工作日内通过国家互联网信息办公室区块链信息服务备案管理系统填报服务提供者的名称、服务类别、服务形式、应用领域、服务器地址等信息，履行备案手续。”

2. 不进行备案的后果

《区块链信息服务管理规定》第 22 条规定：“区块链信息服务提供者违反本规定第十一条第一款的规定，未按照本规定履行备案手续或者填报虚假备案信息的，由国家和省、自治区、直辖市互联网信息办公室依据职责责令限期改正；拒不改正或者情节严重的，给予警告，并处一万元以上三万元以下罚款。”

3. 区块链服务商需要注意的事项

除了及时备案，区块链服务商还应当注意以下几点：（1）建立健全用户注册、信息审核、应急处置、安全防护等管理制度。(2)制定并公开管理规则和平台公约。(3)开发上线新产品、新应用、新功能的,应当按照有关规定上报国家和省、自治区、直辖市互联网信息办公室进行安全评估。(4)应当记录区块链信息服务使用者发布的内容和日志等信息。(5)对区块链信息服务使用者进行基于身份证件号码或手机号等方式的实名认证。

4. 如何辨别区块链服务商是否备案

根据《区块链信息服务管理规定》第 13 条的规定,完成备案的区块链信息服务提供者应在其对外提供服务的互联网站点、应用程序等显著位置标明其备案编号。因此,如果在区块链公司的应用程序中未看到备案编号,那么很有可能是该公司未完成备案。以上是笔者的理解。

二、实务总结

(一)虚拟货币风险自担不等于放弃维权

在许多维权情况下,无论你的维权对象是普通人,还是一些误解情况的执法部门,他们经常会以“投资风险自负”为由将你推至一边。然而,这并非绝对的事实。尽管投资确实伴随风险,但并不意味着你不能维护自己的合法权益。了解这个原因,我们需要回溯到“投资风险自负”这句话的起源。文件如《九四公告》[①]等多部门文件中均提道:“投资者应自行承担投资风险。”2021 年 5 月 1 日生效的《防范和处置非法集资条例》第 25 条第 3 款规定:“因参与非法集资受到的损失,由集资参与人自行承担。”这样的法律法规还有许多,这也是“风险自负”说法的来源。但是,阅读法规需要完整理解,如果你没有详细阅读相关文件,就可能会被误导。

《九四公告》不光提示了风险自担,还规定了代币发行融资“涉嫌非法发售代币票券、非法发行证券以及非法集资、金融诈骗、传销等违法犯罪活动”。虽然风险需要自行承担,但这并不意味着你被禁止进行合法的维权活动。这里的“风险自负”是指在试尽所有司法救济途径后,仍无法弥补的损失,这部分损失

① 参见《关于防范代币发行融资风险的公告》,载中央政府网,https://www.gov.cn/xinwen/2017-09/04/content_5222657.htm。

是需要投资者自行承担的。例如,对于涉嫌非法吸收公众存款的案件,如果在司法机关的努力下,只能追回一半的资金,那么剩下的一半就需要投资者自行承担。这是“风险自负”的实际含义。

(二)虚拟货币的行政监管之路

虚拟货币在全球范围内早已不仅是一种技术创新,更是一种具有深远影响的金融现象,引发了行政监管层面上的多重考量。特别是中国,行政监管对于虚拟货币的态度相对严格,目标在于维护金融稳定和预防经济风险。虽然这些举措有助于减少虚拟货币可能带来的不确定性和风险,但同时限制了其作为一种潜在的金融工具或支付手段的应用。因此,如何在保证金融安全与促进技术创新之间找到平衡点,是当前虚拟货币行政监管所面临的一大难题。行政监管应该以保护公众利益为首要目标,确保虚拟货币市场的稳定和透明,防范金融风险,保护消费者权益。在法律层面上,行政监管应该建立健全法律框架,明确虚拟货币的法律地位和监管职责。这包括对虚拟货币的定义、发行、交易和使用等方面进行明确规定。同时,监管机构应该加强对虚拟货币市场的监测和监管,确保市场的公平竞争和正常运行。另外,行政监管还应该加强对虚拟货币交易平台的监管。这些平台作为虚拟货币市场的重要组成部分,承担着交易和资金存管等职责。监管机构应该要求平台遵守反洗钱、反恐怖融资等法律法规,确保交易的安全和合规。此外,行政监管还应该加强对虚拟货币投资者的保护。虚拟货币市场存在高风险和波动性,投资者容易受到欺诈和操纵行为的影响。监管机构应该提供投资者教育和风险提示,加强对虚拟货币项目的审查和监管,防止投资者利益受损。总之,涉及虚拟货币的行政监管应该以保护公众利益为出发点,建立健全法律框架,加强对市场、交易平台和投资者的监管和保护,以促进虚拟货币市场的健康发展。

综观中国人民银行等相关部门自2013年以来发布的文件,国家的立场总体上是打击和禁止虚拟货币的发行、炒作、“挖矿”以及由此产生的违法犯罪行为。然而,虚拟货币本身并不违法,只要在不违反公序良俗的前提下,对虚拟货币的合法使用应受到法律保护。从法律执行的角度来看,根据中国人民银行等部门颁布的金融管理规定,任何个人和机构都不得从事法定货币与虚拟货币的兑换业务,也不得进行虚拟货币之间的兑换,虚拟货币的定价亦无官方机构来规定。然而,在实际的司法实践中,当涉及虚拟货币无法以实物形式返还时,如何确定兑换比例、如何在执行程序中处理虚拟货币以及在财产犯罪中如何确定犯罪金额等问题与虚拟货币的价值认定相关。鉴于虚拟货币依赖的区块链技术具有去中心化的特点，其价格波动不受限制，公权力也难以直接干预虚拟货币市场，以及国内缺乏官方认可的虚拟货币价值公示机制，也缺乏有资质的专业机构对虚拟货币进行价格鉴定。因此，在司法实践中，对虚拟货币进行价值认定存在一定的困难。在法律实务中，对虚拟货币的价值认定问题需要综合考虑各种因素。在未来的发展中，需要建立更加规范和科学的虚拟货币价值认定机制，以便在司法实践中更好地处理与虚拟货币相关的法律问题。

第三章 区块链与虚拟货币“挖矿”

第一节 虚拟货币“挖矿”概述

一、虚拟货币“挖矿”的概念

虚拟货币“挖矿”是一种涉及复杂计算和具有一定奖励机制的进程，目标是获取虚拟货币。这个过程中，矿工们通过特定的计算机硬软件系统执行大规模的算法运算。简单来说，就像是一个全球范围内的竞赛，矿工们共同解答一个难题，首先解答出来的将会获得虚拟货币作为奖励。挖矿过程中，矿工们在虚拟货币的区块链上工作，以消耗计算资源来执行算法运算。[①] 在计算哈希难题的过程中，所有的参与者都在比赛自己的计算力。只有首个成功解决难题的节点才能创建一个新的区块，并将其加入区块链，以此获得系统授予的一定量的奖励。这种奖励包括新区块的产生奖励，以及其他节点在使用这个区块进行转账时支付的“手续费”。

然而，有些矿工的计算力有限，无法单独与拥有巨大计算力的矿工竞争，因此矿池成了一个解决方案。矿池的主要功能是整合多个矿工的算力，以集体的身份参与挖矿。一旦成功挖到新的区块并获得奖励，矿池会根据每个矿工的算力和电力贡献来分配奖励。由于这种方式能稳定矿工的收益，许多个体挖矿用户会选择加入矿池。当然，这种服务并不是免费的，矿池服务商会在分配的奖励中提取一部分作为服务费用。总体来说，虚拟货币“挖矿”是一个涉及集体协作、算力竞争和奖励分配的复杂过程。

比特币是众多虚拟货币中的一种，通过所谓的“挖矿”进程即能获得。挖矿

① Nakamoto, S. (2008). Bitcoin: A Peer-to-Peer Electronic Cash System. Retrieved from https://bitcoin.org/bitcoin.pdf.

是一种涉及复杂算法运算的过程,最后,矿工可以获取比特币作为奖励。由于虚拟货币“挖矿”对电脑硬件的要求极高,因此需要相应的设备投入,同时需要保持电脑24小时运行。

虚拟货币的“挖矿”活动是一个以专用“矿机”执行计算任务以产生虚拟货币的过程。这个过程的实施主体和形式多样,包括以下几类:

1. 存在一些企业假借数据中心的名义,实则进行虚拟货币的“挖矿”活动。这些企业借助数据中心的外表进行伪装,实则其内部运行的是密集的矿机设备。

2. 有些企业或个人以提供场地租赁等服务的形式参与到虚拟货币“挖矿”活动中。这些场地租赁服务可能包括为矿机提供必要的设施支持,如稳定的电力供应和适宜的环境温度。

3. 不法企业可能通过非合法手段获取电力供应,从而进行虚拟货币的“挖矿”活动。由于“挖矿”过程需要大量电力,这些企业可能会涉及电力窃取等违法行为。

4. 还有一些企业、网吧等场所,可能会采取多种隐蔽形式进行“挖矿”。这些形式可能包括利用用户的计算资源进行后台“挖矿”,或者在无人知晓的情况下进行“挖矿”。

以上这些形式构成了虚拟货币“挖矿”活动的全貌。在全球范围内,这些活动已经构成了一个庞大的行业。然而,由于其对能源的大量消耗以及可能产生的法律问题,这个行业也面临着一系列的挑战和争议。这些企业在“挖矿”设备的研发、制造和销售,矿池服务以及挖矿软件等方面各自有着独特的优势和业务模式,共同推动了数字货币“挖矿”行业的繁荣发展。同时,他们也在探索区块链技术在其他领域的应用,如云计算、人工智能等,以实现区块链技术和传统行业的深度融合。

二、虚拟货币“挖矿”的法律性质

虚拟货币“挖矿”作为一种特殊的经济活动,其法律性质不仅涉及经济法,还涉及环境法、金融法以及刑法等多个领域。在这种交织之中,虚拟货币“挖矿”产生的一系列影响值得深入分析和研究。

首先,从刑法的角度看,出于虚拟货币“挖矿”的利润诱惑,网络犯罪活动也有所增加,包括传播"挖矿"木马、蠕虫等恶意软件。这就需要我们通过刑法对这种行为进行打击和防范。

其次,从金融法的角度看,虚拟货币的投机交易在一定程度上扰乱了金融秩序,这需要金融监管部门对虚拟货币交易进行规范和控制,以保持金融市场的稳定。

最后,从环境法的角度看,虚拟货币"挖矿"的能耗和碳排放强度相当高,这不仅对中国实现碳中和和碳峰值目标产生影响,而且在部分地区也加大了能源保障的供应压力。这个问题需要我们通过更为严格的环境法规,对虚拟货币"挖矿"的能源使用和碳排放进行监管。

虽然虚拟货币的价格波动性强,但长期来看,其价值在逐年上涨,其所在行业成为一个迅速增长的行业。比如比特币,其价格在每四年一次的供应减半事件之后,都会经历一次大幅上涨。这使得虚拟货币"挖矿"活动更加活跃,但也对法律监管提出了新的挑战。因此,对虚拟货币"挖矿"的法律性质进行研究,不仅可以提供对虚拟货币"挖矿"行为进行科学管理的法律依据,也有助于我们深入理解虚拟货币"挖矿"对社会、环境、经济和法律的多重影响,从而在公平、公正、效率和可持续性之间寻找到一个更好的平衡点。

三、"挖矿"的危害

虚拟货币"挖矿"的活动,尽管在特定情况下可能产生经济效益,但其广泛存在的问题和负面影响已引起了广泛关注。这些影响可以概括为四个方面。

首先,环境的破坏是显而易见的问题。这主要表现为两个方面:能源消耗和碳排放。大规模的"挖矿"操作需要消耗巨量的电力,进而导致大量的碳排放,这与当前全球倡导的新发展理念背道而驰,严重妨碍了国家实现碳达峰和碳中和目标。

其次,"挖矿"行为会占用大量计算资源,导致系统运行缓慢,影响软件和服务的正常运行。在某些情况下,个人电脑或服务器可能被"挖矿"程序控制,从而引发数据泄露或感染病毒等网络安全问题。

再次,"挖矿"活动的不规范有可能扰乱金融秩序,甚至影响社会稳定。虚拟货币的特性使其容易成为违法犯罪活动的工具,如洗钱和非法资产转移。更为严重的是,部分犯罪团伙利用公众对虚拟货币"挖矿"的兴趣,通过欺诈性的投资骗局骗取公众财产,这对社会秩序稳定构成了威胁。

最后,一些公务员可能利用职权操控公共资源进行“挖矿”,这种公私不分、损公肥私的行为严重违反了党的纪律和国家的法规,对国家整治虚拟货币“挖矿”行为的努力造成了严重影响。

四、“挖矿”活动违法性质

虚拟货币的“挖矿”活动,已在《产业结构调整指导目录(2019 年本)》[①]中被列为淘汰类别,被认定为“落后的生产工艺装备”。其运作过程违反了多项我国法律法规,如《民法典》《循环经济促进法》《节约能源法》等。

首先,根据《民法典》第 9 条[②]的规定,民事主体应当从事有利于节约资源、保护生态环境的民事活动。然而,虚拟货币的“挖矿”活动大量消耗电力,且导致碳排放,显然违反了这一法律规定。

其次,《循环经济促进法》第 50 条[③]明确指出,生产、销售或使用列入淘汰名录的技术、工艺、设备、材料将受到法律的严厉制裁。由于虚拟货币“挖矿”被列为淘汰类别,因此,其活动的开展显然构成了违法行为。

最后,《节约能源法》第 71 条[④]规定,使用国家明令淘汰的用能设备或生产工艺的行为将受到法律的制裁。虚拟货币“挖矿”活动的能耗极高,而且使用了国家明令淘汰的设备和工艺,因此,这一行为同样违反了该法规。

---

① 《产业结构调整指导目录(2019 年本)》是中国国家发展和改革委员会发布的一项指导性文件,旨在引导和推动中国产业结构的调整和升级。该指导目录提供了对不同产业领域的发展方向和政策支持,以促进经济可持续发展和提高产业竞争力。

② 《民法典》第 9 条:民事主体从事民事活动,应当有利于节约资源、保护生态环境。

③ 《循环经济促进法》第 50 条:生产、销售列入淘汰名录的产品、设备的,依照《产品质量法》的规定处罚。使用列入淘汰名录的技术、工艺、设备、材料的,由县级以上地方人民政府循环经济发展综合管理部门责令停止使用,没收违法使用的设备、材料,并处 5 万元以上 20 万元以下的罚款;情节严重的,由县级以上人民政府循环经济发展综合管理部门提出意见,报请本级人民政府按照国务院规定的权限责令停业或者关闭。违反本法规定,进口列入淘汰名录的设备、材料或者产品的,由海关责令退运,可以处 10 万元以上 100 万元以下的罚款。进口者不明的,由承运人承担退运责任,或者承担有关处置费用。

④ 《节约能源法》第 71 条:使用国家明令淘汰的用能设备或者生产工艺的,由管理节能工作的部门责令停止使用,没收国家明令淘汰的用能设备;情节严重的,可以由管理节能工作的部门提出意见,报请本级人民政府按照国务院规定的权限责令停业整顿或者关闭。

五、虚拟货币“挖矿”的政策走向

2017 年 9 月 4 日，中国人民银行等 7 个部门联合发布了《九四公告》，明确表示自公告发布之日起，一切形式的代币发行（ICO）融资活动必须立即停止。已经完成代币发行融资的组织和个人必须制定相应的退款等解决方案，以合理保护投资者的权益，并妥善处理风险。

2018 年 8 月 24 日，原中国银保监会等部门联合发布了《关于防范以“虚拟货币”“区块链”名义进行非法集资的风险提示》。这一提示指出，有些不法分子借助“区块链”和“金融创新”的名义，通过发行所谓的“虚拟资产”“数字资产”“虚拟货币”等来吸引资金，已经对公众的合法权益造成了损害。

2021 年 9 月 24 日，中国人民银行等 10 个部门联合发布《九二四通知》，其中明确指出，虚拟货币相关的商业活动被视为非法金融活动，并且它们不具有与法定货币相等的法律地位，境外的虚拟货币交易所向中国境内居民提供服务也被视为非法金融活动。同一天，国家发展和改革委员会等部门也发布了《关于整治虚拟货币“挖矿”活动的通知》，其中明确禁止以任何形式开展虚拟货币“挖矿”活动，严禁新的项目投资建设，并要加快现有项目的有序退出。在这些政策的大力打击下，各省市迅速行动，开始打击虚拟货币交易和“挖矿”活动。

2021 年 12 月 30 日，《产业结构调整指导目录（2019 年本）》在淘汰类“一、落后生产工艺装备”“（十八）其他”中增加了第 7 项，即“虚拟货币‘挖矿’活动”。这一政策标志着虚拟货币“挖矿”在法律上的地位已经发生了显著的变化，这一活动被明确列入了淘汰类别。

第二节 虚拟货币“挖矿”所涉的民事法律实务

一、法律政策解读

（一）购买“矿机”和“算力”也可能合同无效

2021 年 2 月河南省某法院的一份判决书原文，法院以：“因原被告之间的买卖合同违反了中国人民银行等七部委联合发布的《关于防范代币发行融资风险的公告》相关内容”认定了合同无效,并最终判决被告返还原告已支付的款项。

2021 年 5 月 21 日,国家金融委第 51 次会议明确表态:“打击比特币挖矿和交易行为。”其中,虽然仅提到了比特币“挖矿”,但可以看到禁止的是所有的虚拟货币,而非仅指比特币。

既然法院能够依据《九四公告》认定虚拟货币的交易是违法的,合同是无效的;那么在金融委将“挖矿”也定义为非法行为后,是否也会认为购买“矿机”和“算力”的行为也是违法的呢?

笔者认为,这种可能性还是很大的。而且被认定为“无效合同”的概率还会远大于虚拟货币的交易。因为《九四公告》仅仅禁止的是虚拟货币的发售和流通,而这次对于“挖矿”的定义直接就是非法行为。因此,一定会有更多的法院会在“矿机”和“算力”买卖合同中,站到支持合同无效的一方。这样一来,合同无效,双方都应恢复原状。然而不论矿机还是算力,大多是在矿商控制下的。因此,一旦认定合同无效,则只有矿商应返还购机款。

而关于矿机产出的虚拟货币的处置问题,参照既往判决,法院既有可能会让消费者返还虚拟货币,也有可能会以虚拟货币不具有现金价值为由不予处理。因为即使法院支持了返还虚拟货币,也大多无法走到执行阶段。

(二)打击“挖矿”后,矿机能否退回

2021 年上半年,虚拟货币的大幅上涨吸引了大批不甚了解的新手投资者涌入币圈,其中许多人在矿商的引导下选择了挖矿。然而,5 月的猛烈下跌让大量新手投资者陷入困境,[①]产生了有关退回矿机的疑问。

1. 买卖矿机的法律关系

想知道能否退回矿机,首先我们要搞懂的就是买卖矿机在法律中的定义是什么,也就是各主体之间的法律关系是什么。从民事法律关系来看,根据当事方和矿商之间达成协议的情况,可大致归纳为以下五类关系。

(1)买卖合同关系。

这属于最常见的法律关系,对于直接向矿商购买硬件的人来说,大多数属于买卖合同关系。对于向矿商买算力的人来说则不一定是买卖合同关系,也有可

① “5·19”事件,比特币价格跌破 3 万美元,引起整个虚拟货币市场崩盘。

能是设备租赁的合同关系。具体要看当事方和矿商的合同是怎样约定的,如果没有合同的话就要看当事方之间的聊天记录,不过大多数情况下属于买卖合同关系。

(2)加工承揽合同关系。

和矿商之间构成加工承揽的合同关系,这一点可能超出很多人的认知了。但是,如果你是要求矿商给你进行P盘[①]的话,也很有可能是构成加工承揽合同关系。因为P盘本质上来讲,是一种为了特定目的生产满足特定需求的特定物。

(3)委托合同关系。

对于很多人来说,即使买了矿机也并不会拉回自己家里来“挖坑”,而是由矿商进行托管,同时支付一部分“挖矿”收益作为矿商的托管费。这种关系就属于委托合同关系了。

(4)租赁合同关系。

很多人在买矿机的时候,钱给了矿商后,矿商给的可能并不是矿机,而是一段时间内矿机的使用权。这种情况双方就属于设备的租赁合同关系了。

(5)委托理财/委托代理合同/居间合同关系。

这三个关系其实指的并不是你和矿商之间的关系,而是你和推荐你向矿商买矿机的中间人之间的法律关系。如果你是通过他了解的矿机相关的事情,并且由他全权帮你和矿商沟通,则可能构成委托代理或委托理财关系;如果他只是中间人,特别是还收受了一定的中介费,则属于居间合同关系。

从刑事角度来看,如果矿商或中间人有违法行为的话,则可能涉嫌以下三个罪名:

a. 非法吸收公众存款罪或集资诈骗罪。如果矿商向不特定第三方宣传稳定高额回报,并承诺定期或不定期支付利息。且没有对应矿机,或存在严重的算力超卖的话,则有可能涉及非法吸收公众存款罪或集资诈骗罪,也就是大家所理解的非法集资。

b. 组织、领导传销活动罪。如果矿商以“拉人头”的方式进行销售,且层级大于二级的话,则可能涉嫌传销。

---

① P盘指的是为硬盘“挖矿”做准备的过程,其中“盘”指的是硬盘,“P”则代表“Plotting”,即绘图或者作图的过程。这个过程是在硬盘上创建特定的数据块,或称作“图表”(plot),用于参与之后的“挖矿”过程。一般P盘特指奇亚(XCH)“挖矿”。

c.诈骗罪或合同诈骗罪。如果矿商收到款后并没有给你P盘,只是定期给你一些虚拟币,甚至还是在矿商自己开发的App里面,提现都困难的话,那你可能是被骗了。

2.退矿机的理由

我们分析了买卖矿机的法律关系后,就可以有针对性地提出理由要求矿商来退款了。

(1)买卖合同和租赁合同关系的退款理由(情势变更、欺诈)。

如果双方是买卖合同关系且矿机没有实际交付给买方,或者双方是租赁合同关系,特别是合同在2021年5月21日①之前签订的,买方或者租赁方可以以情势变更为由要求解除合同,退矿机退款。

可能有一些人不理解什么是情势变更,简单来说,由于产生了在订立合同之初当事人无法预见的一些重大变化,如果继续履行会对一方当事人明显不公平的,这就是情势变更。

以2021年5月21日为界,是因为2021年5月21日国家金融委明确宣布打击"挖矿"。

不过,即使是2021年5月21日之后签订的合同,如果矿商在宣传的时候宣称绝对涨价之类的内容,没有尽到风险提示义务的话,买方或租赁方也可以根据具体情况,尝试以欺诈为由认定合同无效。

(2)加工承揽合同关系的退款理由(甲方权利)。

如果是加工承揽合同关系的话。如果矿商交付给定作人的矿机配置等不符合合同约定,定作人可以要求矿商承担修理、重做、减少报酬、赔偿损失等违约责任,也可以要求解除合同。

另外,定作人还有一项特别重要的权利:随时解除承揽合同。也就是说,在矿机P盘的过程中,矿工可以随时说"不要了。"这是法律赋予加工承揽合同中定作人的权利,当然,如果造成承揽人损失的,应当赔偿损失。不过,矿商已经购买的部分硬件的价格浮动能有多大呢?真正拿不到的那部分硬件,才是价格浮动大的。

① 在2021年5月21日,中国国务院原副总理刘鹤主持召开金融委会议,其中强调要加强金融风险防范,其中包括"严厉打击比特币挖矿和交易行为"。

(3)委托理财或委托代理合同或居间合同关系的退款理由(违约责任)。

许多人在考虑退回矿机时,首先想到的往往是矿商。但实际上,中间人(包括团队负责人、中介、销售公司等)在很多情况下可能是退款的首选。

通常,这些中间人在推销矿机时,往往会有夸大其词的宣传,如承诺保本、赚大钱等,但实际结果却无法实现。在这种情况下,无论中间人与投资者之间的关系是投资理财关系、委托代理合同,还是居间合同关系,都可以以违约责任为由,要求中间人退还佣金,并承担投资者的部分或全部损失。

(4)涉嫌刑事犯罪的退款理由(谨防构成敲诈勒索)。

首先,理论上说,涉及传销的财产应被没收,因为这时,上线手中的不再是投资者的钱,而是非法收益。但是,即使如此,报案仍然是表达不满的一种方式。

其次,报案既是权利也是义务。这也意味着即使投资者获得退款后,仍然可以向公安机关进行报案。据《刑事诉讼法》第 110 条第 1 款的规定:“任何单位和个人发现有犯罪事实或者犯罪嫌疑人,有权利也有义务向公安机关、人民检察院或者人民法院报案或者举报。”

最后,与对方索要的款项应仅限于被侵害的部分,而不应无端提出额外的要求。

二、案例分析

2021 年 12 月 15 日,北京市朝阳区人民法院对一起由比特币“挖矿”引起的服务合同纠纷进行了公开审理并宣判。[①] 一审法院认为该合同无效,并驳回了原告寻求支付巨额比特币收益的诉求。这也是北京法院首次认定比特币“挖矿”合同无效的案例。

法院的判决理由:本案所涉交易实为通过专用“矿机”计算生产虚拟货币的“挖矿”活动。而此类“挖矿”活动能源消耗和碳排放量大,不利于我国产业结构优化、节能减排,不利于我国实现碳达峰、碳中和的目标,且虚拟货币生产、交易环节衍生的虚假资产风险、经营失败风险、投资炒作风险等多重风险突出,有损社会公共利益。丰复久信公司和中研智创公司在明知“挖矿”及比特币交易存

① 参见北京市朝阳区人民法院民事判决书,(2020)京 0105 民初 69754 号。

在风险,且相关部门明确禁止比特币相关交易的情况下,仍签订代为“挖矿”协议,此协议因损害社会公共利益应属无效,因此产生的相关财产权益亦不应受到法律保护,上述行为造成的后果应由当事人自行承担。最终,法院认定双方合同无效,判决驳回丰复久信公司的全部诉讼请求。

1. 涉币案件裁判观点

2023 年 2 月 3 日,深圳中级人民法院的公众号发了一篇题目为《金融司法视角下虚拟货币纠纷的化解》的文章,并在文章中提出了两个重要观点:(1)对于由于特定历史原因而持有虚拟货币,司法并未“一棒子打死”,仅仅是否定交易之效力,限制其流通性,而非完全否定其价值属性;(2)认定民事法律行为无效,交易主体负有返还财产之义务,从而不放任不诚信者因失信行为而获利,维护了诚信和公平之民法基本原则。

2. 涉币案件或将出现诉讼潮

随着“合同无效、互相返还”这一裁判观点的推行,投资加密货币亏损的人,肯定会大量地提起诉讼。每个人都有自己的立场,许多投资者确实在投资时被误导了。对于那些希望提起诉讼的人,笔者只想从法律角度给出以下几点建议。

(1)使用人民币等法定货币支付的案件可以提起诉讼,但对于使用泰达币等加密货币支付的案件,建议不要盲目提起诉讼。简单来说,虽然在合同无效的情况下应互相返还,但法院判决返还虚拟货币的可能性很小。这涉及虚假诉讼、执行等多方面的因素,这一观点也得到了深圳中级人民法院的认可。

(2)在撰写起诉状时,建议先从根本违约解除合同的角度进行概述,立案后再变更诉讼请求进行详细说明。这是因为在实际办案过程中,如果直接提出虚拟货币案件,法院可能会不予立案。

(3)需要充分整理并提交证据,证明对方未进行完整的风险提示就诱导您进行交易。根据《民法典》第 157 条的规定①,合同无效不仅仅是互相返还这一个裁判结果,如果一方有过错的,也需承担相应责任。

(4)尊重民事活动的公平原则。对于投资“挖矿”、链游等专业性较强、复杂

---

① 《民法典》第 157 条:民事法律行为无效、被撤销或者确定不发生效力后,行为人因该行为取得的财产,应当予以返还;不能返还或者没有必要返还的,应当折价补偿。有过错的一方应当赔偿对方由此所受到的损失;各方都有过错的,应当各自承担相应的责任。法律另有规定的,依照其规定。

性较高的案件，法院判处合同无效互相返还的概率是很大的。但是，对于单纯因炒币亏损的情况，法院可能不会判决互相返还。例如，张三找李四买了 1 万元的比特币，第二天比特币大跌，张三想要起诉要回来，这可能并不切实际。

三、实务总结

以 2021 年 9 月 3 日为限判断挖矿合同是否有效。

《全国法院金融审判工作会议纪要（征求意见稿）》第 85 条进行了规定，具有参考意义。

《金融工作会议纪要》第 85 条规定：虚拟货币“挖矿”是指通过专用“矿机”计算生产虚拟货币的过程。从案件审理情况看，因“挖矿”引发的纠纷可以概括为两种类型，一种是当事人为通过“挖矿”活动获取虚拟货币，购买、租赁生产虚拟货币的矿机，因矿机价款支付发生纠纷；一种是融合了矿机买卖、合作分成或托管服务等多重法律关系的合作模式，如当事人双方共同出资购买挖矿机并约定在取得虚拟货币后进行分成，后因卖方未交货或者未分成形成纠纷。“挖矿”活动因其能源消耗和碳排放量大，对国民经济贡献度低，对产业发展、科技进步等带动作用有限等原因，逐渐受到严格管控和有序清退。人民法院审理案件，应根据不同时期公共政策对合同履行的影响程度，合理平衡当事人之间的权利义务关系。

在《关于整治虚拟货币“挖矿”活动的通知》（2021 年 9 月 3 日）发布之前，国家政策并未明确禁止挖矿活动。对此前当事人约定买卖、租赁、保管“矿机”或附加提供相关运营管理、技术开发等服务的合同，诉讼中又以合同标的物或合同目的违法为由请求确认无效的，人民法院不予支持。如因政策出台导致合同嗣后履行不能，一方当事人提出解除合同，人民法院应予支持。合同解除后，尚未履行的，终止履行；已经履行的，根据履行情况和合同性质，当事人可以请求恢复原状或采取其他补救措施，并有权请求赔偿损失。

对 2021 年 9 月 3 日之后当事人约定买卖、租赁、保管“矿机”或附加提供相关运营管理、技术开发等服务的合同，人民法院应当认定合同无效。案件审理中，一方起诉请求确认合同有效并请求继续履行合同，另一方主张合同无效的，或者一方起诉请求确认合同无效并返还财产，而另一方主张合同有效的，人民法院应向原告释明变更或者增加诉讼请求，或者向被告释明提出同时履行抗辩，尽可能一次性解决纠纷。当事人按照释明变更诉讼请求或者提出抗辩的，人民法院应当将其归纳为案件争议焦点，组织当事人充分举证、质证。

解读：本条的核心在于确定虚拟货币“挖矿”类案件的裁判规则。

第一段可以体现出当前的法学专家们，对于虚拟货币“挖矿”机制的了解，还是有局限性的。传统意义上的虚拟货币“挖矿”，确实是用“矿机”计算生产虚拟货币的。但随着时代的变化、技术的发展，现如今类似于比特币这种POW（工作量证明）模式的“挖矿”在主流币种其实已经越来越少了。甚至以太坊都已经在2022年完成了从POW[①]到POS[②]（权益证明）机制的转变。这几年的新锐币种，如FIL等，则使用的是POC（容量证明）机制。此外，还有DOPS（委托权益证明）、DeFi质押“挖矿”（流动性“挖矿”）等。但是显然，该条所规定的内容仅适用于POW“挖矿”。

修改建议：本条所指的虚拟货币“挖矿”是指通过专用“矿机”计算生产虚拟货币的过程（仅第一句涉及“挖矿”的定义部分修改，其他不变，同时建议针对其他类型的“挖矿”机制进行补充）。

第二段对通知发布前的合同效力进行了规定，也就是说2021年9月3日前“挖矿”合同都是有效的。这证明司法公正并未缺位，是值得肯定的。此外，《关于整治虚拟货币“挖矿”活动的通知》发布后对原有的“挖矿”合同的后续执行也作出了规定。简言之，“挖矿”行为必须停止。对于由此产生的任何损失，可以根据履行状况和合同性质来确定责任承担的比例。

第三段内容是上一段的延续，主要规定了《关于整治虚拟货币“挖矿”活动的通知》发布后与“矿机”相关的合同，均属无效合同。在这一点上，如果原被告中有谁想坚持合同有效的，基本上很难胜诉。

修改建议：笔者建议在该段落的末尾加入一句：“依据当事人的过错责任，根据《民法典》第一百五十三条进行裁决。”虽然本条文明确了《关于整治虚拟货币“挖矿”活动的通知》发布后的合同属于无效合同，但对于合同无效后的处理

---

① PoW（Proof of Work，工作证明）挖矿是许多加密货币（如比特币）的共识算法。其核心原理是要求网络参与者（矿工）解决一些数学难题以证明他们的工作量。

② PoS（Proof of Stake，权益证明）是一种加密货币的共识算法，与PoW（Proof of Work，工作证明）相比，它更为节能。PoS的目的是通过不同的方式达到与PoW相同的目标：在不需信任第三方的情况下达成网络共识，并验证交易。

并没有明确规定。结合以往的案例，许多法院采取了驳回诉讼请求的判决方式，笔者认为明确的规定会更为恰当。

第三节　虚拟货币“挖矿”所涉的刑事法律实务

一、法律政策解读

矿商恐涉嫌非法经营罪。在国务院金融委明确表态“打击比特币挖矿和交易行为”后，内蒙古发改委也第一时间发布了《关于坚决打击惩戒虚拟货币“挖矿”行为八项措施（征求意见稿）》，并进一步将打击“挖矿”的范围扩展到所有的虚拟货币。那么以后矿商销售“矿机”和“算力”的行为，是否会被认定为非法经营行为呢？

《刑法》第225条规定，违反国家规定，有下列非法经营行为之一，扰乱市场秩序，情节严重的，处5年以下有期徒刑或者拘役，并处或者单处违法所得1倍以上5倍以下罚金；情节特别严重的，处5年以上有期徒刑，并处违法所得1倍以上5倍以下罚金或者没收财产：（1）未经许可经营法律、行政法规规定的专营、专卖物品或者其他限制买卖的物品的；（2）买卖进出口许可证、进出口原产地证明以及其他法律、行政法规规定的经营许可证或者批准文件的；（3）未经国家有关主管部门批准非法经营证券、期货、保险业务的，或者非法从事资金支付结算业务的；（4）其他严重扰乱市场秩序的非法经营行为。

根据上述《刑法》的规定可知：（1）未经许可进行限制买卖物品的经营活动的就会被认定为是非法经营行为；（2）刑法规定的有兜底条款。

首先，观察非法经营罪的规定。比特币等矿机“挖矿”的活动目前并不需要国家的特许经营许可，然而，对于像IPFS①、奇亚②这样的硬盘“挖矿”形式，就涉

① IPFS是InterPlanetary File System（星际文件系统）的简称，它是一个分布式的文件系统，旨在创建一个持久且分散的存储和共享文件的方法。IPFS采用了一些现有的技术和理念，如分布式哈希表、版本控制以及自组织网络，以创建一个高效、安全的方式来存储和分享数据。

② 奇亚挖矿（Chia Mining）是一种新型的加密货币挖矿方式，与Chia网络（Chia Network）的Chia币（XCH）有关。奇亚网络是由BitTorrent的创建者Bram Cohen所创立的，它采用了一种名为Proof of Space and Time（PoST，空间和时间证明）的共识算法。

及IDC机房[①]的建设，这就需要取得IDC的相关许可。事实上，许多矿商具备较高的商业敏感性，在签订合同时并没有直接制定《"矿机"销售合同》，而是以"云存储服务器"的名义进行融资和销售。然而，如果没有取得IDC许可[②]，却以云存储服务名义销售，这种矿商的行为很可能被定义为非法经营。

其次，需要澄清一点，虽然《刑法》中的非法经营罪有"其他严重扰乱市场秩序的非法经营行为"这一兜底条款，但该条款的使用被限定在其他法律或司法解释明确规定的范围内，并非"一网打尽"的规定。至今，无论是金融委的声明，还是内蒙古发改委的《八项措施（征求意见稿）》都不属于已经生效的法律或司法解释。但是，一旦该措施过了意见征求阶段，或国家发布了类似《九四公告》（属于部委规章）等法律规定后，矿商销售"矿机"和"算力"的行为也必然会被归类为非法经营行为。

最后，即使取得了IDC许可等资质，再进行"矿机"和"算力"的销售，仍然是非法的。我们可以参考《最高人民检察院法律政策研究室关于非法经营行为界定有关问题的复函》的规定："只要行为人明知是违法音像制品而进行经营即属于非法经营行为，其是否具有音像制品合法经营资格并不影响非法经营行为的认定。"这里虽然提及的是音像制品的非法经营，但同理有运营许可却进行非法"挖矿"的，也会被认定为非法经营行为。

综合以上分析，笔者认为国家打击"挖矿"行业的政策趋势已经很明显，具体规定的出台也已提上日程。矿圈里的任何参与者都应该重新审视这个行业。

二、案例分析

（一）销售矿机涉嫌非法吸收公众存款罪

成都某法院的一份判决参考价值还是比较高的。涉案事实内容大致如下：

吴某在成立公司后，主营业务便是比特币的矿机销售。主要方式则是通过

---

① IDC（Internet Data Center）机房，也称为互联网数据中心，是一种设施，用于存放企业或组织的IT（信息技术）设备和相关组件，如服务器、存储设备、网络硬件，以及用于存储、处理和传输数据的其他组件。

② IDC许可（IDC License）是互联网数据中心（Internet Data Center）运营所需的一种官方许可或许可证。根据不同国家和地区的法律法规，IDC的运营商可能需要获得政府或监管机构的特定许可才能合法开展业务。

微信公众号来进行宣传。该公司先以大矿机16,000元,小矿机1600元价格销售,后又将价格调整为30,000元和3000元,以0.1台起购,购买数量上不封顶,客户通过微信公众号进行充值购买,客户购买矿机后,公司又与客户签订《矿机销售合同》和《矿机托管合同》。后来,公司开始制定城市销售中心和分销商政策,通过城市代理商、分销商发展客户。不过好景不长,没过多久,公司就资金链断裂停止返现并停止营业,报案人数多达200余人,涉案金额3062.8万元,造成损失1800万元。最终,法院认定吴某的行为属于变相吸收公众存款,构成非法吸收公众存款罪,判决吴某有期徒刑4年6个月,罚金10万元。

细观吴某的“经营”模式,与当前众多矿商的实践不无相似之处。尽管现在的矿商可能不会直接用“矿机”命名合同,但从本质上看,并无实质区别。因为合同只是表面现象,本质上仍可能涉及非法吸收公众存款的行为。这可能也是许多民事律师容易疏忽的地方。

从这一判决出发,笔者认为有以下四点值得注意:

1.在法律政策日益收紧的今天,销售矿机并非一本万利,反而是一个真正的高风险行业。稍有不慎,就可能造成人财两空。

2.非法吸收公众存款罪在2021年3月《刑法修正案(十一)》生效后,已经大大加重了刑罚。在如此重大的金额下,吴某被判处4年6个月的情况将成为过去。

3.如果吴某的行为被视为单位犯罪,他的刑罚本可以大幅度减轻。然而,由于其公司经营结构单一且成立目的明确为销售矿机,因此被认定为个人犯罪。

4.这份判决也给广大参与矿机购买而炒币失败的人一个退路。因为在判决最后,法院支持了被告人退赔投资者的损失。也就是说,广大的投资矿工,又多了一条维权的途径。

(二)卖BZZ矿机涉嫌诈骗的无罪辩护

1.案情简介

2021年是各种挖矿项目起飞的一年。随着Filecoin[①]项目的成功,很多没来

① FIL(Filecoin)是一种去中心化的存储网络,允许用户通过其加密货币(同样称为Filecoin或FIL)购买或出售未使用的硬盘空间。

得及“上车”的创业者们，又把目光瞄到了 BZZ[①] 这个“天王级”项目中。小四（化名）在发现 BZZ 的商机后，在 2021 年专门成立了 A 公司，并以 A 公司为主体，对外出售 BZZ 矿机及节点。

由于 A 公司只是一个空壳公司，虽然注册资金看起来有几百万元。但实际上并没有任何实缴资金，除租赁办公室等基础投入外，没有进行过任何投资。既不具备 IDC 资质，也没有矿机硬件的组装、进货渠道。针对这个问题，小四的解决方案就是在华强北找个档口进行合作。在小四的强大推广能力下，A 公司很快就通过售卖节点和 BZZ 币赚得盆满钵满。

但好景不长，仅仅 3 个月，BZZ 就从“天王级”项目变成了“天亡级”项目。BZZ 的币价更是从一开始的 200 多 U，急速掉到了 1U 以下。不仅如此，A 公司合作的华强北档口也卷款跑路，并没有建立任何的 BZZ 节点。所以相当于客户什么都没拿到。A 公司也迎来了客户的围堵，纷纷要求退款。多番协商无果后，客户报案让公安机关立案侦查并对将小四及 A 公司的主要负责人进行了拘留。

2. 无罪辩护

律师介入后，经过多方面的了解案件事实并进行分析，决定做无罪辩护。向承办警官、检察官进行了详细的论证，最终检察院以证据不足为由不予批捕，紧跟着公安机关就释放了小四等人，并将案件终结侦查。

至于无罪的理由，笔者紧紧围绕诈骗罪的行为特征进行了论述，大致有以下几点：

（1）从虚构事实、隐瞒真相的角度来辩护。A 公司宣发的资料均来源于 BZZ 项目方，作为连个美工都没雇用的“勤俭持家”型公司，小四等人对外宣传的 PPT 等材料中，除了官方资料，就只有自己公司的简短介绍。虽然公司介绍里看起来 A 公司很高大上，注册资金为几百万元的公司，只不过是利用了客户分不清认缴和实缴的信息差。因此，小四等人并没有虚构事实、隐瞒真相。

（2）从引起客户错误认识并购买的角度来辩护。客户看到的都是 BZZ 项目方的公开内容，且 A 公司虽然有一些预测性的表述，但也是根据 BTC、FIL、BZZ

① BZZ 是 Swarm 网络的原生代币。Swarm 是一个去中心化的存储和通信系统，旨在创建一个从根本上私有、健壮和自主的互联网基础设施。其目标是创建一个对等的分布式文件共享网络，其中节点使用闪电网络协议与彼此通信。

等各个币种的真实K线图做的投资性预测，也并没有向客户宣传过任何不在项目方公开内容之外的，诸如什么国家支持、央企背书之类的内容。因此，从客户的主观意愿来看，客户本身就是要投资BZZ，A公司提供的也是BZZ，并不符合诈骗罪规定的让客户陷入错误认识并购买的行为特征。

(3)从非法占有故意的角度来辩护。虽然最后因为档口跑路，客户连个节点也没拿到，看起来是人财两空，而且A公司确实截留了部分资金(利润)。但实际上，A公司才是刑事案件中的被害人，而不是最终的客户。因为客户和A公司之间的民事合同关系并没有被打破。A公司需要对客户承担的仅是民事责任。因为A公司主观上始终都是在进行平等的民事交易，因此而获得的利润，并不是非法占有。至于合同是否有效等问题，则属于民事问题。

3. 律师寄语

很多人可能都认为诈骗罪作为一个传统罪名，应该是已经有了一套很成熟的认定标准才对。但事实上，随着新兴概念和模式的不断出现，也给诈骗罪的认定带来了更大的挑战。罪与非罪的区分标准也越来越细致入微，这也要求不论是刑事控告，还是刑事辩护，都必须更精细化才能够取得相应的效果。

三、实务总结

2021年之前“挖矿”还是少数币圈爱好者的小众游戏。而随着Fil的大火，可谓是进入“全民挖矿”的元年。不过，年初还是热火朝天、朝阳产业的“挖矿”行业，随着两次政策打击，“挖矿”已经变成了引火烧身的夕阳产业。

1. 参与国外的Fil、swarm等项目是否违法

其实不论是以太坊还是FIL、Swarm等项目，截至目前，项目本身在国内都没有一个是否合法的明确定性。但是，根据《刑法》《九四公告》等相关法律规定，参与这些国外的区块链项目还是具有一定的危险性的。

例如，参与这些国外区块链项目的私募，特别是以团队长的身份公开组织不特定人员大规模地参与私募活动，很可能会涉嫌非法集资类犯罪或帮信类犯罪，因为这些项目的私募行为，本质上就是《九四公告》明确禁止的代币发行融资活动。而这次的《九二四通知》也明确定性了境内人员非法参与境外项目也应当追究责任。

此外,即使是仅参与了上述项目的“挖矿”等活动的宣发,一旦这些项目被认定为违法行为,也极有可能会涉嫌非法利用信息网络罪,关于非法利用信息网络罪相关的内容不是危言耸听,已经有现实案例。

2.《九二四通知》之后虚拟货币“挖矿”是否合法

“挖矿”这个新兴的词汇,在现有的法律条文中,往往指的还是传统意义上的挖煤、铁、铝等矿产。所以,虚拟货币“挖矿”是否违法,其实还是要看具体的行为。笔者总结了以下几种情况:

(1)个人“挖矿”是否合法。笔者认为非生产经营性质的“挖矿”是不违法的。

(2)企业“挖矿”是否合法。《产业结构调整指导目录(2019年本)》已经将“虚拟货币‘挖矿’活动”列为了“落后生产工艺装备”的淘汰类产业。虽然被列为淘汰类产业,但却并非因法律禁止而淘汰,而是因落后生产工艺装备而淘汰。所以,笔者认为企业在具备合法资质的情况下进行挖矿活动,也是合法的。但企业不要因此而窃喜,因为一旦IDC机房开始清退矿机,矿商首先就会面临如何解决IDC托管①问题,如果无证托管,很可能就涉嫌非法经营了。此外,淘汰类产业的税收、电费等成本开支也将压得矿商喘不过气来。

(3)矿商是否涉嫌犯罪。挖矿虽然还是有合法空间的,但并不代表矿商绝对不会涉嫌犯罪。矿商主要涉及以下几个罪名:

①非法集资类犯罪。主要有非法吸收公众存款罪和集资诈骗罪。涉嫌该类犯罪,主要是矿商销售模式和营销话术违规导致的。

②诈骗类犯罪。主要有诈骗罪、合同诈骗罪等。涉嫌该类犯罪,主要是矿商的营销话术或未足量购买矿机所导致的。

③非法经营罪。涉嫌该罪名,主要是因为不具有IDC许可却进行服务器托管导致的。

④帮信类犯罪。主要有帮信罪和非法利用信息网络罪。涉嫌该类犯罪,主要是对外销售的矿机对应的项目属于违法犯罪活动或其他原因导致的。帮信类的罪名尤其值得大家注意,最近笔者办理的两例矿机纠纷的案例中,矿商就都涉及了该类罪名。

---

① IDC托管(IDC Hosting),即互联网数据中心托管,是一种服务,其中企业或个人将其物理服务器、网络设备等硬件托管在专门的数据中心中。通过这种方式,客户可以利用数据中心的基础设施、带宽、电力供应、冷却系统、安全措施等,而不必自己建立和维护这些复杂且成本高昂的设施。

3. 矿商或区块链企业的合规关注点

(1)公司架构设计。区块链属于近两年的新兴行业,区块链企业的发展过程中也时常会涉及刑事、行政或民事风险,避免风险最好的方式,无疑就是将风险“外包”出去,而公司架构的设计无疑是实现业务外包的方式之一。

(2)产品销售合规。这里分为产品合规和销售合规,“空气币”①最好不要碰。销售合规方面要注意的点很多,但有两点绝对要禁止,一是销售模式不能承诺回购,二是销售层级不能超过二级。

(3)营销话术合规。祸从口出这一点可谓诸多区块链企业涉嫌刑事的原因。特别是涉嫌诈骗类的犯罪。所以,营销话术也应当严格地去约束销售人员。

第四节　虚拟货币“挖矿”所涉的行政法律实务

一、法律政策解读

(一)各地监管政策密集落地

自从2021年5月21日金融委公开发声“打击比特币挖矿和交易”后,各地打击政策密集落地。例如,2021年5月25日,内蒙古发展改革委发布《关于坚决打击惩戒虚拟货币“挖矿”行为八项措施(征求意见稿)》;2021年6月9日,新疆昌吉州发展改革委要求准东开发区管委会责令虚拟货币“挖矿”企业停产整顿;2021年6月9日,青海省工业和信息化厅全面关停虚拟货币“挖矿”项目。随后,新规(含司法解释)也会落地,到时候就是“绝地封杀”的境地,因为一旦新规落地之后,司法层面和执法层面就有了稳定的法律依据。各地也不用因为在政策尺度上拿捏不住,而放过很多漏网之鱼。

所以,短时期内,国家和各地将会关停挖矿、屏蔽交易所、严查OTC交易②。

---

①　空气币是一种通常用来形容没有实际价值、背后没有任何有形支撑或真实用途的数字货币或代币。这个术语源于形容这些货币的价值被认为像空气一样无物。

②　OTC交易(Over-The-Counter交易)指的是在非正规交易所,也就是场外市场进行的交易。与在交易所进行的交易相比,OTC交易通常更加灵活,因为它不受交易所的标准化合约条款和交易规则的限制。

（二）谨防矿商倒闭人财两空

继新疆、内蒙古、青海、云南、四川等地区相继出台针对虚拟货币"挖矿"的监管政策后。2021年7月14日，位于内地的安徽省也宣布全面清理关停虚拟货币"挖矿"。

不仅如此，这次安徽省在公告中还特别强调了禁止的是"以各种名义建设的虚拟货币'挖矿'项目"，不单单是禁止主流币①。以下问题需要重点关注。

首先，如果是个人小规模的挖矿，暂时是没有监管措施的，但如果个人大规模的挖矿，就可能属于《反不正当竞争法》中规定的"从事商品生产、经营或者提供服务的自然人、法人和非法人组织"的经营者，而挖币是增加虚拟币供给的行为，即生产Token②的行为，会大概率被认定为经营行为。

其次，如果偷偷挖矿，短期可能仅仅面临的是行政处罚，但长期来看，一旦相关的国家规定出台，则可能会被认定涉嫌非法经营罪。

最后，对外销售、租赁矿机的矿商被叫停后，受伤最大的可能不是这些矿商，因为他们已经拿到散户的钱了，大不了破产了之。反而是向这些矿商购买或租赁矿机的散户会面临矿商（特别是FIL、BZZ等需要质押的项目）跑路后，资金全部损失的风险。

二、案例分析

案例：某人把所有的矿机投入在某处进行"挖矿"操作，结果被当地的综合执法局依据《关于整治虚拟货币"挖矿"活动的通知》（发改运行〔2021〕1283号）等规定查封矿机并出具通知，要求他缴纳罚款以补偿电力成本的差额。

（一）虚拟货币"挖矿"行为的法律依据分析

从案例中我们注意到，行政处罚的执行依据主要参考了《关于整治虚拟货币"挖矿"活动的通知》，该通知由国家发展和改革委员会等机构于2021年9月3日联合发布，是在大部分监管部门查处虚拟货币"挖矿"项目时常引用的一份

---

① 主流币（Mainstream Coins）是指在加密货币市场中受到广泛认可和接受的数字货币。主流币通常具有较高的市值、流动性和社区支持。它们通常在多个交易所上市，并在整个加密货币生态系统中有着重要地位。

② 在虚拟货币和加密货币领域，"Token"（代币）是一种特殊类型的虚拟单位，代表了某种权益或价值。Token可以在区块链上创建、交换和管理，通常用于多种不同的目的和功能。

文件。而根据《行政处罚法》第4条的要求,仅以此类通知作为处罚依据,可能导致法规依据不够充分的问题。

进一步分析,由于虚拟货币“挖矿”行为会带来大量的能源消耗和碳排放,有可能触犯《节约能源法》和《循环经济促进法》等相关法规。另外,“挖矿”行为对电力需求巨大,矿机通常被安置在电站进行操作,可能存在未经电网公司授权就私自供电的行为,从而可能触犯《电力监管条例》等相关规定。在这种情况下,涉嫌违反上述规定的电力企业可能会受到行政处罚。同样,任何故意违反行政管理秩序的行为,依据《行政处罚法》也有可能受到相应的处罚。

(二)“挖矿”活动执行差额电价的对象

针对个人是否能成为“补缴差额电费”的主体的问题,需要结合《关于整治虚拟货币“挖矿”活动的通知》及《国务院关于发布实施〈促进产业结构调整暂行规定〉的决定》等相关文件来进行分析。《关于整治虚拟货币“挖矿”活动的通知》中将虚拟货币“挖矿”活动定位为淘汰类产业,并明确淘汰类企业的电价将加价,标准为每千瓦时0.30元。此外,依据《国务院关于发布实施〈促进产业结构调整暂行规定〉的决定》的规定,淘汰类项目主要针对的是我国境内的各类企业,而不是自然人。对于从事淘汰类项目的企业,国家价格主管部门在淘汰期限内有权提高供电价格。

据《行政处罚法》第4条的规定,针对违反行政管理秩序的行为,不论是公民、法人或者其他组织,只要是违反了法律、法规、规章的规定,行政机关都有权依法实施行政处罚。这意味着,对于明知禁止虚拟货币“挖矿”活动仍继续从事该活动的个人或企业,可以根据《行政处罚法》对其进行处罚。

在虚拟货币“挖矿”活动的整治过程中,行政机关必须依法依规行事,确保行政处罚的合理性和合法性。同时,也要明确指出,虚拟货币“挖矿”活动与国家经济发展方向存在冲突,坚持进行“挖矿”活动的企业和个人必须清醒地认识到其背后潜藏的法律风险,包括但不限于行政处罚风险,甚至可能面临刑事责任。因此,应积极配合相关部门完成整治工作,以避免法律风险。

三、实务总结

(一)FIL/XCH/BZZ等硬盘挖矿是否合法

虚拟货币的暴涨暴跌,引来了国家的密切关注,也引发了不少新规出台。

2021 年 5 月 21 日,国务院金融委第 51 次会议中明确表示:“打击比特币挖矿和交易行为。”金融委的明确表态,第一次给比特币的挖矿钉上了非法的属性,那么其他虚拟货币的挖矿是否合法?

第一,我们来看一下比特币之所以被禁止的原因,官方理由主要是能耗过高且没有实际价值。那么我们就能得出一个基本的结论:以太坊、狗狗币等使用显卡挖矿的高耗能虚拟货币,也必然属于禁止的范围了。FIL/XCH/BZZ 等硬盘挖矿虽然没有比特币的耗能高,但目前仍属于没有被国家承认的现金价值。

第二,我们来看一下 2021 年 5 月 25 日内蒙古发布的《内蒙古自治区发展和改革委员会关于坚决打击惩戒虚拟货币“挖矿”行为八项措施(征求意见稿)》,该报告明确打击的范围是所有“虚拟货币”,而不是仅仅将范围限定为比特币。

第三,虽然以往的《九四公告》等规定中仅提到了比特币,但法院在审理其他虚拟货币的时候,仍然将这些虚拟货币定义为“类似比特币”的非法定货币。

第四,个人“挖矿”短期内还是不会被禁止的。但矿商是否非法呢?在既有判决中,已经有部分被定义为非法吸收公众存款或集资诈骗的判决书。而 FIL/XCH/BZZ 等硬盘挖矿更是将门槛基本限定到普通人无法直接参与,只有矿商才有能力进行参与。

所以,综合以上四点,如果 FIL/XCH/BZZ 等硬盘挖矿解决不了在社会中的实际应用场景,那么不论背后的技术有多厉害,理想有多崇高,说到底仍然是被法律禁止的。特别是如果未来虚拟货币在短时间内再一次发生十倍百倍的暴涨暴跌,那么一定会有直接的法律规定出台打击。毕竟,发币(ICO)①被归类为传销或非法集资明令禁止了,虚拟货币交易平台也被归类为非法集资明令禁止了,挖矿被彻底定义为犯罪不是不可能。

不过,FIL/XCH/BZZ 等硬盘挖矿被定义为非法对于购买矿机的普通参与者来说并不一定是坏事。因为,一旦合同内容违法,购买矿机挖矿或算力挖矿的合同就会被认为是无效合同。合同无效,依法应恢复原状,双方互相返还,矿机

---

① ICO(Initial Coin Offering)是一种筹集资本的方式,通常用于加密货币和区块链项目。与传统的股票首次公开募股(IPO)类似,ICO 允许公司向公众出售一定数量的新发行的代币,作为项目启动和发展的资金来源。

本来就在矿商那里，普通参与者其实不用返还什么（最多返还挖出来的虚拟货币），但是矿商就要返还现金了。

（二）十一部委《关于整治虚拟货币"挖矿"活动的通知》

2021 年 9 月 24 日，国家发改委等联名发布了《关于整治虚拟货币"挖矿"活动的通知》。同日，中国人民银行等 10 部委也联名发布了《九二四通知》。笔者将着重解读《关于整治虚拟货币"挖矿"活动的通知》。

由于该通知的规定较为明确、详细，就不在进行逐句解读了，而是概括性地提出两个观点：

1. 整顿挖矿不代表"一棍子"打死，民资尚有空间

该通知全文详细阐述了如何进行虚拟货币"挖矿"项目的整顿工作，包括了虚拟货币"挖矿"的场地、用电、形式、监管措施等方面，甚至将虚拟货币"挖矿"活动列为淘汰类产业。整顿力度不可为不大，但却并未像 5 ~6 月四川等地一样直接"一刀切"关停所有在册登记的矿场，而是提倡采取差别电价等措施，引导矿企有序退出。

此外，淘汰类项目主要是不符合有关法律法规规定，不具备安全生产条件，严重浪费资源、污染环境，需要淘汰的落后工艺、技术、装备及产品。淘汰类项目与绝对禁止类项目本质上也还是有所区别的。比如"猪、牛、羊、禽手工屠宰工艺"也是淘汰类的，但现在还能看到不少手工屠宰的。

2. 大批矿商即将倒下，维权大军将至

虽然矿商并非被"一棍子"打死，但矿商们的生存空间确确实实被压缩得所剩不多了。可以预见的是，大批的矿商可能会在电费、场地、监管等各项压力下选择关停。如果是自有资金挖矿的企业还好，如果是集资挖矿，或者是向 C 端[①]销售矿机再进行托管的矿商，关停之后必然会面临较大的维权压力。特别是以 FIL 为代表的质押币机制挖矿的，质押币的损失可能就是压死骆驼的那根稻草。

最后，在司法实践的角度也提示各位矿商在国家政策越发明朗的今天，尽早制定相应退出机制，良性化解社会矛盾。同时，也提示各位参与托管挖矿的矿工，尽早与矿商协商退款，最大限度地避免损失。

---

① 在挖矿业务中，C 端通常指的是消费者端或客户端，是区别于 B 端（商业端或业务端）的概念。

第四章　区块链与 NFT

第一节　NFT 概述

一、NFT 的概念

NFT 全称是 Non-Fungible Tokens，中文常翻译为“非同质化代币/不可替代代币”。它是一种数字资产，其形式可以是艺术、音乐、游戏内物品、视频等。它们可以在网上买卖，通过区块链技术进行验证，代表特定物品的所有权或真实性证明。与可互换且可一对一交换的加密货币不同，NFT 的核心概念在于其不可替代性，即每个代币都是独一无二的，无法互相交换，不能与其他代币等价交换。这种独特性使得 NFT 可以与特定的数字资产或实物资产相联系，如艺术品、音乐、视频或虚拟房地产。每个 NFT 都包含了描述其所代表资产特定属性的元数据，这些信息存储在区块链上，提供了透明、不可更改的所有权记录。通过 NFT 人们可以准确地追踪和证明某个数字资产的所有权，从而解决了传统数字资产易于复制和盗版的问题。NFT 的推出彻底改变了人们购买、出售和交易数字资产的方式。艺术家和创作者可以将自己的作品转化为 NFT，并通过拍卖或市场销售进行货币化。这为艺术家提供了新的创收途径，使他们能够更好地受益于自己的创作。

虽然 NFT 自 2014 年起就出现了，但现在才声名鹊起，因为它们正成为一种越来越流行的数字艺术品买卖方式。仅在 2021 年，NFT 的市场价值就达到了惊人的 410 亿美元①，这一数字已接近整个全球艺术品市场的总价值。NFT 所创造的数字稀缺性，与几乎总是无限供应的大多数数字产品形成了鲜明对比。假

① 《2021 年全球 NFT 市场规模超 400 亿美元，触摸不到的数字藏品，凭什么炙手可热?》，载搜狐网 2022 年 8 月 3 日，http://news.sohu.com/a/573896938_121452904。

设有需求,切断供应应该会提高特定资产的价值。但至少在早期,许多 NFT 都是已经以某种形式存在于其他地方的数字创作。NFT 允许买家拥有原始物品,它还包含内置认证,可作为所有权证明。收藏家对这些“数字炫耀权”的重视程度几乎超过了物品本身。NFT 具有四个特性,第一,可编程性:NFT 的可编程性使得资产的交易和处置可以通过智能合约进行,这为确保交易的公平性和透明性提供了机制。这种可编程性也有助于确保合同的执行和权益的保护,从而促进公正和可持续的发展。第二,可组合性:NFT 的可组合性使得不同的资产可以被组合成一个整体,形成一个新的实体。这种特性为个人和组织提供了更大的创造力和自由度,可以通过组合不同的资产来创造独特的价值和体验。然而,对于可组合性的合理使用也需要考虑到个人隐私和数据保护的法律原则。第三,可交互性:NFT 的可交互性意味着持有者可以与其所拥有的资产进行互动,并在特定的场景中行使一定的权益。这种交互性可以为用户提供更多的参与感和满足感,同时也需要确保用户的权益和隐私在交互过程中得到保护,避免滥用和不当使用。第四,富文本性:NFT 的富文本性使得数字收藏品、IP 衍生品①、游戏资产等具有更加丰富的内涵和表达方式。这种富文本性为艺术家和创作者提供了更多的创作空间和表现力,同时也为用户提供了更加丰富和多样化的体验。然而,富文本性也需要考虑到版权和知识产权的保护,以确保创作者的权益得到合理的保护和回报。

同样,NFT 的概念在法学领域也引发了广泛的讨论。首先,NFT 的不可替代性使其成为数字资产的一种新形式,这对于传统法律框架的适应性提出了挑战。例如,在知识产权领域,NFT 的出现为版权保护和艺术品交易提供了新的方式。然而,由于 NFT 的匿名性和去中心化特点,如何确保知识产权的合法性和权益的保护成为了一个亟待解决的问题。其次,NFT 的交易性质也引发了合同法的思考。由于 NFT 的价值高度依赖于市场需求和认可度,其价格波动较大。因此,合同的订立和履行在 NFT 交易中显得尤为重要。法律应当明确规定 NFT 交易的合同要素和履行义务,以保护交易各方的权益。此外,NFT 的智能合约特性也为法律领域带来了新的挑战。智能合约的执行依赖于区块链技术的

---

① IP 衍生品指的是基于某一知识产权(Intellectual Property,IP)所创造的相关产品或服务。IP 可以是一个品牌、角色、故事、专利、商标等的集合,IP 衍生品则是这些元素的扩展或延伸。

自动化,但这也可能导致一些不可预见的法律问题。例如,当智能合约存在漏洞或错误时,如何保障交易各方的合法权益成为了一个待解决的问题。法律应当明确规定智能合约的法律效力和责任分配,以确保交易的公平性和合法性。综上所述,NFT 的概念对法学领域提出了新的挑战和机遇。法律应当积极适应和引领数字经济的发展,为 NFT 交易提供清晰的法律框架和保护机制。只有这样,NFT 才能更好地发挥其在艺术、游戏和其他领域的潜力,并为数字资产的可持续发展作出贡献。

二、NFT 的发展历程

(一)NFT 的商业模式正从 1.0 向 3.0 迈进

根据国内 NFT 行业的发展情况,笔者结合团队服务的多家 NFT 企业,将现有的 NFT 商业模式分为了 1.0、2.0、3.0 三个版本。

观察近期的趋势,可以发现随着 NFT 市场热度的逐渐降低,真正有长期发展计划的 NFT 数字藏品平台,特别是那些以售卖图片为主的,数量在减少。在此,笔者指的是寻求稳健发展的平台,而非那些意在快速获取利润后退出市场的企业。

单纯卖图片的平台越来越少的原因其实也很简单,因为这种没有太多价值支撑又有太多金融化属性的商业模式,随着监管的逐步收紧,单纯依靠市场炒作进行盈利的模式已经无法持续发展。

但 NFT 作为目前唯一可能在国内合法落地的,又带有一定 Token 属性的区块链产业,却又有越来越多传统行业的资本或创业者开始布局 NFT 产业。随着这股力量的加入,更多的传统资本开始注入,同时越来越多的突破币圈的创新商业模式也开始诞生。

总结,NFT 在炒作的热度逐渐退去之后,理智的传统资本才开始入场布局。也走出一条中国特色化 NFT 商业模式的必经之路。

(二)NFT 的 1.0、2.0、3.0 划分标准

首先声明一点,NFT 的版本划分只是笔者根据国内 NFT 产业的商业模式、合规性、可持续性等因素自行划分的,并非任何官方划分标准。

1. NFT 的 1.0 版本

追根溯源,国内 NFT 产业的 1.0 版本,是由幻核、鲸探开启的。那时的鲸探还不叫鲸探,而是叫蚂蚁链粉丝粒。

大厂们提前布局 NFT 是无可厚非的,但大厂们其实给国内的 NFT 起了一个很不好的头。为什么这么说呢?原因就来自于大厂们为了最大限度地"风控",而遮遮掩掩地给 NFT 起了一个"数字藏品"的名字,以致很多后来的创业者,把 NFT 局限在了数字藏品的范围,甚至让部分监管误以为 NFT 就是邮币卡的虚拟版。

而"数字藏品"并不是一个法律定义,甚至无法将数字藏品归类于某一个法律概念。总之,以 JPG 图片[①]为代表的,很难去对应出具体法律属性的"数字藏品",就是国内 NFT 的 1.0 版本。而由于 1.0 版本的定义混乱、底层价值不足,也是最不可持续、风险最大的商业模式。变现也严重依赖于社区讲故事,或者开二级市场[②]炒作。当然,存在即合理,1.0 版本的 NFT 依然有它的生态位。

2. NFT 的 2.0 版本

说到 NFT 的 2.0 版本,笔者曾经发过的一篇文章《没有"权利价值映射"的 NFT 犹如毒树之果》[③]。在该篇文章中,其实就痛批了那些没有充分底层价值作为映射的 JPG 版数字藏品是"空气藏品",提到了 NFT 需要有权利价值映射的基础理论。后来,也确实看到了很多的项目方,将门票、艺术品等实物或著作权等权利作为 NFT 的底层进行 NFT 的发行。

抛开二级市场的问题,区别于 1.0 版本,2.0 版本的 NFT 最大的优势就是很大程度上解决了非法集资类、诈骗类刑事犯罪风险,因为不论一个 NFT 是卖 9.9 元,还是卖 9.9 万元,都有其对应的权利或价值作为底层,监管在调查时可以借此评估出具体的市场价格作为参考。总之,NFT 的 2.0 版本才是真正赋能于实体产业或传统行业的商业模式,也是元宇宙去虚向实、虚实结合、赋能实体经济

---

① JPG(或 JPEG)是一种常用的图像文件格式,全称为 Joint Photographic Experts Group。这个名称来源于创建此标准的组织。JPG 是一种有损压缩的图像格式,广泛用于数字摄影和网络上。

② NFT 二级市场是指允许个人之间交易已经拥有的 NFT 的市场平台。与 NFT 的首次发行(在一级市场进行)不同,二级市场上的交易不涉及创建新的 NFT,而是涉及现有 NFT 的买卖。目前最常大的 NFT 二级市场有 Opensea、Blur 等。

③ "毒树之果"(Fruit of the Poisonous Tree)是一种法律隐喻,用于描述非法或不正当手段获得的证据,以及由这些证据直接或间接导出的其他证据。

的重要一步。

3. NFT 的 3.0 版本

不得不感叹,国内 NFT 产业这半年的发展是迅速的。2022 年 5 月中旬笔者还忙着处理矿商案件的时候,很偶然地看到了一个新 NFT 平台的黑稿。虽然平台是否合规有待考究,但是"社交 + NFT"的新模式,却是看到了 NFT3.0 版本的雏形。社交 + NFT 的商业模式,一定程度上是代替了探探、陌陌等传统的 Web2.0 平台,以及部分传统的线下实体产业。

3.0 版的 NFT 项目除了这个社交 + NFT 的模式之外,还有很多其他的新模式但 3.0 版的 NFT 项目的核心还是利用了区块链技术开放性、独立性、安全性等带来的"降低信任成本"的核心商业优势,以及 NFT 非同质化的技术特点,来对传统的商业模式进行创新重构,或打破原有的不合理的利益分配模式,来进行重新分配。

三、NFT 的法律性质

(一)从法律底层逻辑看 NFT——权利价值映射

2021 年 10 月网信办等 18 个部门和单位联合印发《关于组织申报区块链创新应用试点的通知》并全面开始了区块链的试点落地工作,区块链行业的发展也逐步进入了有序发展的新阶段。与此同时,随着元宇宙浪潮的到来,NFT、Gamefi①、DAO②、SocialFi③ 等新一代的名词已经取代了 Web3.0、DeFi④、IPFS 这些"传统"币圈的名词。

从距离最近的冬奥"冰墩墩 NFT",到各大博物馆、艺术家以及阿迪达斯、耐克、纪梵希、百信银行、梅西百货、法拉利、腾讯、新浪、王老吉、小罐茶、华纳兄弟、

---

① GameFi(游戏金融)是一种将金融与游戏结合的概念,特别是在区块链和去中心化金融(DeFi)环境中的游戏。GameFi 通常涉及使用虚拟货币和代币进行交易,以及通过参与游戏活动来获取金融回报。

② DAO 是 Decentralized Autonomous Organization 的缩写,中文可以翻译为"去中心化自治组织"。它是一种基于区块链技术的组织形式,通过智能合约自动执行决策和操作。

③ SocialFi 是一种结合了社交媒体和去中心化金融(DeFi)的新兴概念。它将社交互动与金融激励结合在一起,旨在通过金融手段促进社交参与和社区建设。

④ DeFi 是 Decentralized Finance(去中心化金融)的缩写,这是一种新兴的金融模型,它使用区块链技术(特别是以太坊)和加密货币,以达到金融服务无须中介参与的效果。

漫威、LV、敦煌文旅、小米等品牌或机构均已在 NFT 领域中施展拳脚。

1. 短期内 NFT 可能只是资本的“流量密码”

“认知决定成败”“共识创造未来”，这是币圈这几年最流行的话。这两句话说得没错，但你是否有认知到 NFT 的本质，又是否知道所谓的“共识”是基于可行的事实，还是编织的谎言呢？

目前，虽然各大品牌都在进军 NFT，但 NFT 到底是什么，特别是在国内特殊的市场环境下应该如何进行定义？相信很多决策者也并没有清晰的认知，更多地只是把 NFT 当成了资本的流量密码，或是当成了市值管理的工具，又或是当成了产品的营销手段。

2. 现有的 NFT 大多约等于“空气币”

围绕虚拟货币而产生的民事或刑事案件，结果不太统一的主要原因就是很多虚拟货币，可能仅仅就是个“空气币”，卖的只是个概念。

有些头部公司将 NFT 定义为是“数字典藏”。那什么是“数字典藏”？要知道“数字典藏”并不是一个法律层面的定义。如果仅仅是编了个名字的话，仍然是卖了个“空气”，这样的“空气典藏”将没有任何价值，并且事实上目前所谓的“数字典藏”也确实没有任何法律意义上的应用场景或真实价值。

所以，如果仅仅发售没有任何权利或价值作为基础的 NFT，和发行“空气币”别无二样，以后也不免沦为被“取缔、打击”的对象。

3. NFT 的“权利价值映射”

NFT 不应当是空气，而是权利价值的映射。“权利价值映射”这个词是笔者在 2021 年 8 月提出来的，同时这个词在区块链行业的首次出现也是笔者提出来的。

其实，在法律理论层面，大家对于 NFT 的定性是有着“财产说”和“凭证说”这两个争议的，财产和凭证的定性差别，也意味着围绕 NFT 的法律关系应当适用普通民事法还是证券类的法律规定。但不论把 NFT 直接认定为虚拟财产，还是财产或者权利的凭证，NFT 也绝不会仅仅是空气。

NFT，全称是“Non-fungible Token”，很多人把它翻译为“非同质化代币”，但“Token”不光有“代币”的含义，也有“象征、标志、信物”的含义，当然也有人把它翻译为“通证”。

在现有法律体系内，笔者也是比较认可“凭证说”的，所以“权利价值映射”

这个词的提出是建立在NFT"凭证说"的基础上的。顾名思义,也就是说所有的NFT,都应仅仅是某种权利或财产的凭证。而NFT的发售,本质上是一方主体让渡了某种财产或权利给另一方,NFT本身就是持有该财产或权利的凭证。

而一旦没有相应的合法权利价值作为基础映射,那么基本可以判断是"空气币"了,远离是保护自己的最好方式。

那什么样的权利价值可以作为NFT的映射基础呢?法律上的权利根据不同的标准有不同的分类方式,简单来说主要就是以财产权作为基础,财产权既包括物权、债权、继承权,也包括知识产权中的财产权利。当然,其中也有继承权等带有一定的人身性质的权利是不能转让的,但也不妨碍把这种不可转让的权利留在区块链上。

至于价值,则大大丰富了NFT映射的基础,如"共识"等一些精神层面无法被归类到某一种权利中的,但却实实在在产生了价值的事或物也可以让他永恒地留在区块链上。

4. NFT合规的引子

刚刚提到了NFT的"权利价值映射",接着就以"权利价值映射"为理论支撑,先来举两个案例作为摸索NFT合规的引子吧:

(1)在国际海运中,有种票据叫"提单",托运人将货物交付给承运的货轮后,谁持有"提单"谁就能向承运人提取货物,而在正式提货前,"提单"则可以经过无数次的流转,流转的标的就是货物本身。所以,这里的"提单"是一种物权。

(2)在大型的商事活动中,往往会用到"承兑汇票",承兑汇票也可以向提单一样进行背书流转,而流转的标的,则是向承兑银行或其他承兑方兑现的权利。所以,这里的"承兑汇票"是一种债权。

(二)NFT的法律本质

我们先来从近期热门的杭州互联网法院公布的国内NFT侵权第一案来看。法院一会儿认为NFT是"数字商品",一会儿又认为NFT是"作品上链的凭证"。同一个东西有两种截然不同的判定,问题就出在法院还是没有搞清楚NFT的法律本质是什么。

1. 狭义角度下的NFT只是一个技术概念

在谈论这个议题时,许多人会引用英文术语:"NFT,即Non-fungibleToken,非同质化代币。"然而,对于NFT的价值逻辑,我们又该如何理解呢?

一张图片为什么值9.9元？为什么换个场景又值99元？为什么突然某一天这张图片又被炒到了几百万元？巴菲特等一众大佬都曾经说过“价值投资”。那 NFT 的价值逻辑是什么？

是稀缺性？笔者认为不是，因为今天发个张三限量版，明天又可以来个李四限量版。

是不可替代性？笔者认为也不全然，因为今天拿个猴子当头像，也不妨碍明天拿个小狗当头像。

是炒作？这可能是个理由，但并不是一个长久的理由。

是共识？当五花八门、越来越多的 NFT 上链之后，大家的共识能支撑它的价格吗？要知道这些年来为比特币的共识价值买单的主要金主之一，却是那些不喜欢受到监管的产业，这一点是毋庸置疑的。

NFT 是什么？如果从狭义的角度来看，是很容易定性的，NFT 只是一种计算机技术的表述而已。

但如果从广义的角度来看，我们更应该关注的是 NFT 这种技术在不同应用场景下的价值。就像 C + + 、Java 等计算机语言一样，在不同的场景下产生的不同软件，会有不同的价值。

2. NFT 的财产说和凭证说（广义角度）

从广义的角度来看，NFT 并不能直接定义为是某一种财产权，还是某一种财产权的凭证，也不能简单地归类为物权、债权、知识产权抑或是其他权利中的一种。

NFT 本身是一项技术，确定如何运用，才能确定如何归类。就像石油一样，如果用来生产汽车燃料，是汽油的规定和标准；如果用来生产塑料制品，就是塑料制品的规定和标准；如果用来生产农用肥料，则是肥料的规定和标准。所以，NFT 还是应当根据实际运用场景进行分类。

如果 NFT 用虚幻4、虚幻5[①] 等建模引擎制作出来的3D 建模本身，然后将建模数据上链铸成 NFT。那么，这里的 NFT 就是财产本身。因为这里的 NFT 本质上是一种电子数据，而且是可作为其他主体的生产资料的数据。如果把数

① 虚幻引擎（Unreal Engine）是一款由 Epic Games 公司开发的实时三维创作平台。它是一种强大的游戏引擎，用于设计、开发和构建三维视频游戏，但也被用于电影和电视的虚拟制作、建筑可视化、仿真以及其他许多应用。

据看成细胞核,那 NFT 就是这份数据的细胞膜。本质上它还是一个细胞。所以,这里的 NFT 是一种电子数据类的财产。

但如果我们换一个场景。作家张三呕心沥血画了一幅“小鸡啄米图”,在养鸡圈十分具有影响力,小鸡们只要一看到这幅图就会拼命地吃,快速地长肉。为了商业变现,张三把这幅“小鸡啄米图”在养鸡场的使用权制作成了 NFT 智能合约,并且限量生成了 100 份,约定哪个养鸡场持有这个 NFT 就可以免费给小鸡看,否则哪个养鸡场挂了这幅图,张三的爸爸张律师就去找他维权。那这里的 NFT 其实就是张三著作权的授权凭证,是一种权利的凭证而已。

举个更直接的例子,就像你在某个连锁超市买了一张超市消费卡,你买到的不是这个卡本身,而是你向超市主张债权的凭证。

通过以上几个例子,相信你已经对 NFT 的法律本质有一定的认识了,也就是说在不同的场景下,NFT 既可能是财产本身,也可能是某一种财产权的凭证。

(三)为什么要区分 NFT 的法律本质

1. NFT 的法律本质直接影响商业逻辑

不得不说,目前的 NFT 主力玩家,大多数还是冲着币圈的造富神话来的。对于很多 NFT 的参与者或发行方而言,NFT 可能只是互相割一波韭菜就跑的热点。但如果你真的想在 NFT 行业中挖掘商业机会,实现商业价值的话,NFT 的法律本质,将会直接影响到你的商业逻辑。

如果围绕 NFT 的财产属性来开发产品,那么你应该围绕 NFT 的商品属性进行设计,注重 NFT 的专利申请或著作权登记,注重产品可能产生的侵权纠纷等。

如果围绕 NFT 的凭证属性来开发产品,则不用顾及太多,只需要在原有权利和义务的基础上,并注意链上的相关互联网规定及证券、票据类的相关法律规定即可。

因此,财产和凭证的定性,将直接影响到该 NFT 案件的法律适用问题,从而直接影响到案件的裁判结果。

2. 当前法律框架下建议优先围绕 NFT 的凭证属性展开

从 NFT 有限的发展史来看,以前的币圈主流沿袭虚拟货币属于虚拟财产的角度,认为 NFT 是虚拟财产;但从国家文物局相关会议,以及三协会的倡议的意思来看,NFT 更多地被认定为权利的凭证。虽然笔者个人认为未来的 NFT 既可以是财产,又可以是凭证;但从当前的法律框架而言,除一些特定场景外,笔者认为最好还是从权利凭证的角度进行铸造。

因为截至目前,关于网络虚拟财产的规定,仅有《民法典》第 127 条的规定:“法律对数据、网络虚拟财产的保护有规定的,依照其规定。”

第二节　数字藏品平台所涉的民事法律实务

一、法律政策解读

2022 年 9 月 18 日至 21 日,我们目睹了数字藏品行业发生的一系列重大事件。萤核艺术、幻海数创、华宇数藏、翼元 YY、柒艺数藏、幻升艺术等数字藏品平台,均遭遇了一系列挑战,包括退款要求、注销申请、业务暂停和转型等。这些事件不仅表明了这些平台面临的压力,也揭示了整个行业的不稳定和不确定性。

首先,数字藏品平台萤核艺术等公众号的退款和注销问题揭示了这些平台的经营困境。这些平台可能由于种种原因,如经济压力、运营问题或法规约束,被迫申请退款或注销。这无疑对他们的业务运营产生了重大影响,也对他们的长期生存提出了疑问。

其次,华宇数藏等平台的业务暂停显示了该行业的不稳定性。由于法规环境的改变,以及市场竞争的加剧,这些平台都面临着业务暂停的压力。这不仅对这些平台的持续发展构成了威胁,也为整个行业的未来带来了不确定性。

最后,幻升艺术等平台的业务转型凸显了该行业的发展趋势。面对当前的市场环境和挑战,这些平台被迫转变业务模式,以寻求新的生存空间和发展机遇。这表明,这个行业正在经历深刻的变革,未来的发展道路仍然充满了变数。

总的来说,数字藏品行业正在经历前所未有的变革和挑战。这些平台的退款、注销、暂停业务和转型等事件,都表明了行业的不稳定性和不确定性,也揭示了行业的发展趋势和未来方向。

二、案例分析

（一）国内首例“数字藏品NFT”侵权案的法律启示

马千里是一位漫画家，他创作了备受欢迎的动漫形象“我不是胖虎”。通过签署《著作权授权许可使用合同》，马千里授权奇策公司独家使用其系列作品。然而，奇策公司在杭州原与宙公司经营的数字资产交易平台上发现了一件名为《胖虎打疫苗》的NFT作品，售价为899元。这件NFT作品与马千里在微博上发布的插图作品完全一致。奇策公司认为，杭州原与宙公司的行为严重侵犯了他们享有的著作权，并给他们造成了经济损失。因此，他们向法院主张权利，并要求杭州原与宙公司赔偿10万元的损失。

本案例是我国国内首例涉及“数字藏品NFT”的法律争议，其在我国现行法律还未对“数字藏品”作出明确界定的背景下，成功确立了几项重要原则。首先，它为认定交易平台上上传的图像是否构成美术作品，提供了明确的标准。其次，本案也揭示了NFT数字作品的铸造及交易在法律上的性质。更重要的是，本案确立了NFT数字作品交易并不适用于权利用尽原则。最后，它还明确了数字藏品交易平台的性质，以及其在交易中应负的责任范围。

以此为依据，本案例为NFT数字藏品的司法审查提供了新的标准，成为具有学术参考价值的典型实例。其深度分析与详尽论证，无疑将对后续涉及NFT和数字藏品法律争议的处理提供重要指导。本案例对于解决新兴法律问题，特别是在数字艺术和区块链技术交汇的领域，提供了新的视角和解决方案，具有深远的学术影响和实际应用价值。

关于《胖虎打疫苗》一图是否构成美术作品的问题，根据杭州互联网法院（2022）浙0192民初1008号民事判决书的观点，美术作品不仅需要具备一般作品的独创性和可复制性这两个基本属性，还需要具有一定的审美意义。只要创作者将其对美学的独特观点在物质载体上以可视方式表现出来，并且符合最低限度的创造性要求，就可以构成美术作品。根据这一标准，涉案作品《胖虎打疫苗》展现了作者独特的个体表达，体现了一定的艺术美感，因此在著作权法意义上被认定为美术作品。

就NFT数字作品的铸造和交易的法律性质而言，可以从几个方面进行解析。首先,NFT 数字作品的铸造和交易涵盖了对该数字作品的复制、出售和信息网络传播三个方面的行为。NFT 以其独特的形式为数字作品赋予了“唯一性”和“稀缺性”,从而具备了一定的投资和收藏价值。因此,NFT 交易实质上是数字商品所有权的转移过程。其次,“数字商品”作为一种受法律保护的财产权益,NFT 数字作品的持有人享有排他性占有、使用、处分和收益等权利。NFT 交易模式本质上是以数字化内容为交易对象的买卖关系,购买者所获得的是一项财产权益,而非对数字财产的使用许可,也不涉及对知识产权的转让或许可授权。再次,发行权的核心特征在于作品原件或复制件的所有权转让。因此,未经权利人许可将 NFT 数字作品在第三方交易平台上进行出售的行为尚不能被归类为发行权的控制范畴。最后,NFT 数字作品通过铸造的方式在公开的互联网环境中提供,并且交易对象是不特定的公众。每一次交易都通过智能合约自动执行,使得公众可以在选择的时间和地点获取 NFT 数字作品。因此,NFT 数字作品的交易符合信息网络传播行为的特征。

综上所述,根据杭州互联网法院(2022)浙 0192 民初 1008 号民事判决书的观点,可以得出结论:涉案作品《胖虎打疫苗》构成了一幅具有审美意义的美术作品,而 NFT 数字作品的铸造和交易具有法律上的特殊性质。NFT 交易实质上是数字商品所有权的转移,NFT 数字作品的持有人享有财产权益,交易涉及数字商品的买卖关系,并非使用许可或知识产权的转让。同时,NFT 数字作品的交易行为符合信息网络传播的特征,即通过智能合约自动执行,使公众能够在选定的时间和地点获得这些数字作品。

(二)NFT 数字作品交易并不能适用权利用尽原则

在考虑 NFT 数字作品交易与权利用尽原则的关系时,有三个关键因素需要解析。首先,我们需要理解权利用尽原则在著作权领域中的适用范围和目标。其次,NFT 交易的特性和其潜在的挑战需要被充分探讨。最后,我们还需要评估信息网络传播行为在 NFT 交易中的影响。

首先,我们需要研究著作权领域中权利用尽原则的适用性。在这个领域,权利用尽原则通常被用作发行权的限制器,以防止非法的作品复制品出售,而不是约束合法售出的作品原件或复制品的使用、处置权利。然而,这一原则是建立在作品与其有形载体的不可分性基础上的,它依赖于对作品有形载体使用权利的规制,这样才能在物理空间和实际操作中进行控制。然而,网络的普及改变了作品的传播方式,使公众无须通过有形载体就能获得作品的复制品,这导致了作品有形载体无法在物理上转移。

其次,我们需要考虑NFT交易的独特性。在NFT交易中,持有人无须上传数字作品就能在同一交易平台或其他合作平台上进行转售。NFT数字作品的稀缺性和交易的安全性使得无成本、无数量限制的复制行为变得不可行。即使是合法获取NFT数字作品复制件的实体,其可以供进一步传播的文件数量也难以控制,这违背了发行权制度的本意,对于著作权人来说也不公平。

最后,信息网络传播行为在NFT交易模式下如何影响权利用尽原则的应用。在NFT交易中,不特定的公众可以在任何时间和地点获取NFT数字作品,这是典型的信息网络传播行为。然而,通过信息网络途径传播作品并不会导致作品有形载体的所有权或占有权转移,因此不会受到发行权的控制,这就剥夺了权利用尽原则的适用前提和基础。

因此,从以上分析中,我们可以看出NFT数字作品交易并不适用于权利用尽原则。

(三)确定数字商品交易平台的性质和责任边界

对于网络平台,如涉案的NFT数字作品交易服务平台,其性质的确立需要考量多种因素。这些因素包括NFT数字作品的特殊属性、交易模式、技术特质、平台控制能力以及盈利方式等。定义平台的责任范围,亦需要将这些元素融入考量。

在确立平台的责任时,涉案平台在该侵权事件中的过错态度是一个重要的评判标准。如果涉案平台对侵权行为有主观应知性质,那么它就存在过错责任。假设上传侵权作品的用户构成侵权行为,那么涉案平台作为新兴网络服务提供者就有义务进行审查。如果涉案平台在知道或应当知道网络用户侵犯信息网络传播权的情况下,未能采取有效措施及时制止侵权行为,那么该平台就存在主观过错。

因此,涉案平台应当承担帮助侵权的责任。通过以上分析,我们可以看出,对于提供NFT数字作品交易服务的网络平台,其责任认定需要根据其特定的业务模式、技术特性、控制能力和利润模式等综合因素进行,而在具体的侵权事件中,平台是否有主观过错,是否履行了审查义务,以及在知道侵权信息后是否采取了有效措施,也是判定其是否需要承担帮助侵权责任的关键。

（四）确定民事赔偿责任

依照《著作权法》第 54 条[①]之规定，对于损害赔偿的计算，法律机构应对区块链技术的特性进行充分的考虑。具体而言，这项技术保证了每一笔 NFT 作品交易的不可篡改性，确保了其可追溯性、安全性、透明性以及交易双方身份的真实性。因此，侵权利益在 NFT 数字作品交易中是可以被清晰追踪和确认的。

以此案为例，《胖虎打疫苗》作品的销售价为 899 元，且只进行过一次交易。理论上，侵权的利润应该在此销售金额的范围内。然而，由于双方都无法提供有效证据来确认此次交易的具体利润，法庭无法精确计算侵权者的实际利益。同时，奇策公司也未能提供充足的证据来表明其由于侵权行为所产生的具体损失。因此，法庭必须采取法定赔偿的方式来处理此案。综合考虑侵权作品的交易金额、公司的收费标准、奇策公司为阻止侵权行为所支出的取证费、律师费以及其他合理费用，法庭最终确定损害赔偿金额为 4000 元。

以上分析表明，法庭在处理 NFT 作品侵权案件时，必须对案件中的所有因素进行全面评估，以确定最公正的赔偿金额。同时，区块链技术的特性为侵权行为的查处和赔偿计算提供了有效的工具。

三、实务总结

（一）数字藏品业务中的法律风险

1. 知识产权侵权风险

数字藏品创作的特殊模式带来了知识产权侵权的潜在风险，这种风险在创

---

① 《著作权法》第 54 条：侵犯著作权或者与著作权有关的权利的，侵权人应当按照权利人因此受到的实际损失或者侵权人的违法所得给予赔偿；权利人的实际损失或者侵权人的违法所得难以计算的，可以参照该权利使用费给予赔偿。对故意侵犯著作权或者与著作权有关的权利，情节严重的，可以在按照上述方法确定数额的 1 倍以上 5 倍以下给予赔偿。权利人的实际损失、侵权人的违法所得、权利使用费难以计算的，由人民法院根据侵权行为的情节，判决给予 500 元以上 500 万元以下的赔偿。赔偿数额还应当包括权利人为制止侵权行为所支付的合理开支。人民法院为确定赔偿数额，在权利人已经尽了必要举证责任，而与侵权行为相关的账簿、资料等主要由侵权人掌握的，可以责令侵权人提供与侵权行为相关的账簿、资料等；侵权人不提供，或者提供虚假的账簿、资料等的，人民法院可以参考权利人的主张和提供的证据确定赔偿数额。人民法院审理著作权纠纷案件，应权利人请求，对侵权复制品，除特殊情况外，责令销毁；对主要用于制造侵权复制品的材料、工具、设备等，责令销毁，且不予补偿；或者在特殊情况下，责令禁止前述材料、工具、设备等进入商业渠道，且不予补偿。

作阶段就可能产生。数字藏品主要以两种方式产生:一是创作者利用数字技术和加密技术直接创作;二是在已有作品的基础上,通过数字技术和加密技术产生对应的数字藏品。

第一种情况,创作者直接创作出数字藏品,因此自然拥有其著作权。然而,第二种情况复杂许多,因为虽然数字藏品的创建者并不是原作品的著作权所有者,但他们在利用已有作品进行数字化处理时,必须获取原著作权人的全面授权,包括复制权、发行权和信息网络传播权,才能在区块链上进行复制、发行和传播。如果创作者未获得此等授权,就使用原作品创建数字藏品,那么他们的铸造、发行和交易行为均可能涉及知识产权侵权。

近些年,关于数字藏品知识产权侵权的案例已开始浮现。如 2022 年 4 月的“胖虎打疫苗案”,这是中国数字藏品领域的首个案例,由杭州互联网法院审理并作出公开判决。此案件的关键在于,涉案数字藏品是基于原创者创作的动漫形象“我不是胖虎”,而这个形象的全球版权是由原创者授权给原告 A 公司所有的。由于被告 B 公司在其“元宇宙”平台上销售这一藏品,原告 A 公司将其告上法庭,指控其侵犯信息网络传播权。最终,法院判决 B 公司立即删除涉案数字藏品,并赔偿 A 公司 4000 元的经济损失。

这一判决引发了一系列反思。只有 B 公司才会侵犯知识产权吗?事实并非如此,数字藏品的铸造者和发布者也同样涉嫌侵权。仅仅因为 A 公司在本案中没有对他们进行指控,并不能否定他们的侵权行为。他们在未经原创者授权的情况下,复制、铸造、发布和销售了数字藏品,已经侵犯了复制权、发行权和信息网络传播权。这种行为不仅对购买者产生了深远影响,而且让整个数字藏品行业的参与者警醒,意识到保护数字藏品所映射的底层作品的知识产权的重要性,推动平台方充分履行审查职责,增强各方之间的授权及时性和完整性。因此,虽然“胖虎打疫苗案”的涉案金额不大、案情并不复杂,但它足以为数字藏品业务参与者提供宝贵的法律启示。

2. 因平台方缺乏相关资质导致的违约风险

面对日益发展的数字藏品行业,平台运营者处于关键位置,提供区块链信息和技术支持,协助数字藏品的复制、发行以及传播等环节。在中国,根据法律规定,运营者需要满足相关备案和资质要求才能进行数字藏品业务。不同业务领域的资质和备案规定各有不同,其中主要包括以下几点。

首先，针对区块链相关要求，《区块链信息服务管理规定》明确了区块链信息服务提供者的定义和职责，即向大众提供区块链信息服务的主体或节点，以及给区块链信息服务的主体提供技术支持的机构或组织。对于数字藏品平台来说，他们是区块链信息服务提供者。服务开始的 10 个工作日内，他们需要向国家互联网信息办公室的区块链信息服务备案管理系统提交必要信息，完成备案。

其次，网络出版相关要求也应引起关注。根据《网络出版服务管理规定》的相关条款，由于数字藏品提供了具有知识性、思想性的文化、艺术、文学等领域的数字化作品，且具有编辑、制作、加工等出版特征，所以其属于网络出版物。而平台方提供的对数字藏品的编辑、制作、加工等服务也被定义为网络出版服务。因此，从事此类业务的平台方必须取得网络出版服务许可证。

再次，从电信业务相关角度考虑，区块链网络平台实际上也是互联网平台。如果平台方提供信息发布等服务，依据《电信条例》和《电信业务经营许可管理办法》等法规，他们需要取得增值电信业务 B25 类 ICP 证①。而如果平台方引入第三方商家并在平台上进行交易，则需取得增值电信业务 B21 类 EDI 证②。

最后，由于数字藏品常常涉及艺术品、文化作品等领域的创意资产和在网络上进行复制、播放、浏览、下载等活动，平台运营者需要根据《互联网文化管理暂行规定》取得网络文化经营许可证。如果平台上的交易涉及实物艺术品本身，还需要根据《艺术品经营管理办法》进行备案。如果涉及拍卖活动，还需根据《拍卖法》取得拍卖业务许可。

在实践中，我们需要根据特定业务内容和所属领域来判断平台运营者需要具备哪些资质，执行哪些备案程序。与那些资质或备案状况尚不明确的平台方或运营者合作，可能会引发运营者因资质不足而无法履行合同义务的违约风险。

从开发到销售的整个数字藏品业务链条，涉及多方之间的合同关系，例如平台方与销售方的委托合同，以及销售方与购买方的买卖合同。如果平台运营者因资质问题被监管部门停止业务，这就意味着数字藏品无法按时上线销售，或者

---

① B25 类 ICP 证（Internet Content Provider License）是由中国政府颁发的一种许可证，允许企业或个人在中国境内提供互联网信息服务。这个许可证是根据《互联网信息服务管理办法》进行管理和发放的。

② B21 类 EDI 证是中国政府针对提供电子数据交换（Electronic Data Interchange，EDI）服务的企业颁发的一类增值电信业务许可证。

即便上线也有被强制下架的风险。这将导致销售方面临无法按时交付或者无法交付的违约风险。因此,尽管资质和备案要求复杂,但了解和遵守这些要求对于保护自身免受违约风险十分重要。

3. 网络安全与数据安全风险

对于网络安全和数据保护法规的监管,以数字藏品交易为代表的业务中涉及的大量用户数据的采集、处理和存储无疑是关注的焦点。这类业务活动正在逐渐增加,地方性法规为之铺平了道路,从而规范了数据处理活动,确保了数据和交易的安全。2022 年 1 月 1 日,上海市开始实施《上海市数据条例》,此举意在保护与数据相关的权益,促进数据市场的发展,使数字经济更好地服务和融入新的发展格局。该条例覆盖了数据权益的保护、数据资源的开发和应用、数据交易和数据安全等方面。从这些立法行动中,我们可以领悟到,企业在遵守数据安全法规的同时,还必须遵守业务所在地的地方性法规。同时,希望发展数字藏品业务的城市也应在立法中考虑到数据安全。在发展数字市场时,也应出台适应地方发展特性的具体地方性规定。这样的地方性法规不仅能规范城市的数字藏品业务的发展,还能为交易行为提供保障。

随着我国对网络安全和数据安全的监管力度的不断增强,相关违法违规行为导致行政处罚的案例已经比比皆是。2022 年 7 月,国家网信办对滴滴公司涉嫌的八个方面的违法违规行为进行了立案调查。这些违法违规行为主要包括违法收集用户手机相册中的截图信息,过度收集用户剪切板信息、应用列表信息,过度收集乘客的人脸识别、年龄段、职业、亲情关系、打车地点等信息,过度收集乘客的精准位置(经纬度)信息,过度收集司机的学历信息,并以明文形式存储司机的身份证号信息,在未明确告知乘客的情况下分析乘客的出行意图、常住城市、异地商务/旅游信息,频繁索取无关的“电话权限”,以及未能准确、清晰地说明处理用户设备信息等 19 项个人信息的目的。这些行为违反了《网络安全法》、《数据安全法》和《个人信息保护法》。国家网信办对滴滴公司作出了 8026 万元的罚款,并对董事长兼 CEO 程某和总裁柳某各处以 100 万元的罚款。在数字藏品交易中,涉及大规模用户数据的采集、处理和储存无疑是网络安全和数据保护法律法规的监管重点。

4. 利用数字藏品进行投机炒作、洗钱等非法金融活动的风险

数字藏品的独特性及其在区块链上的不可篡改记录使其在金融市场中备受

关注,然而,这也带来了潜在的非法金融活动风险,包括投机炒作和洗钱。炒作者针对消费者对数字藏品的追捧趋势进行操控,通过人为制造市场动态,对这种独一无二的资产进行操纵。例如,一些币圈大佬以高价购买数字藏品的方式来制造市场热点,其实是自买自卖的行为。这种行为将受到中国对虚拟财产投机炒作的监管,并可能涉嫌诈骗等刑事犯罪。

此外,数字藏品的交易透明性以及其与 NFT 的结合,为非法金融活动提供了便利。数字藏品业务的支付手段通常采用虚拟货币,其匿名性特点使得洗钱行为很容易隐藏在看似合法的数字藏品交易之下。根据中国的法律,这种伪装犯罪所得或者其收益来源的行为将被视为洗钱活动。

虽然中国还没有专门针对数字藏品的法规,但由于数字藏品利用加密技术和分布式账户或类似技术,且以数字形式存在,因此其可能具有与虚拟货币类似的监管问题。如果数字藏品被用作货币进行交易,那么它将具有货币的属性,可能对中国的经济和金融秩序构成威胁,从而引发合规问题。因此,参与数字藏品业务的各方应以遵守中国的金融法律和监管政策为准则。

(二)忽视风险防范的法律后果

数字藏品作为文化产业的一部分,天生就与其有着深度联系,因此,无可避免地会受到关于著作权、信息网络传播和网络及数字安全等法律法规的影响与限制。这些法律法规不仅规范其操作行为,也对其设置了一定的界限。对此,必将会有专门的监督机构来进行有效的管理和约束。据目前的法律法规来看,任何对风险防控的忽视都将引发三重法律责任。

1. 民事责任方面

在民事责任的维度中,数字藏品的复制、铸造、展示以及销售等各个环节中,著作权的侵犯情况都有可能发生。一旦确定存在侵权行为,相应的法律责任就会落到侵权人身上,包括停止侵害行为、解决干扰、退回非法所得、弥补损失和消除不良影响等。在实践中,这些责任可能体现为移除侵权作品、中断与数字藏品相关的链接或者将侵权作品植入地址黑洞等。

值得注意的是,数字藏品业务往往涉及多方的参与和合作,一旦其中的任一方涉嫌侵权,可能会导致合同违约的法律问题。因此,侵权人在承担相应的侵权责任的同时,可能还需要面临因违约而产生的法律责任。这一点强调了在处理数字藏品业务时,各方应尊重和保护著作权,避免触碰法律红线,否则可能需要承担重大的民事责任。

2. 行政责任方面

在数字藏品行业,行政责任的具体内容会因业务的多样性而呈现差异。业务实践不仅要遵循民事合同法的约束,还必须符合行政管理的规章制度。如果违反了这些行政规定,将触发一系列可能的行政处罚。

电信主管部门在监管过程中有权对违反规定的网站进行强制性关闭。此类行为往往涉及违反电信管理法规的问题,而其结果可能导致整个网站的运营被停止。

与此同时,对于违反规定的网络出版机构或平台,出版行政主管部门或工商行政管理部门也有权进行取缔。这可能涉及违反出版法和工商管理法规的问题,该处罚可能会导致相关机构的权利被剥夺,以至于不能继续经营。

更严重的行政处罚可能包括吊销营业执照、吊销行政许可以及罚款等。这样的处罚不仅可能会导致企业或个体的经营活动中断,而且可能会产生重大的财务负担。

此外,有些情况下,对于违法行为产生的利润,行政管理部门还可能会进行没收,并且责令限期改正。这意味着,被罚企业或个体除需要承担可能的财务损失外,还需要在规定的时间内对其违法行为进行改正。

3. 刑事责任方面

传销的行为频频出现。更令人忧虑的是,这些售卖的数字藏品往往价值微乎其微,甚至没有价值。这些行径可能构成了诈骗和领导传销活动等刑事犯罪。在这种情况下,数字藏品行业的网络服务提供者(个人或企业)也可能触犯了《刑法》第 286 条之一的规定,即拒不履行网络安全管理义务。

此外,依照《刑法》第 217 条,未经版权所有者的许可,出于盈利目的对其文本、音乐、电影、电视、录像等作品进行复制和分发,若涉及大额非法收入或其他严重情节,也将构成侵犯版权的罪行。

重要的是,交易平台需要特别警惕。根据《关于办理侵犯知识产权刑事案件适用法律若干问题的意见》的规定,除销售外,利用网络传播他人的作品,或使用他人上传的侵权作品在网站或网页上提供广告服务并收费,都属于营利行为。此外,以会员制形式通过网络传播他人作品并收取会员费或其他费用,也是常见的营利方式。这些情况在交易平台的经营中比较常见,因此也容易引发法律风险。

（三）数字藏品的合规预判（采访复刻版）

数字藏品从2022年春节前后开始兴起，经历了大半年的野蛮生长。据非官方统计，目前市场上的数字藏品平台大概有500多家①，而且每天有新的参与者涌入这个市场。

卢爱芳：关于数字藏品，国家的政策究竟是怎么规定的？

郭志浩：关于数字藏品的政策，能说的很少。中国的数字藏品从2021年七八月阿里巴巴率先推出开始，到2022年春节前后数字藏品大军异军突起、突飞猛进，这可能跟2021年《九二四通知》有关，因为炒币、炒鞋、炒邮票的人都没去处了，都跑来炒数字藏品。

但毕竟时间很短，因为国家发布一个政策是会产生很大影响的，它需要时间。到目前为止，还没有一个正式的以国家部委名义下发的文件，但风险提示性的文件还是有的，仅仅提示大家有风险，谨慎参与，并没有明确哪些可以做，哪些不可以做。例如，福建某一个地区发了一个相关的文件，那也是只是区域性的，并不是全国性的政策。

但关于数字藏品的政策，可以说的又很多。4月13日，中国互联网金融协会、中国银行业协会、中国证券业协会联名发布了《关于防范NFT相关金融风险的倡议》（以下简称《四一三倡议》），五六月很多协会、行业联盟、联盟链密集推出了各自的行业标准、行业规范，这些意见本质上没有强制性，而且都是从各自的角度出发的。

而我想侧面从区块链或者虚拟货币相关的政策，来谈谈我对数字藏品未来政策的一些预判。

数字藏品、NFT最开始是从区块链行业兴起的，NFT的T是token的意思，token基本约等于coin。所以说，提NFT不提币，等于只提了一半，限缩很严重。

从币圈的政策来看，从比特币2009年诞生，到现在走过了13个年头。第一个政策是到2013年的时候，中国人民银行才出了一个关于提示比特币风险的通告，此后几个行业协会又出过几个风险提示性质的文件。

---

① 参见《截至2022年上半年我国数字藏品发行平台已超500家》，载百度网2022年10月25日，https://baijiahao.baidu.com/s?id=1747661749730635718&wfr=spider&for=pc。

直到2017年才发布了大名鼎鼎的《九四公告》,基本上奠定了币圈哪些事绝对不能干,比如说开交易所。当然在《九四公告》出来之后,也还有胆子大的还在做交易所。

2021年9月24日,中国人民银行又联合十个部门发了《关于进一步防范虚拟货币炒作和交易的通知》。那么这几个代表性的文件,基本上就把虚拟货币从诞生到现在的状态作了一个总体的规范。

从历史可以看出什么呢?首先我个人认为,数字藏品、NFT这个行业,未来大概率不会消失,但是会有一些强监管的政策出台,这是可以预见的。我估计可能在八九月甚至更快,一些政策就会出台,而且大概率也会偏向于风险提示这种性质。

因为从区块链的行业发展来看,国家其实还是挺鼓励的,只不过里边有一些过于金融化的表现,是国家要强监管的领域,有一些是被禁止的。从我的角度看,下半年国家性的政策肯定会到来。随着政策的出台,平台该关的关,该出海的出海,该留下的留下,这是我个人的观点。

卢爱芳:刚才你提到很多非核心的主管部门,比如协会、联盟之类的组织发了很多关于数字藏品的倡导或公约,能不能给大家捋一下,看看从中能否看出一些政策的导向?

郭志浩:可以分几类。第一类就是以行业为代表。一堆数字藏品平台组成联盟,约定一起遵守一些公约,如不做炒作、不做金融化、不发币;还有一些联盟链也发了一些公告声明,更偏向于二级市场的风险点,大部分是偏向于去金融化。

第二类以金融类的行业协会为主。比如《四一三倡议》就是他们发的,主要还是预防金融化。这类倡议对金融化做了绝对性的禁止,当然也会提到要大力发展国家的文化产业,但怎么发展文化产业又没有明说。

我们发现,这类文件不会去做很强的指导性,禁止性的方向可能会说一些,但不会有很明确的指导性,大家不要干什么,可能会说,大家要怎么干就不会太去说了。说出来其实也不利于行业的发展,你说只能这么干,那对行业的限缩性就太强了。

第三类就是文博类的主管机构。在《四一三倡议》之前,文物局发了一个会议通报,提出要支持数字藏品行业的发展,但也要预防一些行业的风险。

新闻出版署下边的一个实验室曾发了一个类似应用操作规范的指导性意见,提出了一些很实用的意见,但其把数字产品定性为数字作品。如果这份文件真的上升为未来新闻出版署官方的文件,那影响真的很大。

《著作权法》规定,作品有明确的著作权人,作品是有独创性的,是由自然人创造的。但现在的数字藏品大部分是复制品,不是自然人创造的,那你说它是作品吗?本身数字藏品就是 NFT 中很小的一个限缩,作品给数字藏品又作了进一步的限缩,说实话,我认为数字藏品也没什么可搞的了。

对于数字藏品的定义,从法院目前的一些判例来看,有的法院把数字藏品定义为虚拟财产,网络虚拟财产是《民法典》明确规定的财产种类之一。有的定义为链上凭证,链上凭证就是某一类东西的凭证,可以是实物,也可以是虚拟的物品,甚至是一些权益。

你会发现,大家都对 NFT 或者数字藏品做了一个有利于自己的解释或者倡议,包括文交所几次三番地想上 NFT 的二级市场。确实从法律角度来讲,文交所、知交所是最有可能上官方合法的二级市场,文交所也屡次三番地想上,但屡次三番被叫停,或者说再等一等。截至目前,也没有任何一家文交所正儿八经地把二级市场给开起来,说明国家对于这一块的把控还是很紧的。

这也是为什么我不太提倡平台开放二级市场,虽然很多人之所以买 NFT 就是因为二级市场,如果不开,可能就不愿意买了。但从合规的角度来看,这是一个短期利益和长期利益的考量。论短期利益,肯定是开二级市场会实现得快一些。但从长期角度来讲,如果真的政策下来要倒一批,大概率是有二级市场的那批平台先倒下。虽然现在数字藏品市场比较低迷,但是 NFT 这个行业还是可以好好地去发展的。

卢爱芳:上述不同主体对数字藏品的发声,你认为有哪些是比较可行的,哪些不具有操作性,哪些不合理?

郭志浩:这些倡议公约,我觉得有一点是值得肯定的,那就是在国内 NFT 想活下来,金融化是一个最直接的问题。

那么到底是要去金融化还是强监管?我个人认为,金融化最起码是应该受到强监管的,而不应该放任自由,完全让市场去自我调节,中国这个市场还没有达到这种成熟度。但目前各个行业的发声基本上都是完全地去金融化,从我个人角度来看,NFT 的 T 本身就是 Token 的意思,完全地去金融化是一个伪命题。

但为什么现在没有人敢提强监管金融,可能是求生欲使然。实际上,平台在做的事和发声完全相反,说的是去金融化,但实际上做的还是金融化。

所以我个人认为堵不如疏,区块链离开虚拟货币是不完整的,去中心化的激励措施就会失效,web3.0 或者说区块链的核心优势也无法得到最大化的发展。如果完全放任金融化的行为,肯定是不太符合我国的国情的,但是不太建议完全去金融化,这本身就是一个伪命题。所以我个人的看法是,未来几年可能会有对金融化的一些强监管,而不是完全地去金融化。

卢爱芳:不去金融化而是强监管,这会跟国家对虚拟货币的政策相违背吗?

郭志浩:去金融化这个问题是和虚拟货币相关的,虚拟货币未来的发展就是 NFT 未来发展的方向之一,所以咱们还是看回虚拟货币。

虚拟货币现在的政策性文件比较多,但目前没有明确的法律规定。在政策性的文件出台之后,大家会发现,金融化其实不是一个具体的法律术语,只是一个抽象的概括。国家目前出台的所有文件中,都有防止进一步金融化或者防止进一步交易炒作风险的提示,但是从来没有任何的明文政策规定,要绝对禁止虚拟货币的存在,这一点很关键。

但是为什么又没有完全放开?完全放开肯定是不对的。虚拟货币会在一定程度上挑战主权货币,也很容易造成资产的外流。从监管的角度来讲,是没有办法禁止虚拟货币的全球流通的。

回到数字藏品或者 NFT,数字藏品肯定有它存在的意义。即使是最基础的数字藏品 1.0 版本这种模式,也有它存在的基础,最起码可以做一些精神文化层面的创新创造和赋能。所以说数字藏品像虚拟货币一样,我个人感觉不会一棒子打死,如果不一棒子打死,多少还是要考虑金融化这个问题。

卢爱芳:但如果不去金融化,如何避免数字藏品被炒作导致的混乱局面,目前已经出现了有数字藏品价格暴跌投资者亏损的情况。

郭志浩:我刚刚多次强调,金融化不是一个法律概念。法律是上层建筑,也是一个底层标准。但法律里边没有对金融化作一个准确的定义,相关文件对于金融化的描述,出现最多的一个词就是炒作。好像炒作和金融化就是浑然一体的,好像炒作就是金融化,两者就算不能画等号,至少可以画个约等号。但是,炒作本身在法律上也没有绝对禁止。

炒作本身是市场经济的行为，恶意炒作哄抬价格，价格法可能有一些对于价格的规定，但是炒作并不等于就是违法行为，《关于进一步防范虚拟货币炒作和交易的通知》提示了炒作风险，明确了虚拟货币业务活动是非法金融活动，但也没有明确提到炒作应该承担什么样的责任。其实并没有一个定性，虽然一直在强调炒作风险，但从来没有任何一个文件说炒作就是非法的，是犯罪。

没有哪个文件说禁止金融化，禁止炒作，所以我才说未来有可能去以强监管的形式来重新看待金融化，有这么一个口子放在这，并不是说国家已经出台相关文件把它一棒子打死了。

只不过这个空间怎么去把握，现在大家需要去研究、去探索、去试错。

卢爱芳：你前面提到了文交所，现在业界公认二级市场会由文交所来开，而且已经有一些平台和一些地方文交所合作开了二级市场，这种做法合规吗？

郭志浩：很多人包括我自己也认为，文交所是数字藏品交易的一个合法通道，因为文交所本身就具备这样的性质，可以做文化艺术品的交易，一级市场、二级市场都可以做。而且中国所有带"交易所"字眼的平台或公司，都必须由省级以上的政府部门审批。

虽然文交所是一个合法通道，但是数字藏品平台想和文交所、知交所合作，这个通道出口并不好拿。

很多数藏平台最后的命运就是大浪淘沙，大部分估计都会倒闭，最后可能会留下几家，但这几家绝对都是有自己相当强的特点，才能在这个市场存活下来。到时候可能这几家平台就会和文交所、知交所这类性质的交易所进行深度的合作，或者说自己也拿到交易所性质的牌照，也不是不可能。

所以说强监管是我认为这个行业应该走的方向，而现在的各种倡议公告都看起来很好，但落地还有些难度。

虽然这些倡议公告中的内容确实能帮助收藏平台去做一个基础的合规，但我认为，它们依然还有些不足。

毕竟国家到目前为止也没有明确表示可以开放二级市场或者不可以开放二级市场。所以现在也很难说，一些数字藏品平台的做法合规与否，毕竟法律规定还很不完善。

卢爱芳：既然文交所是一个合规的渠道，和文交所合作之后还会有哪些风险？

郭志浩：和文交所合作之后会不会有风险呢？不代表没风险。有牌照绝对不代表合规，这是两回事。

文交所的性质决定了它是有资质的。从资质角度来讲，它是合规的，因为没有这个资质可能就直接构成非法经营了。当然现在还没有出台政策说二级市场就属于非法经营，没有这样的文件，但不排除未来可能会出。在这种情况下，文交所首先避免了这一点，它天生不存在非法经营的问题。也不存在开设赌场的问题，因为交易平台有可能会被认定为开设赌场。那么文交所从资质这个角度来说，避免了这些问题的出现。

但是，这不代表文交所能避免非法吸收公众存款、集资诈骗这样的问题，这和后期的审核也是有直接关联的。这也是为什么到目前为止，文交所还没有开始干二级市场，因为这个问题很难把握，很难拿捏，一旦造成连锁反应，究竟是文交所还是企业来担责？为了避免出现这样的连锁反应群体事件，文交所还没有开二级市场。即使未来开了，这也是他们要面临的问题，这是文交所在合规上的一个挑战。

卢爱芳：但据我所知，已经有文交所跟某些数字藏品平台合作了二级市场，还有的一起合作开了有二级市场的数字藏品平台。

郭志浩：这种可能是文交所表面上挂了个名字，把交易外包出去了。我所说的文交所自己本身正式来开通二级市场，目前应该还没有。很多家文交所，都一直很关心这个事情，甚至中间还开过很多对外的招商会，但截至目前也没有完全确定。

卢爱芳：关于数字藏品，政策如此不明朗，那些真心想创业做数字藏品的人究竟该怎么办？如何才能不错过这个市场的机会，同时又能保证安全性？

郭志浩：这就涉及 NFT 未来的发展方向。作为一个在区块链行业“泡了”多年的律师，我认为数字藏品这个定义已经把 NFT 这个行业作了极大的限缩，这个名字就不太利于这个行业的发展。

因为 NFT 本身既不是法律概念，也不是商业概念，只是一个技术概念而已。那么把这个技术概念在国内包装成数字藏品，想用数字藏品来规避掉 NFT 本身带来的风险，然后还想获取 NFT 带来的收益，我觉得本身就是此地无银三百两、掩耳盗铃。

这种做法肯定有它的局限性，就做不大。为什么现在数字藏品市场很低迷？

因为本身市场就没那么大,大家非得一窝蜂都挤进来,想把这个市场做大,这不太现实,不符合一个正常的社会运行逻辑。

NFT 行业的发展空间是很大的,只不过数字藏品这个小板块能做的事确实很有限,我个人并不是完全看好数字藏品这么一个小领域的发展。

卢爱芳:为什么不看好数字藏品的发展?

郭志浩:国内 NFT 可以分为三个层级或者说三个版本,数字藏品最多算是 1.0 版本,就是把 NFT 这项技术应用在市场里边,这是最狭义的一种方式。

1.0 版本有一个最大的问题就是,数字藏品不好估价和定价。1.0 版本卖的大部分是复制品,单纯的一件复制品,就和以前一幅画、一个手工品一样,在只有一件的情况下,你估一个价去卖不会出太大的问题,因为一件藏品也不至于构成非法吸收公众存款,顶天了是个诈骗。但这种东西一个愿打一个愿挨,一个买一个愿卖,大概率也不构成诈骗。

但如果大批量地进行数字藏品的发售,它的生产方式、艺术价值就很难估量。你说卖 9 块 9,我觉得铁定没什么问题。但如果卖 999 元或者 9999 元的时候,它凭什么值这么多钱?如果再批量生产 1 万份、10 万份,有的甚至夸张到 100 万份,你凭什么?这是什么逻辑?它没有任何逻辑,很容易构成非法吸收公众存款或者集资诈骗。

而且从购买人群的主观心态来讲,绝大部分人不是为了收藏,不是为了自我欣赏,是为了炒作。有多少人买数字藏品是为了收藏一辈子,再传给子孙后代的?既然是藏品,总得藏几年是吧。有多少是从 1 元涨到 1 万元,就立马想着要变现的?有谁明明知道它第二天有可能又掉回 1 元的情况下,在 1 万元的时候还不卖?你是真爱它还是真爱它的价值?绝大部分人关注的还是炒作带来的收益。

在这种情况下,平台是有非法集资的风险。卖 9 块 9 的,你很难去告它,因为你去微信里边买个表情包,它也值 9 块 9。但是它有 999 元的价值吗?不见得有。这是最大的一个风险。

NFT 行业如果想发展,最起码要到 2.0 版本。2.0 版本就是有一些权益价值映射在数字藏品里边,它不仅是精神层面的需求,还代表一些正常的商业需求。有人说 NFT 的诞生类似卖演唱会门票的思路,一个座位代表一个 NFT,因为每个座位都是不一样的。哪怕是同一排,左边和右边的价值都不一样,它的票价是一样的,价值确实不一样。

既然如此,为什么不把门票本身做成NFT来进行发售呢?门票是限量的,有稀缺性,也存在一些黄牛炒作的问题。当然我不太鼓励炒作,但是它确实和NFT很契合。那么在这种情况下,门票就是这一枚NFT的底层资产,作为它的底层价值依托,它不是空气。

一幅画发了1万份,这1万份复制品是不是空气?从我的角度来看,这就是空气藏品。空气藏品就是它没有那个价值,或者它不值这个价格,很容易被认定为非法吸收公众存款。那么2.0版本就解决了一个底层价值的问题,它的底层价值就放在那,就值这么多钱,只不过用了NFT的方式来更好地实现它的商业变现或者市场需求。

著作权路径其实也可以。著作权有17个子项,其中除了人身类的权利,财产性的权利是可以作为权益价值的一个映射的。著作权是可以评估价值的,只要好评估,价值就好说,你有价值,在发售的时候,价格和价值可以作一个对应。

可以把这种也归类为2.0版本,我认为未来NFT或者数字藏品想进一步发展,最起码也要做到2.0版本。1.0版本风险太大了,而且需求量不会很大。

然后3.0版本的NFT,我个人认为是自成体系、可以进行商业自洽的模式,它不是单纯地卖NFT。有一家平台,我一直认为它做得就挺好,它是社交加NFT的模式,卖的不仅是NFT本身,还在卖社交。当然社交可不可以拿来卖,可能会有一些不同的看法,但是它的这个思路已经走出了卖NFT的逻辑,我认为这种方式是可取的。

3.0版本是很容易实现的一个路径,但是又很难。很容易是说,大家可以找一些存在畸形利益分配的行业,这些行业的利益分配严重不均,严重依赖一些中心化的节点来进行利益分配,用区块链的思维、NFT的方式来打破它原有的利益链条,进行一个重构,这是NFT3.0最容易实现的一个路径。

为什么又说很难?因为找到这样的行业很难,要设计出一套打破它的逻辑更难。但如果NFT3.0能实现,是可以颠覆一个行业的。

我个人认为,1.0版本也好,2.0版本也好,3.0版本也罢,既然NFT是从区块链衍生出来的一个概念,为什么不去利用区块链本身的技术价值?

在我看来,区块链最大的价值就是利用去中心化的机制来解决信任成本。区块链是降低了商业体系中的信任成本,我们不再需要去信任一个中心化的超级节点来提供信用担保，不需要这种信用担保来实现它原有的交易模型。

我不需要相信任何人，只需要相信链上的信息，只要链上的合约逻辑可以自洽，合约内容是大家可以接受的。在这种情况下，才把区块链的商业价值发挥到最大。在这种基础上去做 NFT，这是这个行业最大的价值发挥，而不是单纯地只看到它 token 的一面。它其实不仅有 token，还有很多去中心化的价值。

卢爱芳：最近中手游推出了一个平台，它是跟版权链合作的，要求每一个上链的数字藏品必须在版权局获得版权，而且在卖给用户的时候界定清楚你究竟拥有哪些权益，这算不算是一个比较正规或者说比较可行的一个办法呢？

郭志浩：这叫著作权登记，这个是自主登记的，你不登记也有著作权，你登记了只不过是获得官方的一个认可，代表这个著作权在登记机关显示是你的。

中手游要求数字藏品必须有版权局的登记，的确是降低了平台的风险，因为只要看到你有这么一张登记证，至少从书面审查的角度来讲，就认为你拥有这个作品的版权。在售卖藏品给别人转授权的时候，平台就可以放心大胆地去卖。

界定用户的权益就是著作权的映射。单纯作为藏品收藏，你什么权利都没有，只能在平台上看，截图都是侵犯著作权。你如果想拿去做头像，是不是需要先把它下载下来，下载就是复制的一种，需要复制权。然后你想作为头像再发出去，就会用到信息网络传播权。这是著作权运用的一个过程，也是给客户赋能的一个过程。

第二种是著作权里有一些可以转授权的权利，比如明星演唱了一首歌，产生了著作权，这首歌的首次发行、展览，信息网络传播，他把这个权利转让给你。谁持有这个 NFT，谁就可以使用他赋予的这些权利，不需要经过明星本人的同意，做再次的授权。他可以规定你只能自己用，也可以允许你转让这个权利，让其他人来用。它既可以用于个人，也可以用于商业。著作权可以组合不同的模式来进行赋能，这也是 NFT 对作品进行二次赋能或者说主动赋能的一个方式。

卢爱芳：按照目前市场上的状况，针对平台、发行方、IP 方和投资者，你看到了哪些潜在的风险，需要提醒大家注意的？

郭志浩：我们从底层往上看。

从投资者这个角度来讲，最大的风险就是资金风险了，钱投下去就要做好风险的准备，因为有可能归零，或者腰斩。

对于一些搞社区运营的人来说，可能面临行政处罚的一些风险，比如操纵价格，因为喊单都是搞社区运营的这帮人在做，所以说社区运营要注意不要随便去喊单。

还有一个风险是非法利用信息网络，一旦某一天数字藏品的二级交易被认定为非法活动，就像虚拟货币业务活动被认定为非法金融活动，那么发布这样的信息就是非法利用信息网络，这是一个刑事罪名。

往上就是数字藏品平台了。

一级市场最大的风险就是非法吸收公众存款的问题，只要能解决了这个底层价值的问题，藏品要不就是单价很低，要不就是有合理的价值映射，其实它的风险还是比较低的，只要资质齐全，一级市场没有太大的风险。

二级市场的风险就比较多了。首先，有一些开了回购、退款的二级市场还是有非法集资的风险的。其次，有一些二级市场，运营团队为了扩大影响力，增加销量或者扩大平台的流量，会在群里引导变现，这种行为有可能会涉及开设赌场。最简单的例子，以前有很多游戏平台开设了钻石的这种变现回购，虽然不是直接回购，而是开一个第三方团队联合运营的，既卖又回购，然后去炒作价格，这就有开设赌场的嫌疑，这种全国有很多判例。

然后就是非法经营了。二级市场没有拿到合法的牌照，现在还好，毕竟国家还没有出现明确的打击政策，但一旦出现更严的监管政策，又没有拿到交易所的牌照，很有可能会被认定为非法经营。因为交易所属于专营业务，必须有省级以上人民政府批准授牌才可以经营。

另外，一些平台的开盲盒也是有一些争议的，只不过盲盒市场没有引起太大的社会影响，所以除了上海出了一些盲盒的条例，其他地方还没有作明确的规范。正常玩盲盒还好，有一些平台把盲盒这种玩法变相玩成了一些涉赌的游戏。这种情况下，又回到开设赌场的问题。

再往上就是联盟链这种技术提供方，联盟链有一个帮信的风险，如果平台明确构成犯罪，联盟链又提供了一定程度上的技术支持，而且这个技术支持又很关键。大家都知道，现在联盟链公司不仅有上链这一项服务，还提供一系列链上玩法的服务。一旦提供了这样的服务，就有可能涉及帮信，这是技术方为项目方提供服务最容易引发的一个风险。

再往上就是像文交所这种有国家牌照的主体，但是如果开展的业务活动在审查方面存在一些不规范的问题，也可能会产生风险。

卢爱芳:像 IP 方[①]、发行方,会有风险吗?

郭志浩:IP 方可以是发行方,IP 方也不一定是发行方,可以由平台方作为发行方来发行。这是很多平台方和 IP 方博弈的一个点。

很多平台说发行方是你,我只是你的工具,提供一个通道,发行利益大头归你,你给我交的其实只是一个服务费、手续费,这样把自己的责任作了最大限度的规避。很多 IP 方也比较聪明,它和平台方进行谈判,IP 给你授权,我只做授权,你来发行,发行、售卖都是一体的,我收的只是授权费。

这两种做法,发行方主体有本质上的区别,一旦未来出现风险,发行方是承担责任的第一主体。

卢爱芳:前段时间奈雪的茶发了个奈雪币,而且跟虚拟股票结合,这种玩法合规吗?

郭志浩:虚拟股票这一块,我认为风险很大。但是单纯发奈雪币这件事,其实我个人认为是没什么风险的,因为它和发 Q 币没有太大的区别。发币在国内甚至不是完全禁止的一件事情,因为没有任何一个法律规定说发币是违法的,只有代币发行融资(ICO)是违法的。

所以说,没有什么绝对的合法与否,法规出来之前都处于一个灰色地带。区块链行业截至目前也没有很明确的法律规定,说哪些能做哪些不能做,那自然就是一个灰色地带。但是灰色慢慢是可以变白的,也有可能慢慢变黑,怎么在黑和白之间做一个平衡,做一个方向的预判,这就需要专业的法律人士去做长期的判断和把握。

卢爱芳:直播间有人问免费转赠合规吗?

郭志浩:我个人认为,免费转赠的风险还是很低的。但并不是绝对没有风险,它的风险在于做数字藏品离不开社区运营,如果社区运营有一些不太到位的情况,有可能会认定为变相的开放二级市场。

卢爱芳:最后能不能给数字藏品和 web3.0 的创业者,从法律的角度给点建议和忠告?

郭志浩:web3.0 其实是一个新事物。不要说 web3.0 了,就连 web1.0 和

---

① "IP 方"这个词通常在中国的娱乐、游戏和文化产业中使用,是"知识产权方"(Intellectual Property Side)的缩写。

web2.0 互联网相关的法律规定都还不是那么全面，全球都一样，因为互联网发展得太快了，法律是滞后的。

在这种情况下，做 web3.0 最大的挑战就是合规的。而合规最大的一个挑战其实就是对未来的预判。什么能做？什么不能做？现在还没有法律规定，但一旦规定出来，不代表不会去追究既往的责任。比如《九二四通知》对挖矿行业的打击，《九二四通知》之前的也要追究。对于 web3.0 先行先试的这帮先驱们，我个人的直觉判断是二级市场不要轻易去触碰，这一块的风险是大于收益的。

第三节 数字藏品平台所涉的刑事法律实务

一、法律政策解读

(一)非法吸收公众存款罪

在数字藏品平台上，主要的刑事风险点在于涉嫌非法集资，这种风险主要出现在数字藏品的发行过程中。它是该平台所要面对的最大挑战，也经常是监管机构在对其进行调查时首先注意到的问题。

为了判断数字藏品平台的行为是否属于非法集资，需要评估其行为是否满足非法集资的四个基本特征：非法性、公开性、社会性和利诱性。考察数字藏品平台的实际运作模式，一般来说，这些平台往往未持有金融牌照，主要是通过公开的网络渠道，如微信等，向社会上不特定的投资者销售数字藏品。因此，大部分情况下，数字藏品平台的行为具有非法性、公开性和社会性三个特征。而最后的关键判断条件，即利诱性，就取决于具体情况的判断了。

(二)集资诈骗罪

在非法集资犯罪的分类中，集资诈骗罪与非法吸收公众存款罪均属其中。两者之间的主要区别在于，集资诈骗罪通常涉及非法占有的目标。法律执行机关在确定非法占有目标时，通常不仅依据行为者的陈述，而是更多地基于客观情况来推测行为者的主观目的，并结合行为者的陈述进行综合判断。

考虑到数字藏品平台的运营环境，若平台的行为显示出非法集资的迹象，并且出现以下某些行为，可能会被司法机关判断为存在非法占有的意图。例如，平台在短期运营后突然关闭;或者平台在投资者存款后,以各种不合理的理由限制投资者提款,甚至直接没收投资者的藏品;或者平台在销售时承诺将对藏品 IP 进行运营以增值,但实际上并未进行任何活动。此外,如果平台虚构藏品的增值前景,实际上只将销售金额的一小部分用于平台运营,其余则被运营者私自分配,导致投资者购买藏品后价值暴跌,也可能被视为具有非法占有的意图。

因此,如果平台的行为出现非法集资的特征,并伴随上述行为之一或多个,司法机关很可能会对其作出主观上具有非法占有目标的推定,从而可能会被判定为集资诈骗罪。

(三)诈骗罪

诈骗罪的特性,在数字藏品平台中显得尤为突出,对此,各个数字藏品平台应以严谨的态度予以深度关注。诈骗罪所包含的核心特征是,行为主体通过虚构情况或隐藏事实真相的方式,达到骗取他人财物的目的。

近年来,数字藏品平台的开设呈现逐步增多的趋势,然而,由于投资人数的有限性,新兴的平台必须进行更为激烈的竞争,以吸引投资者的注意力,提升销售业绩,并进一步获取交易手续费。其中,平台所采用的策略不仅在市场宣传方面展现出极高的积极性,也在推高藏品价格这一环节中表现得毫无顾忌,使用各种方式和手段。事实上,这些行为在很多方面已经满足了诈骗罪行为的特征。这一现象的出现对我们提出了新的挑战和问题,需要我们深入研究和讨论。

(四)非法经营罪

针对数字藏品交易平台的运营和数字藏品销售,当前的法律并未设立明确的禁止条款。其可能存在的刑事风险主要集中于投资者资金处理的方式上,尤其是在启用二级市场交易的数字藏品平台中。

在这些平台上,寄售投资者的模式被普遍采用。当涉及投资者买卖支付结算时,若平台携手拥有支付结算许可的第三方支付平台进行处理,那么大多数情况下,这并无触犯非法经营的疑虑。

然而,若平台利用其自身的公司银行账户,或者其控制下的个人银行账户处理投资者的买卖交易,情况可能会有所不同。这种情况下,平台通过自身的账户接收投资者的资金,形成了其自身的资金池。投资者在平台上的藏品买卖仅会引发平台账户内的资金流动。仅当投资者实际提款时,资金才会从平台账户转至投资者银行账户。在此模式下,平台可能涉及非法资金支付结算业务的行为,因此可能涉嫌非法经营罪。

(五)组织、领导传销罪

《区块链与虚拟货币犯罪趋势研究报告 2021》详尽地解析了涉及虚拟货币传销的犯罪模式,其中包含了交易平台模式、电子资产钱包模式、伪智能合约模式、实质性智能合约模式、云端挖矿设备模式、挖矿设备租赁模式、量化交易机器人模式、短视频营销模式、矩阵式分布式应用模式以及链游元宇宙模式 10 种鲜明的形态。

对于这些模式,一种尤为典型的例子是链游项目和游戏项目。在这类案例中,项目平台常常利用热门话题或借用知名项目的名义,吸引投资者的关注并引导他们进行投资。平台不断通过推高游戏代币的价值,以承诺高额回报的方式吸引更多的投资者参与。其实质是依赖投资者购买和使用平台的代币,以此来扩大资金池。这种行为被认为涉嫌非法传销,严重的情况下,可能构成组织、领导传销罪。

(六)洗钱罪

在《刑法》的第 191 条中,我们可以找到对洗钱罪的定义和详细解释。第 1 款第 2 项法规,详细描绘了一种行为,即利用各种方法将非法所得的财产转化为现金或金融票据。第 1 款第 4 项则是关于资金转移的,特别是指将资金转移到境外,而第 1 款第 5 项涉及使用各种方式来掩盖或隐藏犯罪所得及其收益的性质和来源。

这些法规条款可以适用于多种具体情况,如使用非同质化代币(NFT)平台进行数字作品的创建或交易。在这个场景中,犯罪者可能通过创建多个账户和进行多次交易,将非法所得的财产洗白,即将其转化为合法的现金。

在另一种情景中,犯罪者可能使用“翻墙”交易,即跨越国家或地区的网络防火墙,将非法所得的财产转移至境外。这种方式不仅掩盖了资金的来源,还使追踪和查处变得困难。

因此,这些《刑法》条款的解读和应用,对于理解和打击以数字货币、NFT 等新型方式进行的洗钱行为,具有重要的理论和实践意义。

(七)侵犯著作权罪

在知识产权领域,包括与 NFT 数字藏品平台相关的领域,侵权行为被视为严重罪行,尤其是对于涉及著作权的侵权。对于以营利为主导动机,并参与任一与著作权或其相关权利侵犯的行为，如果非法收益规模较大或存在其他严重情节，应对其判处不超过 3 年的有期徒刑，并附加罚金。如果非法收益巨大或存在特别严重情形，法律规定的刑罚可以提高到 3 年以上但不超过 10 年的有期徒刑，并附加罚金。

首先，未经原创者许可，对其文学作品、音乐创作、美术成果、视听艺术、计算机软件，以及法律和行政法规规定的其他作品在 NFT 数字藏品平台上进行复制、发行或向公众传播的行为，都被视为侵权。其次，擅自在 NFT 平台上发行他人拥有专有出版权的图书也属于侵权行为。

此外，未经录音和录像制作者许可，在 NFT 平台上复制、发行其录音录像制品，或向公众传播其制作的录音录像的行为，被视为侵权。同样，未经表演者许可，在 NFT 平台上复制、发行记录其表演的音像制品，或向公众传播其表演的行为，也构成侵权。

在 NFT 领域中，伪造他人签名的美术作品的制作、销售行为，也被视为侵犯著作权。最后，未经著作权人或与著作权有关的权利人许可，在 NFT 平台上故意规避或破坏权利人为其作品、音像制品等采取的保护著作权或与著作权有关的权利的技术措施的行为，也被视为违法行为，需要接受相应的法律制裁。

（八）销售侵犯复制品罪

在探讨那些选择对艺术家进行筛选并邀请其入驻的特定平台可能面临的问题时，我们不得不考虑销售侵权复制品罪的影响。这个罪名源于《刑法》第 218 条的规定。该罪行的关键特征在于违法者利用商业目的，销售他们明知是对他人著作权、专有出版权的侵犯的复制品。包括文字作品、音乐、电影、电视、录像、计算机软件、图书以及其他各类作品，甚至是假冒他人署名的美术作品，只要涉及大额的非法所得，就可能构成此类罪行。这个法律规定为平台上的各类艺术家创作提供了一定的保护，也对那些有意图侵犯他人权益的行为进行了明确的约束。

（九）非法集资罪

笔者发现某知名 NFT 数字藏品平台推出一项“原价退款保护”机制，具体而言就是允许消费者在 NFT 数字藏品开启转赠后 15 日内进行退款。

1. “原价退款保护机制”涉嫌非法集资

发行方和平台的初衷可能是“好意”的，但笔者认为该行为直接可能导致发行方和平台涉嫌非法吸收公众存款罪。

根据《最高人民法院关于审理非法集资刑事案件具体应用法律若干问题的解释》第2条的规定,“不具有销售商品、提供服务的真实内容或者不以销售商品、提供服务为主要目的,以商品回购、寄存代售等方式非法吸收资金的”应当依照《刑法》第176条的规定,以非法吸收公众存款罪定罪处罚。至于其他定罪的标准就更容易达到了,金额100万元、人数150人、直接损失50万元就够了。

数字藏品平台的生存其实一直处于灰色地带,原本大家都是“心照不宣”地在发行、销售藏品,不论把数字藏品定义为虚拟商品还是链上凭证,都没有明确的证据来很直接地认定销售没有底层价值依托的“空气藏品”属于非法集资行为。但“原价退款”的出台正好印证了变相非法吸收公众存款的事实。

同时,平台“最大化保护消费者权益不受损失”的描述,也间接反映出,发行方和平台也认为消费者购买这种限量发行在区块链上且不可篡改的数字藏品,是可能让消费者产生损失的。那损失是什么呢?为什么会认为有损失呢?几块、几十块、几百块的东西又能损失多少呢?笔者特别想知道发行方和平台方会如何回答公安的这些问题。

2.原价退款机制暴露了不具有销售商品的真实目的

为什么说“原价退款”会暴露不具有销售商品的真实目的主观故意?

其实大多数消费者购买数字藏品的真实目的都是奔着“造富神话”去的,不过并没有哪家平台会公开承认这一点。但随着开放转赠后15天内“原价退款”机制的放开,笔者相信,如果场外的“咸鱼”市场价格低于发行价的藏品,大概率会受到消费者的大量退款。而高于场外“咸鱼”市场价格的藏品,则不会有太多的退款行为。而这一数据正好印证了平台销售商品的真实目的和消费者购买商品的真实目的,都不是为了收藏本身,而是为了二级市场炒作带来的收益。

此外,承诺原价退款与法律原文中规定的承诺回购并无本质区别,因为不论是回购还是退款,在法律本质上讲,都属于对合同的解除。

3.退款流程由发行方进行,平台并不能必然免责

将退款流程推给发行方来进行,其实平台也并不必然能够免责。

首先,从销售款的分配机制来讲,退款不可能让发行方进行全额退款。平台大概率是要退还平台那一部分的,否则卖了1万个,但1万个全部退款了,那平台不是白白赚了一半的销售额,而发行方则贴了一半的成本进去。所以,商业逻

辑不通。

其次，从合同关系来看，消费者购买数字藏品，不论与平台和发行方是分开签的合同（用户协议、购买须知等属于合同条款），还是一并签署的，都有合同关系存在。且事实上也是通过平台购买，又通过平台退还的（该平台要求付款路径和退款路径一致）。而该"原价退款保护"机制，又是发行方联合平台一起推出的。无论从哪个角度来讲，平台都有直接或间接的主观故意和客观行为。

二、案例分析

近年来，数字藏品作为区块链技术的创新应用，火爆整个市场。然而，此类平台也引发了大量投诉，涉及购买不到账、无法提现、平台跑路等问题。河南商丘市公安局睢阳分局公布了一起数字藏品涉嫌诈骗案件，这是中国首个涉及数字藏品的刑事案例。8 名犯罪嫌疑人涉嫌在网络藏宝阁 App 平台上以出售虚拟卡通图片、承诺丰厚奖励等方式进行诈骗，涉嫌诈骗资金达 265 万元。涉案的网络诈骗平台是河南隆索网络科技有限公司创办的"meta 藏宝阁"。这个案件反映出在数字藏品市场中存在的风险，提醒投资者在涉及数字藏品等新兴市场时，要谨慎投资，提防诈骗。

数字藏品平台"meta 藏宝阁"涉嫌诈骗案的受害者反映，平台前期大肆宣传吸引用户购买数字藏品，后期却突然失联，购买的数字藏品已无法查询。其中一位受害者李先生（曾在多个平台购买数字藏品）表示，"meta 藏宝阁"的管理人员已经失联，与其他仍在运营的平台不同，"这是一个'卷钱跑路'的情况"。他投入了大约 1000 元购买"meta 藏宝阁"的数字藏品，但其价格一直下跌，手上的藏品无法售出，最后亏损了两三百元。

另一名受害者吴先生，他是通过推广群了解到"meta 藏宝阁"的。他被诱使投入了 1000 多元购买数字藏品，却发现价格持续下跌，平台也未进行干预。当他试图询问客服时，未得到任何回应，反而被平台管理人员从群聊中踢出。最终他发现，平台的内容已被清空，他购买的数字藏品已无法查询。这些事件揭示了数字藏品市场中存在的风险，需要相关部门加强监管，保护消费者的合法权益。

三、实务总结

1. 投资有风险,维权需分类

投资赚了都是自己凭本事,赔了就都是项目方的锅。这是绝大多数维权者的想法,要是抱着这种心态的话,那维权就不是维权了,搞不好还会涉嫌敲诈勒索。

所以,如果项目方在销售 NFT 的时候没有任何违规行为,特别是不存在欺诈、非法吸收公众存款等行为的话,就很难维权。

2. 受到欺诈或非法集资等可以维权

投资有风险,但这个风险应当是建立在公平诚信的基础上的,如果项目方一开始就是为了“割韭菜”的话,就另当别论了。

首先,如果你投资的 NFT 本质上并没有什么收藏或使用价值,或者换句话说,没有什么底层的权利价值作为映射的话(或价值严重不匹配)。那么,你购买到的 NFT 本质上讲,和空气没有多大的区别。

同时,如果大部分投资人购买这种“空气藏品”并非为了收藏、使用,而是为了投资获利的话,发行方和平台方的行为极有可能构成非法吸收公众存款。一旦构成非法吸收公众存款,发行方和平台方不仅要承担刑事责任,也要将非法吸收公众存款所获得的非法收入退还投资人。

此外,如果发行方或平台方为了销售 NFT 而进行虚假宣传的话,还可能会涉及诈骗罪或集资诈骗罪。毫无疑问,这种情况下,还是可以进行维权的。

第四节　数字藏品平台所涉的行政法律实务

一、法律政策解读

近年来,NFT 作品在艺术和数字收藏领域引起了广泛的关注。然而,随着 NFT 作品的发展,相关的运营合规要求也日益凸显。为了确保 NFT 作品的合法性和可持续发展,各国纷纷制定了一系列法规和许可要求。本部分将对 NFT 作品运营中涉及的合规要求和相关许可进行探讨。

（一）区块链信息服务备案

NFT 作品需要借助区块链技术进行上链和信息存储。根据《区块链信息服务管理规定》第 11 条的规定，提供区块链信息服务的机构应在提供服务后 10 个工作日内完成备案手续，并通过国家网信办的备案管理系统进行备案。违反备案规定的行为将受到相应的行政处罚。

（二）网络出版服务许可

NFT 作品销售涉及出版行为，因此，销售 NFT 作品的经营者需要依法取得网络出版服务许可证。未经批准从事网络出版服务的行为将受到取缔和罚款等处罚，并可能承担刑事责任。

（三）信息网络传播视听节目许可

对于包含 MV 或音乐歌曲的 NFT 作品，涉及互联网视听节目范畴。根据《互联网视听节目服务管理规定》第 7 条的规定，销售此类作品的平台需要取得广播电影电视主管部门颁发的信息网络传播视听节目许可证或履行备案手续。擅自提供互联网视听节目服务的行为将面临警告、罚款等处罚。

（四）艺术品经营平台备案

NFT 作品本身往往具备艺术品属性，因此，从事艺术品经营的平台需要在营业执照取得后 15 日内进行备案。未按规定办理备案的行为将受到责令改正和罚款等处罚。

（五）增值电信业务经营许可

NFT 作品的销售涉及电子商务活动，根据《电子商务法》的规定，销售方需要取得增值电信业务经营许可证，并进行 ICP 备案。未取得经营许可证从事经营性互联网信息服务的行为将面临责令改正、罚款以及关闭网站等处罚。

（六）增值电信业务许可（EDI）

如果 NFT 平台拟从事交易平台活动或撮合服务，还需要取得 EDI 许可证。未取得 EDI 许可证的行为将受到责令改正、罚款以及停业整顿等处罚。

（七）网络文化经营许可

未经批准从事经营性互联网文化活动的数字藏品平台将面临责令停止经营活动、罚款等处罚，甚至可能被列入文化市场黑名单，遭受信用惩戒。

（八）广播电视节目制作经营许可

若 NFT 平台从事拍摄、制作视频或铸造视频类藏品等广播电视节目制作行为,需要办理广播电视节目制作经营许可证。违反规定的行为将面临相应的处罚,包括罚款和可能的刑事责任。

二、官方文件支持数据交易不同于支持 NFT 数字藏品交易

2022 年,一份由中共中央办公厅、国务院办公厅联名印发的《关于推进实施国家文化数字化战略的意见》(以下简称 27 号文)引发广泛关注。NFT 数字藏品的相关从业人员看到部分内容后甚至已经有人开始欢呼“二级市场”全面开放的到来。但真的是这样吗?其实不然。

该文件中,提到了“搭建文化数据服务平台”,也提到了“提供文化资源数据和文化数字内容的匹配交易、支付结算等服务”并“支持法人机构和公民个人在文化数据服务平台开设数据超市,依法合规展开数据交易”。

人类总有一种惯性思维,容易因为知识储备的不足陷入认知局限。币圈的人在读到这一句的时候,立马就开始欢呼“虚拟货币交易平台”要合法化了,甚至有几个人在问笔者如何申请相关牌照。而 NFT 数字藏品圈的人在读到这一句的时候也在欢呼,NFT 的二级市场要开放了。然而,事实并不是这样。

2020 年 3 月 30 日,中共中央、国务院联合发布了《关于构建更加完善的要素市场化配置体制机制的意见》。在这份报告中,“数据”被明确标识为第五大生产要素。此项声明引发加密货币领域的广泛关注,许多人开始预测虚拟货币的合法化即将到来。然而,2021 年发布的《九二四通知》对这种乐观的预期进行了冷静的平衡。

2021 年 3 月 31 日,北京国际大数据交易所正式成立。币圈的人又在欢呼官方平台的虚拟货币交易要开始了。然后明确声明仅支持“数据”交易,而不支持“虚拟货币”交易。

所以,笔者再次提醒请各位币圈或 NFT 的参与者和从业者注意:数据是生产要素,是生产资料的一种。数据≠虚拟货币≠Token≠NFT≠数字藏品。不要搞混淆了,更不要被忽悠了。因为一旦出发的方向错了,努力和选择都将毫无意义。

三、文交所、知交所或许能和 NFT 碰撞出火花

除数据不等于 NFT 之外，文交所也并不是什么新事物。早在 2009 年，上海、深圳就先后成立了国家级的文交所。后来各地也先后成立了省级的文交所。但后来，不少文交所由于上架了许多资金盘、传销盘、"空气币"类的产品，被搞得焦头烂额，维权声音不断。这里面也不乏国家级的文交所出现问题。所以现在一些币圈资深参与者甚至有点谈"文交所"色变的感觉，因为文交所"暴雷"后，通常会导致整个交易所的产品被清查。然后导致交易平台上的其他产品也间接"暴雷"。上市不到 2 年就已经有部分文交所被叫停或主动宣布停牌。以致"文交所之父"都发出了"中国需不需要文交所"的灵魂一问。相对于文交所的陆续"暴雷"，知交所倒是低调得多。

不过，笔者认为，虽然 27 号文中的提到的数据交易、文交所等并不代表国家对 NFT 数字藏品二级市场的公开支持。但 NFT 发行方和持有者通过和文交所、知交所等正规（指有资质的）二级市场交易平台进行深度合作，或许是变相实现二级市场的一种方式。就像以荣宝斋为首的拍卖行们，都已经在试水 NFT 拍卖了一样。

毕竟 NFT 不像 FT 这类的虚拟货币一样被明确禁止，甚至《四一三倡议》还认可了 NFT 的存在。但要注意，NFT 的二级市场价格一定要和其底层价值有充分的挂钩，否则极有可能被认定为是恶意炒作。一家这么做可能只是处罚一家，大家都这么做，有可能这个行业就会被叫停了。元宇宙虽然期望去实向虚，但从国家的大方针策略来看更多的还是虚实结合，实业兴邦。

四、《上海市数字经济发展"十四五"规划》需要关注的地方

《上海市数字经济发展"十四五"规划》明确提及："支持龙头企业探索 NFT（非同质化代币）交易平台建设，研究推动 NFT 等资产数字化、数字 IP 全球化流通、数字确权保护等相关业态在上海先行先试。"

于是，不论是 NFT 数字藏品行业的企业，还是参与者，又开始在欢呼二级市场要来了。是的，从文件的角度来看，无疑是对 NFT 行业的巨大利好。虽然文

件没有提及交易平台建设的是一级市场还是二级市场,但结合上下文以及一些相关信息来看,笔者认为更多的是对二级市场的建设。但不要盲目的欢呼,请注意以下三点。

(一)只是支持龙头企业探索 NFT 交易平台建设

交易所类别的平台当前并不开放给一般民营企业。虽然许多专家对二级市场持有乐观态度,并积极鼓励民营企业“大胆尝试”,但笔者在多个场合强调过这一点。最近的一次是在 7 月 7 日的公开直播中,笔者提及自改革开放以来,二级市场并未全面对“普通民营企业”开放的历史事实。

因此,这次的尝试并不应引起普通民营企业的过度热情。若企业方对自身的定位存在疑惑,可以向上海的相关监管部门申请试点建设的资格。

至于广大的民营企业,笔者建议其积极探索 NFT 的 2.0 版本、3.0 版本,而不是在二级市场上纠结无果。

(二)先行先试并非免死金牌

对于“先行先试”这个词,不同的人可能会有不同的理解。但是,从历史的角度来看,“先行先试”并不意味着可以任意行事。

笔者认为“先行先试”的过程就像走钢丝一样,一旦开始就无法回头,成功了将成为独角兽,失败了则将步入深渊。因此,对于那些获得试点资格的龙头企业来说,重点应当考虑合规问题。这里的合规不仅包括现有法律的规定,也应该考虑未来行业可能出现的新法律规定或政策性、规范性文件。因为当前的每一步“正确”决策,都可能成为未来的“错误”。

(三)NFT 的金融化未来可能是强监管而不是“一刀切”

从上海的“十四五”规划中可以隐晦地看出,数字化、交易化,是主旋律之一。虽然没有提及开放 NFT 的金融化,但数字化二级交易背后带来的,是必然的金融化问题。笔者一直以来都很不支持对 Token 金融化问题的“一刀切”。

很多公司自称绝不金融化的背后,其实做的还是金融化的东西。很多联盟、协会等行业自律去金融化的背后,也收的是金融化会员的会费。其实,金融化并非绝对的坏事,大大方方承认,大大方方在法律允许的范围内开展,大大方方主动接受监管,同时监管部门也大大方方站出来对行业进行一些指导,也许也是好事。“掩耳盗铃”有意义吗?还是那句老话:堵不如疏。疏才是未来的方向,所以,大胆地进入 web3.0 的赛道吧,做好合规,未来可期。

五、三协会坚决遏制 NFT 金融化证券化倾向

2022 年 4 月 12 日,国家文物局组织召开数字藏品有关情况座谈会,会议明确要求:"文博单位不应直接将文物原始数据作为限量商品发售。"次日,中国互联网金融协会、中国银行业协会、中国证券业协会联名发布《关于防范 NFT 相关金融风险的倡议》,倡议消费者自觉抵制 NFT 投机炒作行为,警惕和远离 NFT 相关非法金融活动。

(一)肯定了 NFT 数字藏品的存在

在当下的区块链行业中,笔者最认可的就是 NFT 行业,因为 NFT 在当前的法律环境下是最具有完全合规的应用场景的。在《四一三倡议》的一开头,就提到"NFT 作为一项区块链技术创新应用,在丰富数字经济模式、促进文创产业发展等方面显现出一定的潜在价值"。这应该是 NFT 首次被正式写入协会这种"半官方组织"的文件中。

因此,我们可以从该倡议中,得出第一个结论:NFT 数字藏品行业,大有可为!

(二)明确"权利价值映射"是 NFT 的核心基础要求

"权利价值映射"是笔者最早提出来的概念,对于 NFT 数字藏品的定性,一直有"财产说"和"凭证说"的争议,但不论是财产还是凭证,都需要有权利或者价值作为底层的依托。这次倡议同样明确了这一点:"确保 NFT 产品的价值有充分支撑,引导消费者理性消费,防止价格虚高背离基本的价值规律。"

虽然《关于防范 NFT 相关金融风险的倡议》提到"保护底层商品的知识产权,支持正版数字文创作品",看似是将 NFT 数字藏品知识产权化,实际上笔者仍然认为 NFT 数字藏品可以是任何权利或价值的映射,针对笔者的这一观点,该倡议也并未禁止,只是提到了应当"真实、准确、完整披露 NFT 产品信息,保障消费者的知情权、选择权、公平交易权"。而这也是笔者曾经提到的防止 NFT 数字藏品恶意炒作(平台义务)的实现路径之一。

(三)遏制 NFT 金融化证券化

1.《关于防范 NFT 相关金融风险的倡议》首先否定了 NFT 将证券、保险、信

贷、贵金属等金融资产作为其权利价值映射的底层资产。其实这也不是无的放矢，本身证券、保险、信贷、贵金属等金融资产就是需要相应特许经营才可以从事的。

2.《关于防范NFT相关金融风险的倡议》要求“不通过分割所有权或者批量创设等方式削弱NFT非同质化特征，变相开展代币发行融资（ICO）”，针对这一点，其实《证券法》及其相关司法解释也早有规定，所有权等权益分割超过50份就将会被认定为“证券”，属于特许经营行业。但对于分割不超过50份的权益，笔者认为仍然是法无禁止即自由，结合NFT盲盒等玩法更贴合市场需求。

3.《关于防范NFT相关金融风险的倡议》呼吁不提供NFT交易的集中化服务，包括集中竞价、电子撮合、匿名交易、做市商等，且禁止持续挂牌交易和标准化合约交易等服务，从而规避非法设立交易场所的行为。对此，一些观察者可能会误解为二级市场的末日即将到来。这种观点既正确又错误，因为《关于防范NFT相关金融风险的倡议》的主要对象是三家协会的会员单位，而非所有平台。类似地，尽管三家协会禁止为虚拟货币交易提供结算通道，如同2023年5月18日中国互联网金融协会、中国银行业协会、中国支付清算协会发布的《关于防范虚拟货币交易炒作风险的公告》中所示，但这并不能直接得出虚拟货币交易本身是非法的（除非涉及非法业务活动）。因此，笔者认为，对《关于防范NFT相关金融风险的倡议》的理解应更为审慎。

笔者同时认为这一信息代表的是监管的初步表态，不过炒作不能禁止，未来民资主导的NFT二级市场交易平台，大概率也会被强制关闭，所以NFT二级市场交易平台建立合法合理的防炒作机制就变得至关重要。

4.《关于防范NFT相关金融风险的倡议》要求“不以比特币、以太币、泰达币等虚拟货币作为NFT发行交易的计价和结算工具”，虚拟货币不具有法币地位，老生常谈，一言以蔽之。同样，目前该《关于防范NFT相关金融风险的倡议》还是针对会员单位的，其他平台将之当成“风向标”即可。

5.《关于防范NFT相关金融风险的倡议》要求“对发行、售卖、购买主体进行实名认证，妥善保存客户身份资料和发行交易记录，积极配合反洗钱工作”，根据《移动互联网应用程序信息服务管理规定》《互联网群组信息服务管理规定》《互联网跟帖评论服务管理规定》《互联网论坛社区服务管理规定》《互联网用户账号名称管理规定》《网络安全法》等一众互联网相关的法律规定，实名认证、重要信息保存，早已是基础要求，这一点也是在提示 NFT 平台注意合规。

6. 最后《关于防范 NFT 相关金融风险的倡议》提到的“不直接或间接投资 NFT，不为投资 NFT 提供融资支持”也仍然是针对三家协会的会员单位的，不过这次比《关于防范虚拟货币交易炒作风险的公告》进步的是增加了“间接投资”，这让笔者以前说的漏洞得以补足。

第五节　NFT 数字藏品平台的合规化建设

一、刑事合规

自从 NFT 的概念被提出来后，有人说 NFT 是合法的，也有人说是不合法的，接下来将主要阐述 NFT 是否合法，以及 NFT 交易所合法化的必经之路。

首先，要说明一点：笔者所说的 NFT，指的是基于区块链技术的非同质化代币，也就是那些具有不可分割、不可替代、独一无二等特点的虚拟货币。而非某些平台中流通的那个名字就叫“NFT”的空气币，这两种东西是完全不同的概念。

（一）NFT 是否合法

NFT 合不合法，其实和虚拟货币合不合法的答案是一样的。笔者重申一遍自己的观点，即在现有的法律框架内，除了那些用于传销、非法集资等犯罪活动的空气币是没有价值的犯罪工具，正常的虚拟货币都属于虚拟财产的范畴，是受《民法典》保护的合法的个人财产。

（二）NFT 交易所是否合法

虽然早在 2017 年《九四公告》发布之后，火币等虚拟货币交易所就已经被明确定义为是违法的；但 NFT 交易所却真的算是“漏网之鱼”了，不然阿里巴巴和腾讯也不会贸然进入了。因为，NFT 交易所在取得相关许可备案的情况下，确实是合法的。

但这里也有一个值得注意的点，合规的 NFT 交易平台虽然是合法的，但基于 F · NFT 技术等将 NFT 代币均分的交易平台，则有很大概率是违法的。

（三）合法的 NFT 交易所应当取得的四类资质

目前市面上的 NFT 交易所大致分为了三种：第一种是以拍卖方式促成交易

的交易所；第二种则是以定价交易的方式进行 B2C [①]售卖的；第三种则是进行 C2C[②] 的交易撮合平台。

1. 只要是从事区块链相关的信息服务提供者，根据《区块链信息服务管理规定》的规定，都应当通过国家网信办的区块链信息服务备案管理系统进行备案。

2. 根据《电信条例》及《互联网信息服务管理办法》的明确规定，所有通过互联网提供服务的 NFT 交易平台均需进行 ICP 备案并取得 ICP 许可。值得强调的是，此处不仅涉及 ICP 备案，更需获得 ICP 许可证。为了便于理解，可以将 ICP 备案视为网站的身份证，而 ICP 许可证则可比作网站的营业执照。国家对经营性互联网信息服务实施 ICP 许可制度，对非经营性互联网信息服务则实行 ICP 备案制度。

3. 从 NFT 的实践来看，无论如何其都具有一定的类金融属性的产物。因此，NFT 的交易所也应当取得一定的金融营业许可。根据交易所性质的不同，大致可以分为以下三类：第一类是以拍卖形式存在的交易所，以拍卖的形式促成 NFT 交易的，自然需要拍卖相关的许可；第二类是以 B2C 定价交易的方式进行售卖的，可以电子商务的形式进行虚拟商品的销售，但以电子商务形式进行销售的必须是平台先行买断 NFT 后再进行售卖；第三类是以 C2C 的形式进行的，C2C 的经营是风险最大的一种，不过笔者认为可以在取得典当经营许可后，通过“典当”的形式以“绝当物”的方式进行销售。

4. 根据《国务院关于清理整顿各类交易场所切实防范金融风险的决定》和《国务院办公厅关于清理整顿各类交易场所的实施意见》的规定，为规范交易场所名称，凡使用“交易所”字样的交易场所，除经国务院或国务院金融管理部门批准的外，必须报省级人民政府批准；省级人民政府批准前，应征求联席会议意见。未按上述规定批准设立或违反上述规定在名称中使用“交易所”字样的交易场所，工商部门不得为其办理工商登记。因此，对于想要创建 NFT 交易平台

---

① B2C 指的是商业组织与个人消费者之间的交易。在这种模式下，公司直接向最终消费者销售产品或服务。这通常涉及零售交易，可以是在线或离线进行。例如，通过公司的网站直接向消费者销售产品就是 B2C 交易。

② C2C 则是指消费者与消费者之间的交易。这通常涉及使用第三方平台（如 eBay、淘宝等）进行交易，使个人可以直接向其他个人出售或交换产品或服务。C2C 平台通常提供了一个在线市场，让个人买卖者能够彼此相连。

的人来说，必须获得省级人民政府、国务院或其金融管理部门的批准。然而，至今还没有一家 NFT 交易平台获得这样的批准。这就意味着，如果现有的任何 NFT 交易平台使用了“交易所”的字样，那么就已经触犯了法律。为此，我们不禁要问，为何不使用“拍卖行”、“电子商城”或“典当行”等其他名称呢？这些名字不仅遵守了规定，而且同样具有吸引力。

需要明确的是，不能简单地通过签署“合同”来完成交易，线上交易方式，尤其是高频交易，常常难以避开 OTC 等相关监管。一旦被监管机构发现，就有可能被误判为进行实质性的连续竞价、电子撮合、匿名交易等行为，从而误解为违法行为。然而，线下进行协议交易则显然违背了 NFT 交易所设立的目标和交易习惯。若真需通过协议交易来进行操作，应当在设计所有交易环节时非常谨慎，力求在合法与合规之间寻找平衡。

二、注册合规

严格来讲，完全合规的数字藏品平台应该具备的资质包括：网络文化经营许可证、网络出版服务许可证、区块链信息服务备案、电信增值业务经营许可证、拍卖经营许可证等。但是鉴于数字藏品的特征和是否具有商业属性等问题，不一定均需具备上述资质。数字藏品行业目前仍处于探索阶段，没有统一的行业标准或规定，亦无强力监管，存在数字藏品平台为了节省成本，或规避无法取得某样资质而不能进行相应数字藏品业务的可能，或为逃避监管，选择不办理相应资质。

《关于防范 NFT 相关金融风险的倡议》中明确不为 NFT 交易提供集中交易（集中竞价、电子撮合、匿名交易、做市商等）、持续挂牌交易、标准化合约交易等服务，不变相违规设立交易场所。因此，数字藏品交易平台要清楚自身定位，不要提供数字藏品的集中交易，不要使用“交易所”等字样，谨慎开展二级市场交易流转。

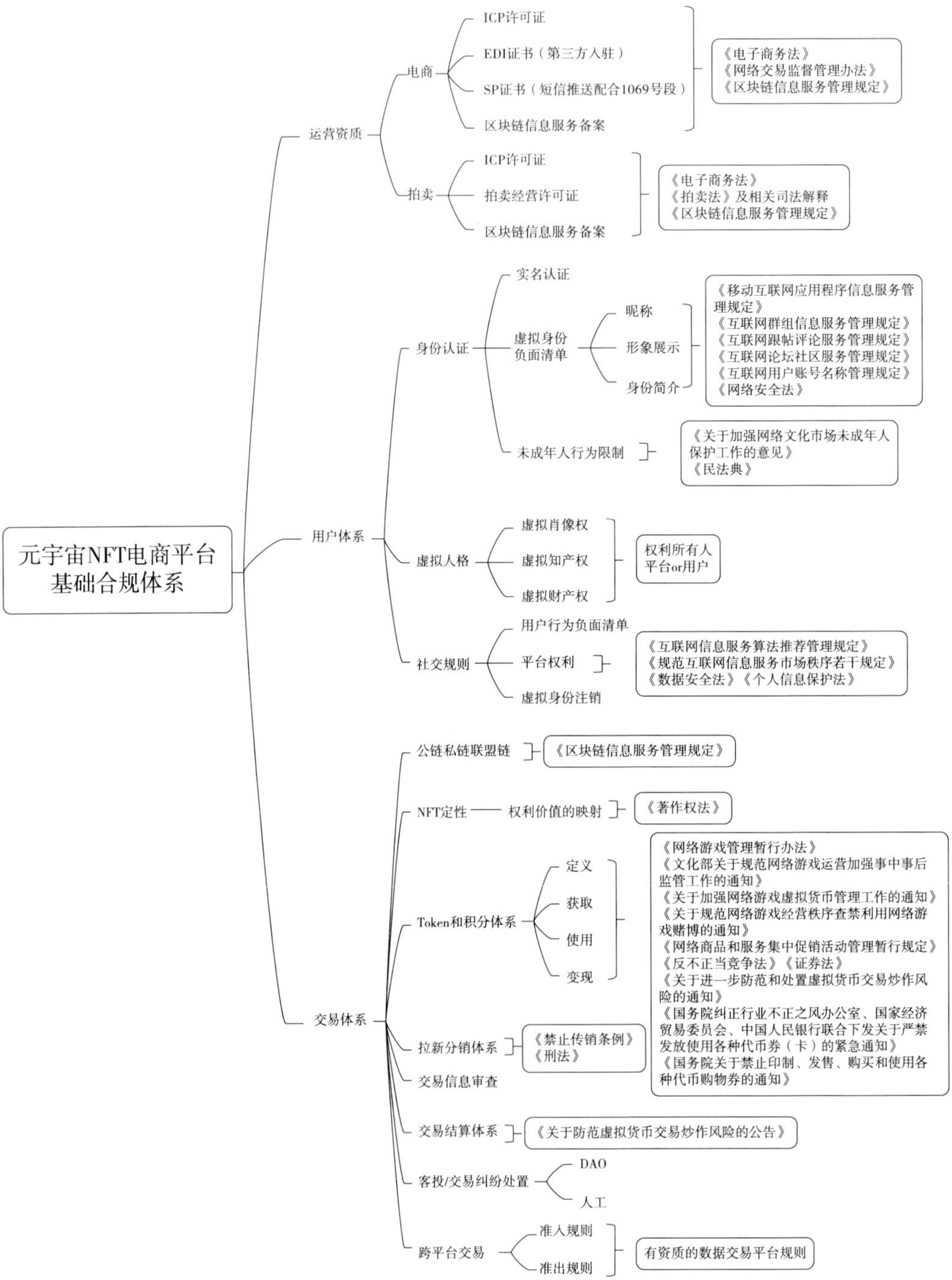

图 4－1　NFT 电商平台基础合规体系

三、监管合规

随着元宇宙和数字社会的日益发展，数字藏品作为其核心要素，在推进数字文化、构建数字身份和塑造数字秩序中扮演着不可或缺的角色。然而，行业内的混乱现象亟须通过有效监管与引导得以整顿，保障其合规、有序地发展，以实现行业的可持续性。对于数字藏品行业当前的发展状况，有以下三点具体的建议。

首先，应加强对平台法律责任的明确与落实。数字藏品发行平台，无论其来自互联网企业、传统文化行业，还是实体经济主体，都应秉持严谨的法律责任意识。为了避免在新兴产业发展中产生弯路，平台应精心设定数字藏品的发行量和定价机制，主动揭示并解决潜在风险。同时，平台需要坚决打击一切虚拟货币、欺诈炒作等违法行为，以及严格遵守与跨境数据、金融和隐私保护相关的国际和国内法规。

其次，应倡导并实现监管科技的广泛应用。面对数字化水平日益提升的各行业，法律法规的更新已无法满足实现合规发展的需求，数字藏品行业的健康发展更需要强大的监管科技支持。除了已经规定的行之有效的区块链信息服务备案管理，更应加速构建完善的公链、联盟链①和私链平台数字藏品交易现场监管机制，并实现"事前、事中、事后"动态监管能力的提高。同时，应构筑包含身份管理、平台交易、消费者权益维护以及监管惩罚机制在内的数字化监管体系，以此提升交易透明度、证据完整性，并加强网络执法的力度。

最后，应促进数字藏品行业准入标准的制定与实施。数字藏品行业作为一个融合了技术、文化和实体经济各领域参与者的新兴生态，其法规和制度建设尚未成熟。因此，行业参与者应深入贯彻数字文化发展战略，从历史经验和教训中吸取智慧，推广行业道德规范，积极探索和达成相关标准和规范的共识。此外，应提高行业准入门槛，增强数字出版物的发行审查机制，加强发行和交易平台的技术指导，建立针对数字藏品行业的安全能力指标。借助行业自律和法律保护，共同确保数字藏品市场中的交易安全、数据流动安全以及数字藏品内容安全。

---

① 联盟链（Consortium Blockchain）是一种区块链类型，介于公有链（Public Blockchain）和私有链（Private Blockchain）之间。联盟链的运作和控制涉及多个组织或实体的协同，通常用于特定的商业或合作目的。

第六节 NFT 数字藏品平台合规问题集锦

一、维权情况

（一）数字藏品领域的维权问题与法律监管缺位

在数字藏品领域，特别是与虚拟货币和区块链相关的法律实践中，维权行动的增加显然揭示了行业规制的紧迫性。

首先，从法律角度看，现行大多数的维权活动仅限于行政处罚的范围，并未触及刑事责任。这主要归咎于法律监管体系的不完善和法律缺位，导致即便有不当行为被发现，也很难受到相应的法律制裁。其次，对于所谓“空气藏品”①，大多数仅依靠市场操作和虚假宣传来维持。这种藏品的存在不仅容易引发群体性事件，而且在法律上很可能涉嫌非法集资。是否构成非法集资的核心判断标准之一便是这些藏品是否具有实质性的价值。特别是对于电脑一键生成且缺乏艺术观赏价值的项目，大多数应被视为没有价值。最后，关于数字藏品是否需要上链，也即是否需要用区块链技术进行登记，目前并没有官方的明确规定。尽管非替换性通证（NFT）通常被认为必须上链，但没有国家机关明确指出数字藏品必须上链才算合规。这在一定程度上增加了监管复杂性，也成为监管部门面临的一个挑战。

综合以上观察，数字藏品领域确实存在一定的规制空白和法律风险，这些问题亟须引起相关部门和社会各界的高度关注。特别是对于参与该领域的一些人群，其初衷往往并不纯粹，更多是出于投机或其他非法目的，这无疑加剧了行业的风险性和不可持续性。因此，建立完善的法律监管机制显得尤为重要。

① 此处的“空气藏品”，代指看似数字藏品但实际没有价值的项目。

（二）诈骗罪与非法集资在数字藏品领域的复杂关联

在数字藏品领域，非法集资①和诈骗罪②是两个经常被提及但又容易混淆的法律概念。按照法律准则，诈骗罪一般需要基于受害人因错误认识而处分财产。如果公司仅因未兑现“保本付息”的承诺被起诉，那通常更接近于非法集资的定义。然而，多数情况下，这些公司在筹集资金后便消失，导致无法执行任何承诺，从而更倾向于被定性为诈骗罪。这种现象也是目前维权活动层出不穷的重要原因之一。大多数公司并未公开宣传这些承诺，而是倾向于以“数字藏品”或“收藏品”的名义进行业务，有时甚至会通过第三方进行市值提升（“拉盘”）。这增加了在法律程序中确定公司与第三方市值提升活动之间关系的复杂性，也使公安部门在办案过程中面临诸多挑战。

虽然非法集资和诈骗罪在法律上有明确的界定，但在数字藏品领域，这两者的界限却变得模糊，其中涉及多层次的法律和伦理问题，包括但不限于承诺的兑现、公众误解和市值操纵等。这些问题不仅对现有的法律框架提出了挑战，也对相关的执法和监管部门构成了一定的压力。

（三）模糊宣传与维权难题

在数字藏品市场中，许多公司并没有明确地宣传他们的产品或服务，而是通过营造一种市场氛围来吸引消费者。这种模糊的宣传策略可能会引导公众在不完全了解情况的状态下参与其中，从而在问题出现时，很难找到明确的证据来支持维权行动。

这种营销方式本质上增加了确定责任方的困难度。因为在没有明确的宣传或承诺的情况下，法律责任变得模糊，从而给受害者提供了极小的法律支持。这也使得执法机构在追究相关责任时面临一系列挑战，包括但不限于证据收集的困难、定性问题的复杂性，以及与第三方的关系鉴定等。

---

① 《刑法》第 192 条规定，以非法占有为目的，使用诈骗方法非法集资，数额较大的，处 3 年以上 7 年以下有期徒刑，并处罚金；数额巨大或者有其他严重情节的，处 7 年以上有期徒刑或者无期徒刑，并处罚金或者没收财产。单位犯前款罪的，对单位判处罚金，并对其直接负责的主管人员和其他直接责任人员，依照前款的规定处罚。

② 《刑法》第 266 条规定，诈骗公私财物，数额较大的，处 3 年以下有期徒刑、拘役或者管制，并处或者单处罚金；数额巨大或者有其他严重情节的，处 3 年以上 10 年以下有期徒刑，并处罚金；数额特别巨大或者有其他特别严重情节的，处 10 年以上有期徒刑或者无期徒刑，并处罚金或者没收财产。本法另有规定的，依照规定。

二、一级市场和二级市场

(一)数字藏品二级市场交易与法规缺位

在当前数字藏品的一级市场和二级市场中,是否存在明确的法律和规章制度?答案是,在这一特殊领域,目前我国的法律体系尚未给出明确的指导和规定。现有法规主要集中在一些相对侧面的要求,如互联网平台的ICP许可[①]等,而并没有针对数字藏品交易作出专门的法律规定。

这种法规缺位为数字藏品市场留下了不小的操作空间,同时带来了相应的风险。事实上,正是由于这种不明确的法律环境,许多从事数字藏品交易的平台愿意冒险在二级市场上运作。然而,一旦有关政策或规范性文件出台,这些运营在灰色地带的二级市场很可能会面临重大调整,甚至被迫关闭。在当前这一特殊情境下,定义二级市场的性质成了一个相当复杂的问题。由于缺乏明确的法律定义或规范性文件,很难确定这些二级市场是否应当被视为交易所,并受到相应的法律监管。

(二)一级市场与二级市场在数字藏品交易中的盈利模式分析

在数字藏品交易中,盈利的主要来源是否在于二级市场?根据现有的数据和观察,确实如此:二级市场通常是这些平台盈利的主要途径。

在一级市场上,平台通常通过发售数字藏品赚取初次销售收入。这种收入相对较少,同时由于法律规定的缺失,这些交易相对容易解决,如通过退款等方式。例如,如果一个藏品在一级市场上的发行价格为99元,退款也通常是基于这一价格。相比之下,二级市场则提供了更多的盈利机会。由于藏品价格常常会被炒作到远超发行价的水平,这给平台提供了巨大的收益潜力。例如,一个原本99元的藏品,在二级市场上可能被炒作到数千元甚至更高的价格。

(三)数字藏品平台的主要运营模式

数字藏品平台的运营模式通常可分为两类,都聚焦在一级市场的销售活动。第一类是销售具有实物资产作为价值支撑的数字藏品。例如,购买一个数字藏

---

① 《互联网信息服务管理办法》第4条规定,国家对经营性互联网信息服务实行许可制度;对非经营性互联网信息服务实行备案制度。未取得许可或者未履行备案手续的,不得从事互联网信息服务。

品可能意味着消费者会获得一箱牛奶或一个小工艺品，这些实物资产的市场售价通常也在相应数字藏品的发行价附近。因此，即使这个数字藏品本身的收藏价值是有争议的，但它仍然具有一定的实物价值支撑。这种模式下，非法集资的风险相对较低，因为商品的价格通常被视为合理。

然而，第二类模式更为风险，即销售纯粹基于虚拟价值，甚至是像素级别的数字藏品。在这种情况下，所售出的数字藏品可能仅仅是一张几乎没有艺术加工的图片，甚至可能只是一个像素或几个像素组成的图像。这些数字藏品缺乏任何实物资产或其他形式的价值支撑，因此更容易引发非法集资、集资诈骗等法律问题。

（四）数字藏品收藏价值的缺失与法律风险

在一级市场上，部分数字藏品往往缺乏明确的收藏价值或实用价值，而消费者购买的主要动机并不是为了收藏或投资，而是出于炒作和期待升值。这种现象在法律层面上进一步复杂化了非法集资和其他刑事责任的定义。价格较低（如 9.9 元）的数字藏品虽然看似无害，但当其售价涨至几百元甚至几千元时，这种缺乏实际价值支撑的产品很可能会被认定为非法集资或其他形式的刑事犯罪。特别是当这些高价产品的主要购买动机不是为了收藏，而是为了炒作和升值时，其合法性问题就显得尤为紧迫。

进一步来说，在二级市场上，平台主要通过收取交易手续费来实现盈利。手续费通常占交易总额的一定百分比，如 10%。因此，平台有动机鼓励用户进行频繁的买入和卖出活动，以最大化其收入。这种模式也相应地增加了监管难度，因为它可能诱导过度交易和市场操纵行为。

（五）数字藏品平台的最大法律风险

相较于一级市场，二级市场的法律风险更为突出。一级市场中的风险通常仅局限于虚假宣传、非法集资或非法经营等问题，且一般不会引发大规模的法律问题。特殊情况下，执法机构可能会介入，但这通常是在出现极端情况的前提下。然而，在二级市场中，法律风险更为复杂和普遍。一个主要问题是，目前尚无明确的法律或规范性文件定义二级市场是否属于交易所的范畴。如果被认为是交易所，运营者就可能面临非法经营的罪名，因为未经授权擅自设立交易场所属于非法经营活动。此外，一些平台可能没有取得必要的经营许可，如

ICP 和 EDI[①],这也构成了非法经营。

正是由于这种模糊性和不确定性的存在,使各地执法机构在处理这类案件时态度各异,有的认为这是明确的非法经营,有的则持更为保守的态度。除非法经营外,二级市场也可能涉及其他罪名,如虚假宣传和诈骗。

(六)大型平台在数字藏品与二级市场的合规挑战:以阿里巴巴与腾讯为例

在数字藏品市场的合规性方面,大型企业如阿里巴巴、京东和腾讯表现出显著的谨慎性。以腾讯为例,其曾推出的幻核平台已经完全撤销,并完成了用户退款处理。这一事件预示着大型企业在面对行业合规性方面的复杂性和不确定性时,更倾向于采取保守的策略。

阿里巴巴旗下的鲸探平台面临一个特殊但有待关注的问题:其提供的“转赠”功能可能存在合规隐患。这一功能允许用户在 180 天内转赠数字藏品,但也可能被不良分子利用来实施不合规的炒作。尽管阿里巴巴自身并未参与这类活动,该企业有可能因此成为社会舆论或法律责任的对象。阿里巴巴虽可推脱责任,但其道义责任和企业社会责任不可忽视。

这一问题的核心在于,企业可能会在销售数字藏品以获取收入和遵守行业合规性之间面临困境。尤其当销售收入达到上亿元的规模时,企业可能更愿意冒一定的合规风险。阿里巴巴也在拍卖平台上进行了 NFT 交易,但这一部分相对合规,只要起拍价设定合理,并且交易过程中正常交税,一般不会面临重大法律风险。因此,大型企业在数字藏品和二级市场的运营中,面临多重合规挑战。这些挑战不仅涉及法律风险,还涉及企业社会责任和品牌声誉。

三、数字藏品平台暴跌

(一)数字藏品市场波动性的经济机制

数字藏品市场的波动性可以视为一种典型的资产泡沫现象,其演变过程具有明显的周期性特征。与其他投资热点,如炒鞋或加密货币,有相似的市场行为。在数字藏品市场火爆的阶段,由于资金和需求的迅速集聚,市场价格呈上升

---

① “EDI 许可”通常指的是对于使用 EDI 技术或软件的授权。在一些情况下,特定的 EDI 解决方案或标准可能受到专利或版权的保护,因此企业或个人需要获得适当的许可或订购服务,才能合法地使用这些技术进行数据交换。

趋势。然而,这种上升并非基于资产本身的内在价值,而是基于对未来价值上升的预期。当市场到达某一饱和点或者说是极值,投资者开始集中性地出售资产以锁定收益,市场便可能出现供大于求的现象,从而导致价格暴跌。这种下跌又进一步触发更多投资者的恐慌性出售,形成恶性循环。最终,市场可能会陷入一种"连跌到底都没人买"的极度低谷状态。

值得注意的是,这一市场现象并非单一或偶发,而是多因素综合作用的结果。首先,市场上的资金总量是有限的,当大量资金涌入一个相对小众的市场,容易导致价格泡沫。其次,由于数字藏品市场相对较新,缺乏成熟的市场规制和投资者教育,更容易出现非理性行为。综合考虑,数字藏品市场的波动性是结构性因素(如资金供需关系)和心理性因素(如市场参与者预期)共同作用的结果。

(二)数字藏品市场资金操盘与市场操纵的内幕

在数字藏品行业中,资本操盘现象确实普遍存在,并且具有明显的影响力。成功运作的大型平台通常与庞大的资本力量有密切关联,通过平台自身进行资本运作,或者与第三方资本合作,以影响或操纵市场价格和交易量。这种资本操盘不仅可能改变市场供求关系,进而影响价格走势,而且可能导致一系列连锁反应,包括投资者情绪的波动、市场预期的不稳定,甚至可能触发监管风险。更进一步地说,这种操纵活动可能引发伦理和合规性的问题,包括但不限于市场操纵、信息不对称和不公平交易。

资本操盘现象强烈地体现了市场非理性因素对价格和交易行为的影响,这需要综合运用包括行为经济学、金融学以及法律学在内的多学科知识来进行全面分析。这种资本操盘的存在不仅挑战了传统的市场有效性假说,而且对监管机构提出了更高的要求,需要建立更加健全和精细化的监管机制,以确保市场的公平、透明和稳定。

(三)数字藏品市场与股票二级市场:交易模式与资本操纵的比较

数字藏品市场的交易模式在某种程度上与股票的二级市场具有相似性,特别是在对手方交易模式上。这种模式在不同类型的金融市场,如股票、期货等,都是普遍存在的。然而,需要注意的是市场规模与操纵所需资金量之间的关系。在较大的市场,如股票或期货市场,资本操纵通常需要巨大的资金投入以达到有效的市场影响。与之相比,数字藏品市场由于其相对较小的市场规模,相对较少的资金便能产生显著的市场影响。具体来说,几百万元的资金在小型的数字藏品交易平台上便有可能实现对市场价格和交易量的有效操纵。

这一现象提供了一个有趣的研究视角,即如何量化和理解不同市场规模对资本操纵可行性的影响。这进一步引出了对市场微观结构、交易成本以及信息不对称等方面的深入探讨。因此,虽然数字藏品市场与传统的股票二级市场在交易模式上有一定的相似性,但由于市场规模和资本操纵的复杂性,两者仍有明显的区别和独特性,值得进一步的学术研究和政策关注。

四、对 NFT 的立场

(一)NFT 技术的潜力与误区

笔者的立场在数字藏品和 NFT 方面是相对复杂的。笔者非常赞赏 NFT 技术在实体经济中的潜力,特别是其在防伪和溯源方面所提供的先进解决方案。这些应用场景有着明确的技术逻辑和社会价值。

然而,笔者也观察到目前数字藏品市场存在一个显著的偏见,即过度强调其作为投资工具的功能,而忽略了其在艺术、文化和技术方面的多维价值。这一现象在某种程度上扭曲了 NFT 和区块链技术的初衷。值得注意的是,中国目前致力于管控虚拟货币的炒作行为,相关行业协会,包括银行业协会和基金业协会等,在 2022 年 4 月发布了《关于防范 NFT 相关金融风险的倡议》[①]。此倡议明确呼吁避免数字藏品市场的过度金融化,以维护其作为文化和艺术载体的本质属性。

遗憾的是,不少企业目前依然倾向于将 NFT 作为金融产品来推广,这无疑加剧了该领域的风险,并可能导致更多不明真相的消费者和投资者遭受损失。更糟糕的是,这种金融化的趋势在某种程度上遮蔽了 NFT 其他应用场景的视线,进一步强化了其作为纯粹投资工具的误解。

(二)探究数字藏品市场“割一波就跑”现象

数字藏品市场正处于一种高度动态且风险性较大的状态。其中一个令人担忧的现象便是一些投资者在藏品平台内部明确表达的“割一波就跑”意图。这

① 2022 年 4 月,中国互联网金融协会、中国银行业协会、中国证券业协会联合出台的《关于防范 NFT 相关金融风险的倡议》,该文件中提到“不为 NFT 交易提供集中交易(集中竞价、电子撮合、匿名交易、做市商等)、持续挂牌交易、标准化合约交易等服务,变相违规设立交易场所”。

种行为模式代表着一种短期、投机的心态，其后果不仅可能导致市场波动加剧，还有可能引发更广泛的信任危机。这种现象实质上呼应了一种“最后下车”心理，即投资者都在寻找最佳的退出时机，以实现最大化的收益。然而，这也意味着市场处于一种“赢家通吃，输家全输”的零和状态。在这种环境下，投资者的短视和贪婪可能进一步加剧市场的不稳定性。

该现象的出现不仅是数字藏品市场结构问题的一种体现，还揭示了市场监管的不足和投资者素质的不均。因此，除了对此类不良行为进行严格的法律制裁，还需要在更广泛的层面上加强对投资者的教育和指导，特别是在风险识别和资金管理方面。

（三）数字藏品市场中短期暴利心态与商业模式的冲突

在数字藏品或 NFT（非替换性通证）市场中，一个令人关注的现象是参与者初衷的多样性和动机的偏离。部分参与者进入这个市场并非出于对技术或藏品价值的认同，而是基于迅速实现财务收益，甚至具有违法犯罪的意图。这种暴利心态从一开始就可能导致整个行业或市场方向的扭曲。

在笔者个人的经验中，有几家从事 NFT 或数字藏品业务的客户尽管在技术层面具备一定实力，但由于他们更多地关注藏品或技术的内在价值，而非短期的投机行为，这些企业在市场上难以生存。这反映了一个行业现实：当市场被投机心态主导时，那些真正致力于技术和价值创新的企业会面临巨大的生存压力。

（四）NFT 市场中的“劣币驱逐良币”

“劣币驱逐良币”这一经济学概念在当前的 NFT（非替换性通证）市场中得到了显著的体现。原本作为一种具有潜在正能量的技术和文化创新，NFT 在被过度投机和炒作之后，其内在价值和应用前景遭到了普遍忽视。这种市场环境导致那些真正希望通过 NFT 实现文化或技术价值提升的参与者，变得相对边缘化。

这一现象的出现并非偶然，而是市场机制和社会心理因素的复合作用。首先，过度的炒作行为削弱了市场对 NFT 多元价值的认知，导致大众对其仅仅作为一种投资工具进行关注。其次，在这样一个被短期利益主导的环境中，企图长期投资或进行价值创新的行为自然会受到冷遇。

五、数字藏品平台监管

(一)数字藏品行业的未来和政府监管

随着数字藏品行业经历了一轮炒作和淘汰,政府监管的必要性和时效性成为一个值得深思的问题。从宏观的角度来看,一些地方政府已经开始思考如何对这一新兴行业进行规范和监管,然而,根据现有的市场动态,这样的监管措施可能已经来得相对较晚。因为根据多方面的观察和数据分析,这个市场本身已经出现了自我冷却的现象。这一现象或许暗示着市场经济自我调节机制的作用,但绝非意味着监管的必要性被削弱。相反,这更加强调了政府应当在新兴市场尚未完全成熟或者尚未形成稳定规模之前,就应进行适度的法律和政策干预。这样不仅可以避免市场的极端波动和相关风险,也有助于引导行业沿着更为健康和可持续的方向发展。

因此,尽管数字藏品市场可能正经历自我调整和冷却,但这并不减轻政府在制定相应监管政策方面的责任。事实上,这是一个加速推动综合性、多层次的监管框架建设的良机,以确保该行业未来的稳健和长远发展。

(二)新生事物、地方政府与监管滞后

新生事物或新兴行业的发展往往呈现出一种“野蛮生长”的模式,即在政府监管介入之前,这些行业或事物经常会经历一个相对混乱和不受约束的发展阶段。对于这种现象,有必要从多个角度进行解读。

首先,从法律和政策角度来看,监管常常具有滞后性。这不仅因为成文法体制内法律的更新和修订需要时间,而且因为政府决策者需要一段时间去观察和评估新生事物的影响。因此,当政府开始介入时,很可能这些新生事物已经经历了一段不可逆转的发展阶段。其次,地方政府的角色也值得深入研究。地方政府有时会对新兴行业或事物给予大力支持,以促进地方经济的发展。然而,这种支持有时会缺乏对新生事物潜在风险和不确定性的充分考虑。

在这些因素的共同作用下,不仅造成了新生事物发展的不稳定性,也加大了政府监管的难度和复杂性。因此,在面对新生事物或新兴行业时,政府不应仅仅作为一个后来者进行干预,而应该更加主动地参与其中,实施早期的风险评估和规范指导,以确保行业能沿着更为健康和可持续的方向发展。

六、数字藏品平台侵权

(一)杭州市互联网法院审理的“NFT 第一案”解读

2022 年 4 月,杭州市互联网法院审理了被广泛称为“NFT 第一案”的侵权诉讼①。然而,这一案例实际与 NFT 的核心问题关系不大。该案主要集中在版权侵犯方面,具体而言,一名受害者(李四)的图片被另一人(张三)未经授权地下载并上传到一个在线平台(A 平台)进行 NFT 化。法庭的判决要点:张三和 A 平台需要共同赔偿给李四。其中,A 平台的责任源于其未能在收到侵权通知后 24 小时内删除相关内容,这是因为侵权的证据(如图片的水印)过于明显,使平台无法免责。

此案例并没有深入探讨 NFT 本身的法律问题,更多的是强调在线平台对版权管理的责任。换句话说,即使将案例的背景改为其他侵权场景,法律的适用和判决结果仍然会是相同的。因此,尽管这一案例被广泛报道为“NFT 第一案”,但其实质上并没有对 NFT 领域产生显著的法律影响或启示。

(二)NFT 涉案是否改变了侵权问题的本质

即使在涉及新兴技术,如 NFT 的案件中,侵权问题的基础性质也没有发生显著变化。这些案件,尽管在媒体报道和社会讨论中常被标记为“NFT 侵权案例”,但是在本质上依然是版权侵权或知识产权侵权的问题。这体现了在审理这类案件时,现有的版权法和知识产权法依然是适用的,并不需要制定全新的法律框架。

因此,与其说 NFT 技术改变了侵权问题的性质,不如说它增加了一个新的应用场景或媒介,使得侵权行为在更多元化的环境中出现。这一点也凸显了在现有法律体系下,对于新兴技术和应用场景,如何更有效地进行监管和权益保护。

(三)数字藏品中的版权问题再理解

版权问题在数字藏品,特别是 NFT 领域中的确存在,但它不应被视为这一

---

① 参见《NFT 观察日记 | 中国 NFT 第一案,昨天在杭州宣判了》,载百度网 2022 年 4 月 21 日,https://baijiahao.baidu.com/s?id=1730697664298821455&wfr=spider&for=pc。

领域内最主要的问题。首先,目前观察到的侵权案件在数量上并不多,这可能是因为许多数字艺术作品本身商业价值不高。其次,即便存在侵权行为,许多被侵权的作者可能没有积极去维护自己的权益,这不仅因为他们可能对自己作品的商业价值评估较低,还因为版权维权本身需要一定的时间和金钱成本。

因此,版权问题虽然重要,但不是最核心的问题。这更可能是因为在这一新兴领域中,商业模式、市场机制和法律框架尚未完全成熟,使得版权问题相对较为次要。在讨论数字藏品和 NFT 领域的版权问题时,应更全面地考虑该领域的特殊性和复杂性,包括但不限于市场规模、用户行为以及相关的法律和监管环境。这样,我们才能更准确地定位版权问题在整个生态系统中的重要性,并采取相应的法律和政策措施。

(四)为何数字藏品和 NFT 领域中维权诉讼相对较少

关于为何在数字藏品和 NFT 领域中,尽管存在版权和维权问题,但相关的法律诉讼相对较少,有多个因素值得考虑。

首先,涉及较大金额的侵权案件可能被视为犯罪行为,导致法院不予受理或在立案后再驳回。这种法律环境为求诉提出了更高的门槛,可能抑制了潜在的诉讼。其次,如果涉及金额相对较小,维权的经济成本可能超过其潜在收益。例如,即使是一个较低金额的侵权案件,其诉讼费用、律师费和其他相关成本可能都不低,这可能使原告认为诉讼并不值得。

(五)NFT 和数字藏品维权中的集体诉讼

关于维权成本高于潜在收益的问题,已经在业界引起了广泛关注。这种高成本对消费者提出了显著的心理和财务障碍,导致一些不道德的市场参与者“有恃无恐”。

在这种背景下,笔者提议考虑使用集体诉讼作为一种可能的解决方案。在某些司法体系中,如消费者权益保护协会有权提起集体诉讼,以代表一群受到类似侵权行为影响的消费者。这样的诉讼模式可以有效地降低单个消费者或创作者的诉讼成本,并可能提高诉讼成功的概率。通过集体诉讼,违规的企业可能会面临更大的法律风险和公众压力,从而可能更加注重遵守法律和规定。这不仅有助于为受害者提供更有效的法律救济,还可能推动该行业的规范发展。

七、行业门槛与监管

（一）数字藏品行业中的“劣币驱逐良币”

在数字藏品和 NFT 领域，目前存在一个显著的问题，即市场的低门槛、缺乏专业素养和不规范的操作，这在很大程度上抑制了该行业健康、可持续地发展。这一现象很好地诠释了“劣币驱逐良币”的经济学原理，即在一个不成熟或不规范的市场环境中，劣质的行为和产品很容易影响甚至取代高质量的行为和产品。

NFT 在中国有着特殊的发展背景。在政府对虚拟货币进行了一系列监管之后，NFT 本应成为一个在规范和合法框架内能够继续发展的领域。然而，由于行业内部存在的多重问题，包括但不限于侵权、欺诈和不规范的市场行为，这个潜力巨大的领域在现阶段显示出许多负面因素。

（二）监管作为数字藏品行业良性发展的前提条件

在数字藏品和 NFT 行业中，良性发展的前提无疑是有效的监管机制。这里的“有效”不仅意味着制定具体的规则和法律，而且需要明确行业发展方向，或至少制定一个负面或禁止活动的清单。

传统的经济活动通常具有自我调整和平衡的能力，但在新兴和快速变化的领域，特别是像数字藏品这样的领域，缺乏明确的监管方向或规范极易导致行业发展偏离预期轨道。一方面，过度的、不明确的或者缺乏监管可能导致市场行为人出现滥用、欺诈和其他不当行为，从而妨碍整个行业的健康发展。另一方面，如果能早期明确合规范围和不合规行为，将大大有助于引导市场和行业朝着更加健康和可持续的方向发展。

因此，政府和监管机构在这一方面有着重大责任。他们不仅需要清晰地界定何为合法或合规的行为，还需要与行业内的多个利益相关方进行广泛的沟通与合作，以确保制定出真正切合实际，能促进行业长期健康发展的政策和规定。

（三）确定性在行业监管中的关键角色

有效的监管不仅为行业提供了一个清晰的行为准则，而且在某种程度上为从业者提供了一种“行为确定性”。这种确定性是多方面的，首先，它明确了哪些行为是合法和被接受的，从而减少了从业者在操作过程中的不确定性和风险；其次，它也明确了哪些行为是不被容忍的，这样从业者便能避免步入法律和道德的“雷区”。

这种确定性对于新兴和快速发展的行业特别重要,因为在这些行业中,行为准则和业务模式往往还没有得到充分的测试和认可。如果没有明确的指导和规范,从业者可能会因为缺乏方向而走入误区,或者因为担忧潜在的法律风险而对创新和尝试持谨慎态度。这在长期内可能会抑制行业的整体发展和创新能力。

(四)监管不明确下的风险

在现有的法律与监管框架内,存在一种不明确性,这种不明确性对于某些从业者来说可能是一种诱惑。具体来说,由于某些业务或交易模式尚未受到明确的法律约束或规定,一部分从业者可能会选择冒险进入这些领域,以寻求潜在的高回报。

这种现象在二级市场中常见,尤其是在新兴行业中,如数字藏品行业、虚拟货币行业等。在这些领域,由于法律和监管尚不完善,很多行为并没有被明文规定为非法或不道德。这种情况下,一些从业者可能会选择“先行动,后应对”,即在未来可能出现法律风险的情况下仍选择继续操作。而这种冒险行为在短期内可能带来利润,但长期来看,它也增加了行业内的不稳定性和法律风险。一旦相关的法律和规定出台,这些从业者可能面临重大的法律责任,甚至可能影响整个行业的健康发展。

(五)数字藏品平台的高淘汰率与运营风险

数字藏品行业目前经历着高度的变动和不确定性,这表现为平台的高淘汰率和更新率。尤其在一些新兴平台中,首发产品质量问题频发,往往导致运营难以为继,最终倒闭。这一现象反映了许多创业者在行业中缺乏足够的经验和准备。

虽然平台运营失败可能对投资者和用户造成一定的损失,但从法律角度来看,这些行为不一定构成犯罪。主要原因是这些新兴平台很可能还没有达到盈利的阶段,甚至可能没有回收其初始成本。高淘汰率和运营风险体现了这个行业目前的不成熟,也呼唤着更为明确和全面的监管机制。在这样的背景下,加强行业规范和法律监管成为迫切需要。特别是对于新兴的、缺乏经验的创业者,有必要提供更多的指导和支持,以减少因缺乏准备而带来的运营风险。

八、维权原因

(一)数字藏品行业中的非合理维权行为

在数字藏品行业内,维权活动大多集中在市场价值暴跌之后。然而,相对于这种基于市场波动的维权,因平台自身问题导致藏品丢失或损坏的合理维权行为似乎相对较少。这可能表现出行业内维权活动的特殊性和局限性。

维权行为不应仅限于市场价值的变动,还应当更加关注平台的基础运营质量和信誉。例如,当用户因平台的技术缺陷或管理失误而遭受藏品损失时,这种情况下的维权显然更为合理和必要。然而,据笔者的观察,这种基于平台自身问题的合理维权在当前数字藏品行业内相对较少。这一现象可能反映了多个层面的问题,包括但不限于行业监管的不足、消费者权益保护的缺失以及平台自身责任规避的倾向。

(二)数字藏品行业中市场暴跌与平台跑路问题

在数字藏品行业中,主导维权行为的主要因素通常是市场价值的暴跌和平台的失误。尤其是当涉及市场暴跌时,维权行为会变得尤为频繁。对于平台问题,一般分为两类:一是平台涉嫌诈骗,即卷款潜逃,这通常会在平台短期内积累了大量资本后发生。二是平台因经营不善而倒闭,这种情况下,平台本身也可能是经济损失的受害者。

在行业内的维权行为主要还是集中在市场暴跌这一方面。即使涉及平台问题,维权行为也大多出现在平台出现明显问题,如卷款潜逃或经营不善导致倒闭后。

九、行业评价

(一)数字藏品行业监管的必要性与挑战

当前数字藏品行业的状况确实令人担忧,这主要是由于行业内的不规范行为和监管缺失。笔者认为,这种现状是行业发展阶段的一个必然现象,但也暴露了对于有效监管的迫切需要。

监管不仅是必要的,而且需要谨慎和精细地进行。这是因为如果没有合适的监管导向,行业可能会在短期内经历一些波动和退潮,但长期看,由于基础性问题没有得到解决,新的问题和挑战便会重新出现。例如,即便当前市场活动降温或消失,缺乏监管的环境依然可能导致行业在未来一到两年内再次火爆,进而产生新的风险和问题。这种周期性的波动不仅对消费者权益构成威胁,也对行业的长期可持续发展构成障碍。

笔者一贯强调监管不仅要存在,还需要是精准和有针对性的,以确保行业能在健康、有序的轨道上持续发展。只有这样,企业才能减少不规范行为,提高行业整体的信誉和可持续性。

(二)数字藏品行业的投机性

笔者该观点基于对市场行为的研究和分析,特别是关注那些具有高投机性质的市场。例如,近年来,我们可以观察到从鞋类到核桃,再到菩提和竹子等多个领域内都出现了炒作现象。这种现象被称为"板块轮动",即在不同的资产和商品之间进行短期的投机性交易。

在数字藏品行业中,这种投机性质尤为明显。据我观察,大约有 99% 的人参与这个市场主要是出于炒作的目的,而非因为藏品本身具有某种固有价值或用途。相较之下,在虚拟货币和区块链项目中,除那些纯粹炒作的项目外,还有一些项目实际上具有明确的应用场景和社会价值。人们持有这些虚拟货币不仅是为了投机,还可能是为了参与到这些有潜在价值的项目中去。

然而,这也带来了监管上的挑战。因为区块链技术具有去中心化的特点,这在一定程度上使得传统的监管模式难以适用。去中心化的特性虽然为项目带来了灵活性,但也让监管机构面临如何有效监管这一新型资产类别的问题。

(三)区块链行业对金融体系的影响

新兴资产类别,如虚拟货币和数字藏品,具有潜在的冲击金融体系的能力,这是政府和监管机构所关注的。然而,监管的缺乏并非出于顶层设计的故意规避,更多是因为尚未找到一种有效的监管模式。

对于虚拟货币,如比特币,其实自 2013 年首次出现监管文件以来,至今没有明令声明其本身为非法资产。这反映出一种谨慎态度:禁止与虚拟货币有关的商业活动,而非个人投资行为。香港在特定时期(如党的"二十大"期间)选择开放虚拟货币相关业务①,也可以视为一种“试水”的行为。从长远来看,笔者预计如果能制定出有效的监管措施,虚拟货币市场有可能会重新开放。

至于数字藏品这一领域应该是小规模、高门槛的,以减小其对金融系统的潜在冲击。如果不加限制地普遍开放,允许任何人都能轻易地进入这个市场,那么这个行业就有可能出现更多的风险,包括价格的暴涨暴跌和相应的维权问题。

(四)数字藏品行业是否会走向集中化

对于数字藏品行业是否将最终走向集中化模式,即仅留下几个大型平台而中小型平台逐渐消失或被并购,这一问题还存在很多不确定性。然而,根据目前的观察,笔者认为该行业未必会走向传统意义上的集中化模式。

在没有有效监管的背景下,行业内可能出现的是一种“资本轮回”模式。具体而言,某个企业或个人可能首先创建一个平台,然后通过各种手段吸引投资或消费,达到一定规模后便撤资离场,然后再创建另一个新的平台进行相似操作。这一模式与传统的集中化不同,它更像是一种不断变换形态的“传销式”运营模式。与此相类似,这些活动多数由一小群人进行,他们会不断地更换业务或地点,以规避潜在的法律风险。这就类似于传销行为,即由一小部分人通过不断变换手法或地域来维持其非法或不道德的商业活动。

因此,在缺乏有效监管的情况下,数字藏品行业很可能不会走向健康的集中化,而是可能陷入一种更加不稳定、风险更高的运营模式。

(五)数字藏品平台拉新活动是否涉嫌传销

当提及数字藏品行业中普遍存在的拉新邀请活动时,一般人可能会担心这是否涉嫌传销。一方面,根据现有的法律和监管体系,如果一个商业模式的推广结构不超过两级,那么它通常不会被视为传销活动。因此,大多数数字藏品平台所采用的两级拉新模式,一般而言,不具备传销的特征。

另一方面,公众对于传销的敏感度相当高,这也意味着大多数专注于数字藏品领域的企业会尽量避免与传销有任何关联。换句话说,大部分的拉新活动更多是一种市场推广策略,而非传销模式的表现。然而,也应警惕一种现象那就

---

① 2022 年 10 月底,中国香港正式发布《有关香港虚拟资产发展的政策宣言》,宣示了争夺数字经济时代全球虚拟资产中心的雄心。香港特别行政区财政司司长陈茂波表示,这份政策宣言旨在为虚拟资产行业建构完整的监管框架,积极鼓励技术创新及应用的同时,确保对风险有适切妥善的管控。

是,一些从事传销活动的个体或组织可能会以数字藏品行业为掩护,进行非法活动。这种情况下,问题并不在于数字藏品行业本身,而在于某些非法或不道德的商业行为利用了该行业作为其非法活动的名义。

附录　区块链领域内的名词解释

第一节　区块链行业名词解释

1. Blockchain(区块链)

区块链是一种分布式数据存储技术,使用点对点传输、加密算法和共识机制等组合来实现。区块链作为一个分布式账本,可以记录交易和其他重要信息。这些信息被存储在被称为“区块”的数据结构中,并通过加密算法链接在一起,形成一个不可篡改和透明的链条。由于区块链是去中心化的,数据不依赖于单一的中心服务器,而是分布在多个节点(计算机)上,增强了数据安全性。

2. Block(区块)

区块是包含一系列交易或数据记录的数据结构。在比特币或其他区块链网络中,区块被用来存储交易信息,这些信息在创建后会被加密和验证。每一个新的区块都会包含前一个区块的哈希(加密串),形成一个链式结构,这样就确保了一旦数据被添加到区块链,就很难进行篡改。

3. Node(节点)

节点是区块链网络中的一个参与者,它保存了区块链的一个副本,并参与到网络中数据验证和传播的过程。节点可以是全节点,也就是保存完整区块链历史数据的节点;也可以是轻节点,仅保存部分数据。节点之间通过点对点的方式进行数据交换,确保区块链网络的健壮性和数据一致性。

4. 去中心化

去中心化是一种网络架构或系统组织方式,不依赖单一的中心点进行运作。在去中心化的环境中,多个节点或参与者共同维护系统或网络,每个节点都有平等的地位。去中心化的好处包括更高的安全性、透明性和抗审查性。

5. PoW(工作量证明)

工作量证明(Proof of Work)是一种加密算法和共识机制,在比特币和其他加密货币中广泛使用。通过解决复杂的数学问题，节点（通常被称为“矿工”）可以创建新的区块并添加到区块链中。解决这些问题需要大量的计算资源，因此PoW 机制也是一种防止垃圾信息和网络攻击的手段。

6. 函数加密

函数加密是一种加密技术，其关注点不仅在于加密数据本身，还在于如何对数据进行加密处理。函数加密在确保数据隐私的同时，还允许具有特定密钥的用户执行某些特定计算或查询，而无须解密整个数据集。这一点与同态加密有所不同，同态加密更多的是保护数据本身。目前，函数加密还处于研究阶段，并未广泛应用。

7. PoS（权益证明）

权益证明（Proof of Stake）是一种与工作量证明（PoW）不同的共识算法。在 PoS 模式下，节点（通常被称为“验证者”）的权重由其持有的货币数量和“币龄”决定。这样，挖矿的收益不再依赖于计算能力，而是依赖于其在系统中的“股份”。PoS 更为节能，并且通常被认为提供了更好的网络安全性。

8. 智能合约

智能合约是一种自动执行和管理数字合同的程序代码，通常运行在区块链平台上。它们允许在没有中介或第三方参与的情况下，进行安全、透明、不可篡改的交易和操作。智能合约在金融服务、供应链、房地产等多个行业找到了应用。

9. 时间戳

时间戳是用于标记某一时刻或时间段的一组字符或编码信息，通常以 ISO 8601 国际标准的形式存在。在区块链中，时间戳用于验证交易或区块生成的时间，确保数据的不可篡改性和唯一性。

10. 图灵完备

图灵完备是一种用于描述计算模型（如编程语言或抽象机器）的术语，意味着这种模型能够执行任何可计算的任务，只要有足够的时间和资源。在区块链中，像以太坊这样的平台因为其智能合约功能是图灵完备的，因此能支持各种复杂的程序和应用。

11. Dapp（去中心化应用）

去中心化应用（Dapp）是运行在区块链网络上的应用程序，它们通常是开源的，并利用智能合约来运行。与传统应用不同，Dapp 不依赖于任何中心服务器或单一的数据源，而是依赖于区块链网络中的多个节点。

12. DAO（去中心化自治组织）

去中心化自治组织（DAO）是一种基于智能合约和区块链技术的组织模型。在 DAO 中，所有的决策都是通过网络中成员的投票来实现的，通常没有中心权威或单一管理者。

13. Private Key（私钥）

私钥是用于访问区块链钱包和进行交易的一串唯一的加密字符。由于私钥充当了访问和控制钱包资产的"钥匙"，因此其安全性至关重要。泄露私钥基本上等于失去了对钱包中资产的所有权。因此，私钥通常需要高度加密并妥善保管。

14. Public Key（公钥）

公钥是与私钥相对应的一串字符，它用于生成一个区块链地址，这个地址是用于接收和发送资产的公开标识。公钥可以被公开分享，而不会影响资产的安全性。在多数区块链网络中，公钥和地址是可相互转换的。

15. 矿工

在区块链网络中，矿工是负责验证交易和创建新区块的节点。这通常需要大量的计算能力（在 PoW 系统中）或者大量的资产（在 PoS 系统中）。作为对他们的贡献，矿工会获得新创建的区块中包含的奖励，通常是一定数量的加密货币。

16. 公有链

公有链是一种开放的、任何人都可以参与的区块链网络。它允许任何人进行交易、验证交易，甚至参与网络的维护。比特币和以太坊都是典型的公有链。

17. 私有链

与公有链相对，私有链是一种受限的区块链网络，通常只允许特定的实体或组织参与。私有链通常用于企业之间的合作，以提高效率和降低成本。

18. 联盟链

联盟链是一种介于公有链和私有链之间的解决方案，它由多个组织共同维护。与私有链类似，联盟链也是一个受限的环境，但它允许多个不同的参与者共同达成共识。

19. 主链

主链通常是指一个区块链网络的主要或原始链，其他所有分支或侧链都是基于这个主链创建的。主链通常包含最长的区块序列，也是最被广泛接受和信任的链。

20. 侧链

侧链是一个与主链并行存在的区块链，允许资产和信息在主链和侧链之间进行转移。侧链可以有不同于主链的规则和功能，为用户提供更多的灵活性和选项。

21. 跨链技术

跨链技术可以理解为链接各区块链的桥梁，其主要应用是实现各区块链之间的原子交易、资产转换，区块链内部信息互通，或解决 Oracle 的问题等。

22. 硬分叉

区块链发生永久性分歧，在新共识规则发布后，部分没有升级的节点无法验证已经升级的节点生产的区块，通常硬分叉就会发生。

23. 软分叉

当新共识规则发布后，没有升级的节点会因为不知道新共识规则下，而生产不合法的区块，就会产生临时性分叉。

24. Hash（哈希值）

一般翻译做“散列”，也有直接音译为“哈希”的。简单地说就是一种将任意长度的消息压缩到某一固定长度的消息摘要的函数。

25. 区块头

区块头里面存储着区块的头信息，包含上一个区块的哈希值（PreHash），本区块体的哈希值（Hash），以及时间戳（Time Stamp）等。

26. 中本聪

自称日裔美国人，日本媒体常译为中本哲史，此人是比特币协议及其相关软件 Bitcoin-Qt 的创造者，但真实身份未知。

27. 加密货币

加密货币是数字货币（或称虚拟货币）的一种，是一种使用密码学原理来确保交易安全及控制交易单位创造的交易媒介。

28. Oracles(预言机)

预言机在区块链应用中具有特殊的重要性,它们是现实世界与区块链世界之间的数据中介。简单来说,预言机是一种外部数据源,用于向区块链智能合约提供不在链上可获取的信息。这些信息可以包括天气、股票价格、货币汇率等。智能合约是自动执行合同的代码,但由于其运行在封闭的区块链环境中,无法直接访问外部数据。这时候预言机就扮演了承接外部数据和智能合约之间的角色。然而,因为预言机本身可能涉及中心化服务,它也可能成为系统安全的弱点。如果预言机数据被篡改或出现错误,便可能导致智能合约执行错误。因此,预言机的可信度和安全性是目前区块链行业关注的一个重点。

29. DPOS(授权权益证明)

Delegate Proof of Stake 类似于董事会投票。以 EOS 来说,它引入了见证人的概念,持股者投票选出一定数量的见证人,每个见证人按序有两秒的权限时间生成区块,若见证人在给定的时间片不能生成区块,区块生成权限交给下一个时间段对应的见证人。

30. 瑞波共识机制

瑞波共识算法使一组节点能够基于特殊节点列表形成共识,初始特殊节点列表就像一个俱乐部,要接纳一个新成员,必须由该俱乐部 51% 的会员投票通过。共识遵循这些核心成员的"51% 权利",外部人员则没有影响力。由于该俱乐部由中心化开始,它将一直是中心化的,而如果它开始腐化,股东们什么也做不了。与 bitcoin 及 Peercoin 一样,瑞波系统将股东们与其投票权隔开,因此它比其他系统更中心化。

31. POB(焚烧证明)

Proof of Burn(POB)是一种用于区块链网络中的共识算法或者代币分配机制。在这种机制下,参与者通过"焚烧"(永久移除)他们手中的一定数量的代币来表明对网络的长期承诺或赢得某种权益。具体来说,参与者会将自己持有的代币发送到一个无法访问的地址,从而永久地从流通中移除这些代币。这一行为视为对网络的投资或者参与度的一种证明。通过焚烧越多的代币,参与者在网络中的影响力或权益通常会越大。这一机制在某些应用场景中被认为是一种比工作量证明(PoW)或权益证明(PoS)更为节能和可持续的方法。

32. PBFT(拜占庭容错算法)

Practical Byzantine Fault Toleran 采用“许可投票、少数服从多数”来选举领导者并进行记账的共识机制，该共识机制允许拜占庭容错，允许强监督节点参与，具备权限分级能力，性能更高，耗能更低，而且每轮记账都会由全网节点共同选举领导者，允许33%的节点作恶，容错率为33%。实用拜占庭容错特别适合联盟链的应用场景。

33. Byzantine failures(拜占庭将军问题)

拜占庭将军问题是莱斯利·兰伯特提出的点对点通信中的基本问题。含义是在存在消息丢失的不可靠信道上试图通过消息传递的方式达到一致性是不可能的。因此对一致性的研究一般假设信道是可靠的，或不存在本问题。

34. 51%攻击

51%攻击是一种对区块链网络安全性的攻击方式，其中一个单一的实体或者一个组织掌握了超过整个网络一半的计算能力。拥有这样的优势，攻击者可以单方面地控制和修改区块链的数据。这种攻击方式在理论上可以用来进行双重支付、阻止其他节点挖矿或验证交易。但是，执行这样的攻击需要巨大的计算能力和资源，通常是不划算的，尤其是在大型和安全性较高的区块链网络中。然而，对于小型或新兴的区块链网络，这种攻击可能相对容易执行。51%攻击不仅会影响用户信任，还可能对整个网络的价值造成长期的不良影响。

35. Distributed Ledger(分布式账本)

分布式账本是一种存储数据的方式，其中数据不是存储在一个中心化的数据库中，而是分布在多个节点(通常是计算机)上的。这样的设计增加了系统的鲁棒性和安全性。分布式账本可以用于多种应用，不仅限于加密货币或区块链技术。这些账本可以是公开的，也可以是私有的，取决于谁有权限读取和写入数据。相较于中心化的系统，分布式账本更难以攻击或篡改，因为要更改数据，通常需要大多数节点的同意。

36. Distributed Network(分布式网络)

分布式网络是一种网络架构，其中计算资源和数据分布在多个独立的节点上，而不是集中在单一的数据中心。这种网络架构有助于提高系统的可用性、容错能力和可扩展性。在一个分布式网络中，单一节点的失败通常不会导致整个系统的崩溃，因为其他节点可以接管失败节点的任务。这也意味着分布式网络通常更加稳健和安全。然而,分布式网络的设计和维护也相对更为复杂,需要更高水平的技术和资源投入。

37. SocialFi

SocialFi 是社交金融(Social Finance)的缩写,是社交媒体和金融服务(尤其是去中心化金融)的交汇点。在这个模式下,用户通过参与社交互动来获得金融收益,如代币奖励或投资回报。不同于传统金融产品,SocialFi 的核心在于社群和网络效应。尽管有些加密货币或项目被认为是 SocialFi 的代表,实际上这是一个更为广泛的概念,涵盖了多种资产和平台。

38. 零知识证明

零知识证明(Zero-Knowledge Proof)是一种加密方法,由 S. Goldwasser、S. Micali 和 C. Rackoff 在 20 世纪 80 年代初提出。这种证明方式让一方(证明者)能够证明给另一方(验证者)看,自己知道或拥有某个信息,而不需要透露这个信息本身。这在保护隐私的同时,实现了高度的安全性和信任。应用领域包括加密货币、身份验证和数据安全等。

39. AES(高级加密标准)

AES(Advanced Encryption Standard)是一种对称加密算法,也被称为 Rijndael 加密法。它在 2001 年被美国国家标准与技术研究院(NIST)选为标准加密算法。AES 被设计用于保护电子数据的安全,它使用相同的密钥进行加密和解密。AES 可以支持多种密钥长度,常见的有 128 位、192 位或 256 位。这一算法已广泛应用于多种安全通信、数据存储和其他加密场景。

40. Wallet(钱包)

在加密货币的世界里,钱包是一个存储私钥的文件或硬件设备。私钥是用于签署交易,以证明你有权访问与之相关联的公开地址的资金。钱包通常包括一个软件客户端,该客户端允许用户查看余额、发送和接收加密货币。简言之,钱包是你在区块链世界中的个人银行账户。

41. 冷钱包

通俗来说,冷钱包就是将数字货币进行离线下储存的钱包,玩家在一台离线的钱包上面生成数字货币地址和私钥,再将其保存起来。而冷钱包是在不需要任何网络的情况下进行数字货币的储存,因此黑客是无法进入冷钱包获得私钥的。

42. SPV(轻钱包)

SPV(Simple Payment Verification)是一种依赖网络上其他全节点的钱包。不同于下载整个区块链,轻钱包仅同步与自己有关的数据,这样大大减少了存储和处理需求,使其更适合移动设备或低存储的环境。

43. 全节点

全节点是拥有完整区块链账本的节点,全节点需要占用内存同步所有的区块链数据,能够独立校验区块链上的所有交易并实时更新数据,主要负责区块链的交易的广播和验证。

44. 超级账本

超级账本(hyperledger)是 Linux 基金会于 2015 年发起的推进区块链数字技术和交易验证的开源项目。通过创建通用的分布式账本技术,协助组织扩展、建立行业专属应用程序、平台和硬件系统来支持成员各自的交易业务。

45. 闪电网络

闪电网络的目的是实现安全地进行链下交易,其本质上是使用了哈希时间锁定智能合约来安全地进行 0 确认交易的一种机制,通过设置巧妙的"智能合约",使得用户在闪电网络上进行 0 确认的交易。

46. P2P(对等网络)

P2P(Peer-to-Peer)网络是一种分布式网络架构,其中每个节点都有相同的能力和权责,没有中央服务器。在 P2P 网络中,任务和数据能在对等节点间直接进行交换,这有助于实现真正的去中心化。

47. Mining(挖矿)

"挖矿"在加密货币中是一个用于验证交易和添加新区块到区块链的过程。它通常需要大量的计算能力,并且矿工通常会获得新创建的加密货币和交易费用作为奖励。

48. 矿池

矿池是多个矿工联合挖矿的平台,以增加找到新区块的概率。当一个区块被找到后,奖励会按照各个矿工的贡献度进行分配。

49. 哈希率

哈希率衡量的是挖矿设备每秒能尝试多少次哈希计算,通常以"MH/s"(百万次/秒)或"GH/s"(十亿次/秒)表示。哈希率越高,找到新区块的机会就越大。

50. Hashtree(哈希树)

哈希树是一种树状数据结构,用于有效地、安全地验证大数据集的内容。它的每个叶节点包含数据块的哈希,而内部节点则包含其子节点的哈希。

51. SHA－256

SHA－256(安全哈希算法 256 位)是一种加密哈希函数,广泛用于比特币等加密货币的挖矿。由于其计算复杂度高,矿工常常使用专门的硬件或加入矿池来提高收益。

52. Kyc

KYC 是 Know Your Customer 的缩写,意思是了解自己的客户,在国际《反洗钱法》条例中,要求各组织要对自己的客户作出全面的了解,以预测和发现商业行为中的不合理之处和潜在违法行为。一般翻译为“散列”,也有直接音译为“哈希”的。简单地说就是一种将任意长度的消息压缩到某一固定长度的消息摘要的函数。

53. 交易(Transaction)

在区块链和加密货币的语境中,交易通常指的是一次从一个账户向另一个账户转移资产的操作。这些交易被记录在一个公共账本(也就是区块链)中,并且通常需要网络中的多个参与者(也就是矿工或验证者)来验证其有效性和正确性。每一次交易都会改变账本的状态,例如,它可能会改变各个账户的余额或者改变智能合约的某些变量。交易在被添加到区块链之前通常需要先被签名,以证明其来自一个合法的发送者。一旦交易被验证并添加到区块链,它通常是不可逆的,除非通过一种名为“51% 攻击”的方式。

54. 链(Chain)

在区块链技术中,“链”指的是一个由多个区块按照特定顺序链接而成的结构。每个区块都包含一组交易和一个指向前一个区块的哈希值,这样就形成了一条链。这种结构有助于确保数据的完整性和不可篡改性,因为如果任何一个区块的信息被更改,它将导致所有后续区块的哈希值都发生改变,从而容易被检测出来。链的设计也增加了添加新区块的难度,这样就增加了篡改历史数据的成本。总体来说,链是区块链技术中用于记录和验证所有交易的核心结构。

55. 私人货币

私人货币是由非政府组织或企业发行的一种货币形式。这种货币通常只在特定的范围或生态系统内有效。以腾讯 Q 币为例，它是中国最大的私人货币之一，用于购买腾讯公司提供的各种服务和产品。与官方货币不同，私人货币通常不能自由兑换为其他货币或资产，也不具备“法定货币”的地位。它通常依赖一个中心化的机构来维护其价值和可用性。

56. 数字货币

数字货币是一种存在于数字形式的货币，它可以是中心化的，也可以是去中心化的。与私人货币不同，数字货币通常不依赖于特定的中心化机构来做信用背书。比如比特币，它是一种去中心化的数字货币，依靠复杂的数学算法和共识机制来维护网络安全和货币价值。数字货币具有高度的流动性和跨境能力，使得它在全球范围内都能被接受和使用。

57. 创世区块

创世区块是一个区块链网络中的第一个区块，它用于初始化整个区块链系统。在比特币这样的加密货币中，创世区块通常包含一些创始信息和参数，如时间戳、难度目标等。它是区块链中所有其他区块的“祖先”，因为每一个后续的区块都会通过哈希函数与之前的区块相链接，形成一个不断增长的链。创世区块因其在整个区块链结构中的重要性而被高度重视。

58. 账户

账户是在总账中的记录，由它的地址来索引，总账包含有关该账户的状态的完整的数据。在一个货币系统里，这包含了货币余额，或许未完成的交易订单；在其他情况下更复杂的关系可以被存储到账户内。

59. 比特币地址

地址用于接收比特币，功能类似银行的存款账号，但不需要实名登记。若只公开地址不必担心里面的比特币被盗走，也没有任何身份信息，也可以离线产生。比特币地址是由用户的公开密钥经过 SHA－256 散列运算后，再通过 RIPEMD－160 散列运算而得，其长度固定为 160 个比特(bits)，通常会利用 Base－58 将之编码成一串由英文字母和数字组成的字符串，以方便显示或散布，其特征是皆以“1”或者“3”开头，区分大小写，但不包括“I、l、O、0”等字符，“1”开头的地址长 26～34 位，“3”开头的地址长 34 位，如“1DwunA9otZZQyhkVvkLJ8DV1tuSwMF7r3v”，地址也可编码成快速反应矩阵码(QR-Code)的形式让移动设备能够便捷地读取复制。比特币客户端可以离线生成比特币地址。一个人可以生成并拥有许多比特币地址,并用在不同的交易上,而且除非自己揭露,否则外人无法看出其中的关系。

60. 钱包地址

如果我们把ETH钱包简单比作银行卡账户,那么ETH钱包地址就可以看成银行卡账号。不同的是,ETH地址是可以不存储在网络上的,更是可以独立于你的钱包而存在的。

61. 算力

为了挖到矿,参与处理区块的用户端往往需要付出大量的时间和算力。算力一般以每秒进行多少次hash计算为单位,记为h/s。矿工能获得记账的权力,就能获得比特币新发行的奖励,这其实取决于其算力。获得奖励的概率等于他所掌握的算力占全网算力的百分比。哈希碰撞是哈希算法的一种称呼,哈希算法是一种密码学数学算法。每秒能做多少次哈希碰撞,就是其"算力"的代表,目前主流的矿机为10T左右的计算量级,即一台矿机就能每秒做至少10的13次方哈希碰撞,我们可以说,这一台10T的矿机就有10T的算力。一个矿工所掌握的矿机占比特币全网的总算力的百分比是多少,就代表他在这10分钟记账竞争中能够获胜的概率就是多少。

62. 分叉

指向同一个父块的2个区块被同时生成的情况,某些部分的矿工看到其中一个区块,其他矿工则看到另一个区块。这导致2种区块链同时增长。通常来说,随着在一个链上的矿工得到幸运并且那条链增长,所有矿工都会转到那条链上,数学上分几乎会在4个区块内完结自己。

63. EcoBall(生态球)

EcoBall(生态球)是一个全新的、开放兼容的多链并行区块链操作系统,它结合区块链账簿简单明了和DAG快速确认的优点,有效解决比特币和以太坊等系统的体积快速膨胀问题,并力图建立一个可真正商业化的区块链生态系统。

64. 比特币/Bitcoin/BTC

一种点对点的去中心化加密货币Bitcoin(比特币)的概念是由中本聪(化名)于2009年1月3日提出,是一种点对点的、去中心化、全球通用、无排他性、不需第三方机构或个人,基于区块链作为支付技术的加密货币,比特币不依赖中央机构发行,而是通过工作量证明共识机制在区块链中完成,也就是俗称"挖矿"。比特币使用整个 P2P 网络节点的分布式数据库来确认、验证及记录货币的交易;比特币发行总量 2100 万枚,预计于 2140 年发行完毕,目前市面上流通量超过 80%。

65. NFT

NFT 是 Non-Fungible Token 的缩写,中文称为非同质化代币,通常是指开发者在以太坊平台上根据 ERC721 标准/协议所发行的代币,它的特性为不可分割、不可替代、独一无二的,简单来说,采用 ERC721 标准/协议而发行的代币就叫作 NFT。

66. GameFI:GameFi = NFT + DeFi + 游戏

GameFi 即 Game Finance,将去中心化金融以游戏方式呈现。Defi 提供底端逻辑,游戏提供方式载体,NFT 承担游戏内的装备、道具。

67. DeFi

DeFi 是 decentralized finance(分布式金融)一词的缩写,通常是指基于以太坊的数字资产和金融智能合约、协议以及分布式应用程序(DApps)。简单来说,它是建立在区块链上的金融软件。

68. GasFee

矿工费(GasFee)就是用于转账激励矿工的费用,即支付给矿工的手续费,当你在以太坊区块链上进行转账时,矿工要把你的交易打包并放上区块链,才能使交易完成,在这过程中会消耗区块链的运算资源,所以要支付费用。

69. ICO

ICO 是 Initial Coin Offering 的缩写,即首次代币发行,源自股票市场的首次公开发行(IPO)概念,是区块链项目首次发行代币,募集比特币、以太坊等通用数字货币的行为。

70. 去中心化交易所

去中心化交易所中,资金在用户钱包地址或者交易智能合约中,由用户完全控制。用户发起交易时,交易所执行智能合约来完成交易,资产划转在链上完成。交易记录链上可查,公开透明。

71. 去中心化钱包

相对于私钥掌握在第三方服务商手中的中心化钱包(交易所),去中心化钱包的私钥则由用户自己保存,资产存储在区块链上,用户是真正的数字货币的持有者,钱包只是帮助用户管理链上资产和读取区块链数据的一个工具,所以也就无法控制、窃取、转移你的资产。因此去中心化的钱包很难被黑客集中攻击,用户也不必担心钱包服务商的自我窃取或者跑路,因为只要创建钱包的时候自己把私钥保管好,你的资产依然在链上,换个钱包一样可以显示出来。

72. 以太坊/Ethereum/以太币/Ether/ETH

下一代智能合约和去中心化应用平台 Ethereum(以太坊)是一种开源的、图灵完备的智能合约公有区块链,其基于区块链账本进行合约的处理和执行,使得任何人都能够创建合约和去中心化应用,并在其中自由定义所有权规则、交易方式和状态转换函数。Ethereum 由 Vitalik Buterin(绰号“V 神”)所创立并于 2014 年 7 月进行 ICO。以太坊内置名为 Ether(以太币)的加密货币。

73. 瑞波/Ripple/瑞波币/XRP

点对点的去中心化资产传输网络 Ripple 是一个去中心化的资产传输网络,用于解决金融机构以及用户间的资产转换和信任问题。XRP(瑞波币)是 Ripple 网络流通的基础货币,任何人均可以创建 Ripple 账户并通过 Ripple 支付网络转账任意一种货币,包括美元、欧元、人民币、日元或者比特币,交易确认在几秒以内完成且交易费用几乎为零。瑞波币的最大发行量为 1000 亿枚并随着交易的增多而逐渐减少,瑞波币的运营公司为 RippleLabs,其前身为 OpenCoin。

74. 比特现金/BitcoinCash/BCH

比特币的大区块分叉币 BitcoinCash(比特现金)是比特币硬分叉产生的分叉币,比特现金修改比特币的代码,通过将区块大小调整到 8M 以解决扩容问题并且移除 Segwit(隔离见证)。比特现金于 2017 年 8 月 1 日 UTC 时间 12:37 从比特币区块高度 478,558 开始分叉。

75. 莱特币/Litecoin/LTC

第一代加密货币竞争币之一 Litecoin(莱特币)是最早的竞争币之一,于 2011 年从比特币衍生出来并在技术上具有相同的实现原理,其创新点有两个:其一,使用 Scrypt 作为工作量证明算法,使莱特币在普通计算机上更易于挖掘;其二,莱特币网络大约每 2.5 分钟处理一个区块,使得莱特币网络具有更快的交易确认速度。2017 年 6 月莱特币闪电网络上线。

76. 卡尔达诺/Cardano/艾达币/ADA

第一个以研究为主导的完全开源的区块链技术平台 Cardano(卡尔达诺)是全球首创可以证明公平性、安全性、完全透明且不能作弊的、完全开源的分散型游戏平台,特点是完全没有被运营商支配的民主平台。卡尔达诺的目标是构建一个分层次的、集成加密货币(如比特币、莱特币)和智能合约(如以太坊、EOS)的区块链生态系统。卡尔达诺运用独立的 SDK 系统,个人技术者可以参与游戏开发,并产生游戏竞争以提高游戏的质数,以解决当前赌场、线上赌场的大部分缺陷。ADA(艾达币)是 2017 年初公开的 Cardano 项目的加密货币,可用于发送和接收数字资金;作为卡尔达诺的中心货币,如需要参与 Cardano 的游戏必须持有艾达币并通过对战赢取艾达币。

77. 恒星币/StellarLumens/XLM

StellarLumens(恒星币)是由电驴创始人以及前 Ripple 创始人 JedMcCaleb 因管理层分歧而发起的加密货币项目,是基于 Ripple 代码修改创建的恒星支付网络中的基础加密货币,用于搭建一个数字货币与法定货币之间传输的去中心化网关,使得数字资产可以在银行、支付机构和个人之间快速、稳定、极低成本地转移。恒星币供应量为 1000 亿枚,其中 95% 将用于免费发放。

78. 小蚁股/NEO

非营利的社区化的区块链项目 NEO[小蚁股(曾用名)]是一个非营利的社区化的区块链项目,是利用区块链技术和数字身份进行资产数字化,利用智能合约对数字资产进行自动化管理,实现“智能经济”的一种分布式网络。NEO 于 2014 年正式立项,2015 年 6 月在 Github 上实时开源。NEO 总发行量 1 亿枚并在创世区块中一次性创设,并实行双代币机制,另一代币为 GAS。

79. 哈希散列(Hash)

哈希散列是密码学中的一种关键技术,用于将任意长度的输入数据通过特定的哈希算法转换为固定长度的输出,通常是一串字母和数字。这个过程是单向的,意味着从哈希值几乎不可能逆向推导出原始输入数据。这种特性使得哈希散列在数据校验、安全存储、数字签名等多个方面都有广泛应用。例如,在区块链技术中,哈希用于生成区块的唯一标识符,以确保数据的完整性和不可篡改性。由于哈希函数对输入非常敏感,哪怕是微小的改动也会导致截然不同的输出,因此它也常用于检测数据是否被篡改。还有,哈希散列广泛应用于分布式网络中的数据一致性算法和负载均衡算法,确保网络中的数据高度一致且能有效地被访问。

80. 数字签名(Digital Signature)

数字签名算法是一种用户可以用私钥为文档产生一段叫作签名的短字符串数据的处理,以致任何拥有相应公钥、签名和文档的人可以验证:(1)该文件是由特定的私钥的拥有者“签名”的;(2)该文档在签名后没有被改变过。不同于传统的签名,在传统签名上你可以在签名后涂抹多余的文字,而且这样做无法被分辨;在数字签名后任何对文档的改变会使签名无效。

81. 公钥加密

一种特殊的加密,具有在同一时间生成两个密钥的处理(通常称为私钥和公钥),使得利用一个钥匙对文档进行加密后,可以用另一个钥匙进行解密。一般地,正如其名字所体现的,个人发布他们的公钥,并给自己保留私钥。

82. 确认

当一项交易被区块收录时,我们可以说它有一次确认。矿工在此区块之后每再产生一个区块,此项交易的确认数就再加一。当确认数达到 6 及以上时,通常认为这笔交易比较安全并难以逆转。

83. 搬砖

一种生动而幽默的说法,学名套利。所谓搬砖,就是指当不同的比特币交易平台存在着价差时,“搬砖工”发现这一情况,在价低的平台买入比特币,再到价高的平台卖出比特币,从而赚取低风险差价的一种投机行为。

84. 半衰期

这是针对比特币产生的一个概念,即矿工每验证一个区块便可得到的奖励。从最开始的 50BTC,每 4 年减半,目前是 12.5BTC,已经历过 2 次半衰(50BTC→25BTC→12.5BTC)。

85. PKI 体系

在非对称加密中,公钥则可以通过证书机制来进行保护,PKI(Public Key Infrastructure)是建立在公私钥基础上实现安全可靠传递消息和身份确认的一个通用框架,PKI 框架包含 CA\RA、证书数据库 3 个重要组件。CA(Certification Authority):负责证书的颁发和作废,接收来自 RA 的请求,是最核心的部分。

RA(Registration Authority):对用户身份进行验证,校验数据合法性,负责登记,审核过了就发给 CA。证书数据库:存放证书,一般采用 LDAP 目录服务,标准格式采用 X. 500 系列。

86. UTXO

Unspent Transaction Outputs 是未花费的交易输出,它是比特币交易生成及验证的一个核心概念。交易构成了一组链式结构,所有合法的比特币交易都可以追溯到前向一个或多个交易的输出,这些链条的源头都是挖矿奖励,末尾则是当前未花费的交易输出。所有的未花费的输出即整个比特币网络的 UTXO。比特币规定每一笔新的交易的输入必须是某笔交易未花费的输出,每一笔输入同时也需要上一笔输出所对应的私钥进行签名,并且每个比特币的节点都会存储当前整个区块链上的 UTXO,整个网络上的节点通过 UTXO 及签名算法来验证新交易的合法性。这样,节点不需要追溯历史就可以验证新交易的合法性。

87. 找零地址(Change Address)

在使用比特币或者类似的加密货币的时候,我们经常会听到找零地址的概念。找零地址是指发送金额大于接受金额产生的零钱所去到的地址。和我们一般理解的概念不一样,比特币及比特币的类似货币基于 UTXO 模型来交易。

简单来说,假设一个地址有 10 个比特币,那么这 10 个比特币应该是某个或者某些交易导致的,我们假设以前某个人一次性向这个地址里转入了 10 个比特币,这个交易称为 a,现在我想通过这个地址向另外一个地址发送 5 个比特币,称之为 b 交易,那么我需要消耗掉 a 里所有的比特币,也就是 10 个。但是我还有 5 个比特币,这剩下的 5 个比特币我需要再指定一个地址转入(不考虑手续费),这个地址就是找零地址(这个地址也可以是原地址,这样原地址还是会有 5 个比特币)。

88. 交易拼车

当你从交易所或者一些托管钱包提币出来的时候,经常会发现这笔交易中的发出方或者接收方很多,这是由于这笔交易是一个拼车交易。区块链交易拼车利用智能合约和加密货币实现车主和乘客之间的直接交易,去除了传统中介机构的参与。车主可以发布拼车信息,乘客可以选择合适的拼车,交易双方通过智能合约完成支付和确认。

89. 图灵机(Turing machine)

图灵机,又称确定型图灵机,是英国数学家艾伦·图灵于1936年提出的一种抽象计算模型,其更抽象的意义为一种数学逻辑机,可以看作等价于任何有限逻辑数学过程的终极强大逻辑机器。它有一条无限长的纸带,纸带分成了一个一个的小方格,每个方格有不同的颜色。有一个机器头在纸带上移来移去。机器头有一组内部状态,还有一些固定的程序。在每个时刻,机器头都要从当前纸带上读入一个方格信息,然后结合自己的内部状态查找程序表,根据程序输出信息到纸带方格上,并转换自己的内部状态,然后进行移动。

90. 区块链盲(Blockchain-blindness)

UTXO看不到区块链的数据,如随机数和上一个区块的哈希。这一缺陷剥夺了脚本语言所拥有的基于随机性的潜在价值,严重地限制了博彩等其他领域应用。

91. 图灵测试

1945年到1948年,图灵在国家物理实验室负责自动计算引擎(ACE)的研究工作。1949年,他成为曼彻斯特大学计算机实验室的副主任,负责最早的真正的计算机——曼彻斯特一号的软件工作。在这段时间,他继续做一些比较抽象的研究,如“计算机械和智能”。图灵在对人工智能的研究中,提出了一个叫作图灵测试(Turing test)的实验,尝试定出一个决定机器是否有感觉的标准。

1952年,图灵写了一个国际象棋程序。可是,当时没有一台计算机有足够的运算能力去执行这个程序,他就模仿计算机,每走一步要用半小时。他与一位同事下了一盘,结果程序输了。后来美国新墨西哥州洛斯阿拉莫斯国家实验室的研究组根据图灵的理论,在ENIAC上设计出世界上第一个电脑程序的国际象棋——洛斯阿拉莫斯国际象棋。

92. 缺少图灵完备性

这就是说,尽管比特币脚本语言可以支持多种计算,但是它不能支持所有的计算。最主要的缺失是循环语句。不支持循环语句的目的是避免交易确认时出现无限循环。理论上,对于脚本程序员来说,这是可以克服的障碍,因为任何循环都可以用多次重复if语句的方式来模拟,但是这样做会导致脚本空间利用上的低效率。例如,实施一个替代的椭圆曲线签名算法可能将需要256次重复的乘法,而每次都需要单独编码。

93. 价值盲(Value-blindness)

UTXO 脚本不能为账户的取款额度提供精细的控制。例如,预言机合约(Oracle Contract)的一个强大应用是对冲合约,A 和 B 各自向对冲合约中发送价值 1000 美元的比特币,30 天以后,脚本向 A 发送价值 1000 美元的比特币,向 B 发送剩余的比特币。虽然实现对冲合约需要一个预言机(oracle)决定 1 比特币值多少美元,但是与现在完全中心化的解决方案相比,这一机制已经在减少信任和基础设施方面有了巨大的进步。然而,因为 UTXO 是不可分割的,为实现此合约,唯一的方法是非常低效地采用许多有不同面值的 UTXO 并使预言机挑出正确的 UTXO 发送给 A 和 B。

94. 缺少状态

UTXO 只能是已花费或者未花费状态,这就没有给需要任何其他内部状态的多阶段合约或者脚本留出生存空间。这使得实现多阶段期权合约、去中心化的交换要约或者两阶段加密承诺协议(对确保计算奖励非常必要)非常困难。这也意味着 UTXO 只能用于建立简单的、一次性的合约,而不是如去中心化组织这样的有着更加复杂的状态的合约,使得元协议难以实现。二元状态与价值盲结合在一起意味着另一个重要的应用——取款限额——是不可能实现的。

95. 同态加密

同态加密(Homomorphic Encryption)是一种特殊的加密方法,允许对密文进行处理得到仍然是加密的结果,即对密文直接进行处理,跟对明文进行处理再加密,得到的结果相同。从代数的角度讲,即同态性。如果定义一个运算符 $\triangle$,对加密算法 E 和解密算法 D,满足:$E(X\triangle Y)=E(X)\triangle E(Y)$ 则意味着对于该运算满足同态性。同态性在代数上包括:加法同态、乘法同态、减法同态和除法同态。同时满足加法同态和乘法同态,则意味着是代数同态,即全同态。同时满足四种同态性,则被称为算数同态。

96. P2SH 脚本

输出脚本由支付者创建,他们(钱花出去之后)不怎么关心他们消费的比特聪的长期安全或者对别人是否有用。收款人则关心输出脚本指定的条件。如果收款人愿意,他们可以请求支付者使用某种特定脚本。遗憾的是,定制的脚本没有短小的比特币地址方便,也不像 P2PKH 的公钥哈希方案(P2PKHpubkeyhashes)那样容易保护。为了解决这些问题,“支付到脚本哈希”(P2SH)交易在 2012 年被创建,它让支付者创建一个输出脚本,里边包含另一个脚本的哈希,另一个脚本称为“认领脚本”。

97.“幽灵”协议[“Greedy Heaviest Observed Subtree”(GHOST) protocol]

幽灵协议在2013年12月由Yonatan Sompolinsky和Aviv Zohar引入,其提出的动机是当前快速确认的块链因为区块的高作废率而受到低安全性困扰;因为区块需要花一定时间(设为t)扩散至全网,如果矿工A挖出了一个区块然后矿工B碰巧在A的区块扩散至B之前挖出了另一个区块,矿工B的区块就会作废并且没有对网络安全作出贡献。此外,这里还有中心化问题:如果A是一个拥有全网30%算力的矿池而B拥有10%的算力,A将面临70%的时间都在产生作废区块的风险而B在90%的时间里都在产生作废区块。因此,如果作废率高,A将简单地因为更高的算力份额而更有效率,综合这两个因素,区块产生速度快的块链很可能导致一个矿池拥有实际上能够控制挖矿过程的算力份额。

98.默克尔树

默克尔树是一种二叉树,由一组叶节点、一组中间节点和一个根节点构成。最下面的大量的叶节点包含基础数据,每个中间节点是它的两个子节点的哈希,根节点也是它的两个子节点的哈希,代表了默克尔树的顶部。默克尔树的目的是允许区块的数据可以零散地传送:节点可以从一个源下载区块头,从另外的源下载与其有关的树的其他部分,而依然能够确认所有数据都是正确的。之所以如此是因为哈希向上的扩散:如果一个恶意用户尝试在树的下部加入一个伪造的交易,所引起的改动将导致树上层节点的改动,以及更上层节点的改动,最终导致根节点的改动以及区块哈希的改动,这样协议就会将其记录为一个完全不同的区块。

99.共识机制

区块链从本质上看是一种分布式账本技术。传统的账本,通常会以数据库的形式,集中存储在银行或公司的服务器节点上。而在区块链的网络中,每个节点都会保有一份完整的账本,且所有节点的账本内容完全一致。每个节点都可以根据自己本地的账本去查找交易,也可以往账本中添加交易。这样就带来了一个问题,如果所有节点同时写入账本数据,那么肯定数据会不一致。因此需要一种机制来保证区块链中的每一区块只能由一个节点来负责写入,并且让所有其他节点一致认同这次写入。如何选出写入账本数据的节点,这就是共识机制。

100. PBFT

实用拜占庭容错协议(Practical Byzantine Fault Tolerance,PBFT)是卡斯特罗(Miguel Castro)和利斯科夫(Barbara Liskov)在1999年提出来的,解决了原始拜占庭容错算法(上文中的口头协议)效率不高的问题,将算法复杂度由指数级降低到多项式级,使拜占庭容错算法在实际系统应用中变得可行。PBFT算法的结论是n> =3f+1n是系统中的总节点数,f是允许出现故障的节点数。换句话说,如果这个系统允许出现f个故障,那么这个系统必须包括n个节点,才能解决故障。这和上文口头协议的结论一样,或者说,PBFT是优化了口头协议机制的效率,但是结论并未改变。

101. Delegated Methods

Delegated methods作为一种代理服务,能够在区块链的上层建立一个框架,其中定义了代理角色的行为,以便执行相应的功能。这个框架可以由支持特定功能的节点来支持代理角色。当应用程序或协议需要特定行为时,Delegated methods可以帮助建立一个框架来定义执行特定行为的节点,并进行相应的管理。通过委托技术,Delegated methods不仅提高了传统区块链的可靠性和可信性,还能进一步发展现有的区块链技术,满足更广泛的需求。

102. 冷存储

该术语指的是离线保存比特币。当比特币的私钥被创建,同时将该私钥存储在安全的离线环境时,就实现了冷存储。冷存储对于任何比特币持有者来说是重要的。在线计算机在黑客面前是脆弱的,不应该被用于存储大量的比特币。

103. 染色币

染色币基于比特币2.0开源协议,允许开发者在现有比特币区块链上创建更复杂的数字资产和应用。这是一种为特定用途“染色”的比特币或比特币碎片,能够代表如股票、房地产或其他任何价值物品。通过染色币,比特币不仅仅是一种数字货币,它变成了一个更广泛的资产管理平台。

104. 共识

在区块链网络中,共识是一个至关重要的概念,它确保所有参与节点对链上信息有一致的看法。一旦网络中的大多数节点验证并同意某一版本的区块或交易记录,该版本就被认为是有效的。这是一个动态过程,用于解决分布式系统中的一致性问题。

105. 难度

在比特币或其他基于工作量证明(PoW)的区块链中,难度是一个可调整的参数,用于控制新区块生成的速度。通过调整难度,网络确保不论全网算力如何变化,每 10 分钟左右就会产生一个新区块。

106. 难度重定

在比特币网络中,难度是定期重新调整的。具体而言,每生成 2016 个区块后,网络会自动重新计算难度。这个新的难度值是基于前 2016 个区块的总哈希算力决定的,以维持区块生成速度的稳定。

107. 难度目标

难度目标是一个数值,它定义了什么样的哈希值才能被认为是一个有效的新区块。简单来说,难度目标设置了“解谜”难度,矿工必须解决这个谜题来生成一个新区块。

108. 双重支付

双重支付是当同一笔资金被用于两个或更多不同的交易时发生的现象。为了防止这种欺诈行为,比特币等区块链技术会对每一笔交易进行严格的验证,确保它们不是双重支付。

109. ECDSA

椭圆曲线数字签名算法(ECDSA)是一种用于创建数字签名的加密算法。在比特币网络中,它用于确保只有资金的合法拥有者才能进行交易。通过使用 ECDSA,网络增加了一层安全性,使未经授权的用户无法轻易动用他人的资金。

110. 超额随机数

随着难度增加,矿工通常在循环便利 4 亿次随机数值后仍未找到区块。因为 coinbase 脚本可以存储 2 ~ 100 个字节的数据,矿工开始使用这个存储空间作为超额 nonce 空间,允许他们利用一个更大范围的区块头哈希值来寻找有效的区块。

111. 硬件钱包

硬件钱包是一种专门用于存储加密货币私钥的物理设备。与软件钱包或在线钱包不同,硬件钱包不容易受到网络攻击,因为私钥永远不会离开这个物理设备。当用户需要进行交易时,他们可以通过连接硬件钱包到计算机或移动设备来“解锁”其资金。交易需要在硬件设备上进行物理确认,增加了一层安全性。由于其对安全的高度关注,硬件钱包通常是大额资产持有者的首选存储方法。

112. 哈希锁

哈希锁是限制一个输出花费的限制对象,其作用一直持续到指定数据片段公开透露。哈希锁有一个有用的属性,那就是一旦任意一个哈希锁被公开打开,其他任何安全使用相同密钥的哈希锁也可以被打开。这使可能创建多个被同意哈希锁限制输出,这些支出将在同一时间被花费。

113. HD 协议

层级确定性(Hierarchical Deterministic, HD)协议是由 BIP32(Bitcoin Improvement Proposal 32)提出的,用于加密货币钱包的密钥管理。该协议允许从一个单一的“父密钥”派生出多个“子密钥”,这些子密钥又可以有自己的子密钥,形成一个层次结构。这种设计允许用户用一个密钥备份就能恢复整个密钥结构,同时也方便密钥的组织和管理。

114. HD 钱包

HD 钱包(Hierarchical Deterministic Wallet)是一种使用 HD 协议(BIP32)来生成和管理多个密钥对的钱包。与传统钱包相比,HD 钱包有更好的安全性和灵活性。用户只需要记住一个“助记词”或“种子”,就可以恢复整个密钥层级结构。这使备份和恢复过程变得更加简单和高效。

115. HD 钱包种子

HD 钱包种子是用于生成 HD 钱包的主私钥和主链码的初始数据。通常,这是一个由随机或伪随机数生成的 256 位(或更长)的数值。这个种子是 HD 钱包所有子密钥的“根”,因此需要妥善保管。如果种子丢失,将无法恢复由它生成的任何密钥和相关资产;有了种子,就能恢复整个密钥体系和控制的资产。

116. 哈希时间锁定合约

哈希时间锁定合约(HTLC)是一类支付方式,其使用哈希锁和时间锁来锁定交易。解锁需要接收方提供通过加密支付证明承认在截止日期之前收到了支付,或者接收方丧失了认领支付的能力,此时支付金额将返回给支付方。

117. LevelDB

LevelDB 是一个开源的硬盘键值对数据库。LevelDB 是一个用于持久性绑定多个平台的轻量级、单用途的库。

118. 锁定时间

锁定时间(技术上说是 nLockTime)是交易的一部分,其表明该交易被添加至区块链中的最早时间或区块。

119. 交易池

比特币内存池是区块中所有交易数据的集合,这些交易已经被比特币节点验证,但未被确认。

120. 随机数

随机数是比特币区块中一个 32 位(4 字节)的字段,在设定了该值后,才能计算区块的哈希值,其哈希值是以多个 0 开头的。区块中的其他字段值是不变的,因为它们有确定的含义。

121. 离线交易

离线交易是区块链外的价值转移。当在链交易(简单来说,就是一个交易)修改区块链并依赖区块来决定它的有效性时,离线交易则依赖其他方法来记录和验证该交易。

122. 操作码

操作码(Opcode)是比特币脚本语言中的基础元素,用于定义交易验证过程中的一系列操作。这些操作码可以用于压入数据到栈上、进行数学运算、比较逻辑等。例如,有专门的操作码用于验证公钥和签名,确保交易的合法性。操作码的存在使比特币脚本具有灵活性,但也受到了严格的限制以保障网络安全。

123. 开放资产协议

开放资产协议(Open Assets Protocol)是一种运行在比特币区块链上的资产层协议。它允许在比特币交易之外创建、发行和传输其他形式的数字资产。这一概念是颜色币(Colored Coins)理念的扩展和优化,通过这一协议,用户不仅可以处理比特币,还能处理代表物理资产或其他加密资产的标记。

124. OP_RETURN

OP_RETURN 是一种特殊的比特币操作码,用于在比特币交易中添加一小段数据,这段数据是不可逆的并且不能被用于普通交易输出。该操作码经常被用于在区块链上存储元数据,如版权信息、数字证明等。值得注意的是,因为这些数据被永久地存储在区块链上,所以使用 OP_RETURN 需要谨慎,以避免不必要的数据膨胀和可能的隐私泄露。

125. OP_RETURN 交易

OP_RETURN 交易是在比特币核心 0.9.0 中默认的一种被传播和挖出的交易类型,在随后的版本中添加任意数据至可证明的未花费公钥脚本中,全节点中无须将该脚本存储至他们的 UTXO 数据库中。不要与 OP_RETURN 操作码混淆。

126. 孤块

孤块是一个特殊类型的区块,在区块链网络中没有被接受或纳入主链。通常出现在两个矿工几乎同时找到一个新区块的情况下,导致网络出现分叉。由于孤块没有被纳入主链,因此与之相关的交易和矿工奖励都会被废弃。然而,孤块对于研究网络分叉和安全性具有重要价值,也是去中心化网络固有的一部分。

127. 孤立交易

孤立交易是那些因为缺少前置交易(输入交易)而不能被立即处理或验证的交易。这种情况通常发生在交易被广播到网络,但其依赖的一个或多个输入交易尚未被网络节点接收或确认的情况下。孤立交易存储在一个特殊的"孤立交易池"中,直到其依赖的输入交易被确认,然后才能进入主交易池进一步处理和确认。

128. 交易输出

交易输出(TxOut)是交易中的输出,交易输出中包含两个字段:(1)输出值字段,用于传输 0 或更多聪;(2)公钥脚本,用于确定这些聪需在满足什么条件的情况下才可花费。

129. P2PKH

支付到比特币地址的交易包含支付公钥哈希脚本(P2PKH)。由 P2PKH 脚本锁定的交易输出可以通过给出由相应私钥创建的公钥和数字签名来解锁(消费)。

130. P2SH

P2SH 是一种强大的、新型的,且能大大简化复杂交易脚本的交易类型。通过使用 P2SH,详细描述花费输出条件的复杂脚本(赎回脚本)将不会出现在锁定脚本中。只有赎回脚本哈希包含在锁定脚本中。

131. P2SH 地址

P2SH 地址是基于 Base58 编码的一个含有 20 个字节哈希的脚本。P2SH 地址采用“5”前缀。这导致基于 Base58 编码的地址以“3”开头。P2SH 地址隐藏了所有的复杂性，因此，运用其进行支付的人将不会看到脚本。

132. P2WPKH

P2WPKH 签名包含了与 P2PKH 花费相同的信息，但是签名信息放置于见证字段，而不是签名脚本字段中。公钥脚本也被修改了。

133. P2WSH

P2WSH 与 P2SH 的不同之处在于加密证据存放位置从脚本签名字段转变至见证字段，公钥脚本字段也被改变。

134. 纸钱包

在大多数特定含义下，纸钱包是一个包含所有必要数据的文件，这些数据用于生成比特币私钥，形成密钥钱包。然而，人们通常使用该术语来表达以物理文件形式离线存储比特币的方式。第二个定义也包括纸密钥和可赎回编码。

135. 支付通道

微支付通道和支付通道是设计用于允许用户生成多个比特币交易，且无须提交所有交易至比特币区块链中。在一个典型的支付通道中，只有两个交易被添加至区块链中，但参与双方可以生成无限制或接近无限制数量的支付。

136. 奖励

每一个新区块中都有一定量新创造的比特币用来奖励算出工作量证明的矿工。现阶段每一区块有 12.5 比特币的奖励。

137. RIPEMD－160

RIPEMD－160 是一个 160 位的加密哈希函数。RIPEMD－160 是 RIPEMD 的加强版，其哈希计算后的结果是 160 位哈希值。通过 RIPEMD－160 加密期望能实现在未来的 10 年或更长时间都是安全的。

138. 脚本

比特币使用脚本系统来处理交易。脚本有着类 Forth 语言、简单、基于堆栈以及从左向右处理的特点。脚本故意限定为非图灵完备的，没有循环计算功能。

139. PubKey（公钥脚本）

脚本公钥或者公钥脚本是包含在交易输出中的脚本。该脚本设置了比特币花费需满足的条件。满足条件的数据可以由签名脚本提供。

140. Sig(签名脚本)

签名脚本(Sig Script)是在区块链交易中使用的一种脚本,特别是在比特币等使用UTXO(未花费交易输出)模型的加密货币中。它由支付端(发送方)生成,作为解锁旧交易输出(UTXO)的“钥匙”。签名脚本通常包含数字签名和公钥,用于验证交易的合法性。当这个签名脚本与相应的公钥脚本(存储在UTXO中)相结合,并执行成功,交易便被认为是有效的。这种机制是去中心化安全和所有权验证的关键组成部分。

141. 安全哈希算法(Secure Hash Algorithm,SHA)

安全哈希是由NIST(国家标准技术研究所)发布的加密哈希函数族。SHA主要分为四种安全哈希算法,如SHA-0、SHA-1、SHA-2和SHA-3,用于确保数据传输的完整性、不被篡改性和有效性。其被广泛用于认证、验证、加密和认证的数字签名算法,进而帮助参与者确保其在区块链网络中交易是可靠的。

142. 简化支付验证(Simplified Payment Verification,SPV)

SPV区块链是比特币区块链的一种验证机制,它允许轻量级钱包客户端验证交易的有效性,而无须下载整个区块链。简言之,属于在无须下载所有区块的情况对特定交易进行验证的方法。主要用在一些比特币轻量级客户端中。

143. 旧块(Old Block)

旧块区块链是指使用传统的链式数据结构来存储和管理区块的区块链系统。每个区块包含一个指向前一个区块的引用,形成一个链条。旧块是那些被成功挖出,但是没有包含在当前主链上的区块,很有可能是同一高度的其他区块优先扩展了区块链长度导致的。

144. 环签名

环签名由三位密码学家在2001年首次提出。环签名属于一种简化的群签名。签名者首先选定一个临时的签名者集合,集合中包括签名者自身。然后签名者利用自己的私钥和签名集合中其他人的公钥就可以独立地产生签名,而无须他人的帮助。签名者集合中的其他成员可能并不知道自己被包含在其中。

145. 数字证书

数字证书用来证明某个公钥是谁的。对于数字签名应用来说,很重要的一点就是公钥的分发。一旦公钥被人替换,则整个安全体系将被破坏掉。数字证书可以确保一个公钥确实是某个人的原始公钥。换言之,数字证书就像一个证书一样,证明信息和合法性。由证书认证机构(Certification Authority,CA)来签发。数字证书内容可能包括版本、序列号、签名算法类型、签发者信息、有效期、被签发人、签发的公开密钥、CA 数字签名、其他信息等。其中,最重要的包括签发的公开密钥、CA 数字签名两个信息。因此,只要通过这个证书就能证明某个公钥是合法的,因为带有 CA 的数字签名。

第二节　NFT 行业名词解释

1. Mint(铸造)

在 NFT 语境中指的是将数字艺术品、收藏品或其他形式的数据记录到区块链上的过程。这个过程不仅确保了作品的唯一性,还提供了所有权和来源的不可篡改证明。通常,一旦完成铸造,该 NFT 就可以在各种市场上出售、交易或展示。

2. Liquidity(流动性)

通常是指资产能多快地转换成现金或等价物,而不会对市场价格产生太大影响。在 NFT 或加密货币领域,流动性有时可能很低,因为资金通常被锁定在特定的资产或项目中。这个概念在这里带有讽刺意味,指的是由于所有可用的 ETH(以太币)都会被用于购买 NFT,导致流动性常常不足。

3. Alpha

在投资领域,Alpha 是衡量资产或投资组合相对于基准或市场表现的额外回报。这通常是评估资产经理或投资者策略有效性的一个重要指标。在加密或 NFT 社群中,Alpha 通常用于描述获取额外收益或独家信息的能力。

4. Discord

Discord 是一个在线通信平台,特别受到游戏社群和近年来的 NFT 社群的欢迎。这个平台允许用户通过文本、语音和视频进行交流。因其低延迟、高可定制性和社群构建工具,它已经成为许多 NFT 项目和社群的首选沟通渠道。

5. HEN

HEN 是一个在 Tezos 区块链上运行的 NFT 市场。虽然其用户界面可能不是最友好的,但它因提供一系列价格相对较低但内容丰富的 NFT 而受到关注。

这个平台通常被视为一个寻找未被大众发现的独特艺术品的好地方。

6. Roadmap(路线图)

NFT 专案(通常是 PFP)计划为社群增加价值而进行的一系列活动,路线图在 PFP 专案中通常是需要的,但在艺术专案中要求路线图则是具有污辱意思的,需要小心不要意外违反证券法。

7. Derivatives(衍生物)

是由原有的 NFT 项目或艺术品演变出的新作品或项目。这种现象在 CryptoPunks 系列中尤为明显,衍生品可以是由原作的拥有者或其他艺术家创作的。这些衍生作品有时会增加原项目的价值和知名度,但也可能引发版权等法律问题。

8. Burn(销毁)

是一种特殊的区块链交易,通过它,NFT 被永久地从流通中移除。这通常是通过将 NFT 发送到一个无法访问的地址来实现的。销毁 NFT 通常用于减少供应量以提高其他 NFT 的价值,或用于获取某种形式的奖励或权益。

9. Stake(质押)

是在 Defi(去中心化金融)项目和某些 NFT 项目中常见的做法。用户可以通过将 NFT 或其他加密资产锁定在智能合约中,以获得各种形式的回报,如利息、代币或其他 NFT。

10. Delist(下架)

意味着从 NFT 市场(如 OpenSea)上移除一个出售的 NFT。这通常是因为市场条件有所变化。例如,如果一个 NFT 的价值突然上升,持有者可能会选择下架以调整价格。

11. JPGs

在 NFT 领域中,JPGs 并不仅仅是图片文件格式的代名词。它广泛地用来形容所有种类的 NFT,包括 GIFs、PNGs、音频、视频,甚至是电子游戏资产。

12. Meatspace(肉体空间)

是一个用于描述现实世界(相对于数字或虚拟世界)的术语。在讨论 NFT 和加密货币时,这个词通常用来强调两者之间的差异或交集。

13. Shilling(推销)

是一个通常具有负面含义的术语,用于描述人们过度或不真诚地在社群或公共场合推广某个 NFT 或项目。这种行为通常是为了人为地创造购买需求或 FOMO(怕错过)情绪。

14. On-Chain/Off-Chain(链上/链下)

是用来描述区块链交易或操作发生的位置。链上操作是直接在区块链上执行和记录的,具有不可篡改和透明的特点。链下操作则是在区块链外部进行,通常因为效率或成本原因,之后可能会被汇总并上传到区块链上。

15. Up Only(只会上涨)

最初流行于 2021 年初的 ETH 市场,这是每个人都希望的 NFT 价格走向。Down Only(只会下跌)当然也是一种用法,只不过没这么受欢迎。

16. Schelling Point(聚焦点)

人们认为适用于 NFT 及 BTC 的博弈论术语,原始的概念为"每个人期望的聚焦点是他人期望他本人期望被期望做出的选择",被认为是聚焦点的 NFT 专案通常具有价值储存的性质,价格也会不断上升。

17. Your Bags(你的背包)

通常用于描述一个人在其加密钱包中拥有的所有 NFT 或加密货币。这个词经常用在社交媒体上,特别是当人们讨论他们的投资组合或即将涨价的资产时。

18. Buying on secondary(在二级市场购买)

是指在 NFT 首次发行(或"铸造")之后,通过二级市场进行购买的行为。这通常发生在平台,如 OpenSea、Rarible 等,价格通常由市场供需决定,可能高于或低于原始售价。

19. Sweep the Floor(扫地)

是指购买某个 NFT 项目的所有最低价 NFT 的行为。这通常是为了炒作或提高该 NFT 项目的底价。然而,这样做的风险是,你可能会发现自己购买了一堆不容易出售的 NFT,使你的"背包"变得"太重"。

20. It's Money Laundering(洗钱)

在 NFT 社区通常用于指涉价格不真实或者交易不透明的行为。由于 NFT 的唯一性和不可替代性,有时会被用作资金来源不明的交易,这通常会引发社群的质疑。

21. Right Click Save As(右键储存)

通常用来嘲笑那些不了解 NFT 价值和独特性的人。这些人认为,只要用浏览器的“保存图片为”功能,就能拥有该艺术品。然而,这样做并没有让他们拥有该作品的所有权或版权。

22. 10k 项目

一个 10k 项目是一个由大约 10,000 个头像组成的“集邮”项目。这种类型的 NFT 最初是以 Crypto Punks 为主,后面也有很多新的内容补充进来。虽然他们并非都拥有 10,000 个头像,但该术语用于指代这种类型的集合,而不是具体的头像数量。

23. 空投

当你收到“空投”时,你会自动免费获得一定数量的特定加密货币或 NFT 放入你的钱包。长期以来,这一直是一般加密货币领域的一种常见做法,但也已成为 NFT 项目用新艺术品奖励早期采用者的一种流行方式。

24. Apeing(in to something)

这里其实是来自于一个叫作 Bored Ape Yacht Club。算是圈内的一个玩笑话,就是形容一个人没有做好真实了解,出于 FOMO 情绪,然后花费超出真实经济承受能力的钱去购买加密货币或者 NFT 作品。

25. 头像项目

avatar 项目与 10k 项目基本相同,即 Crypto Punks、Bored Ape Yacht Club、Cool Cats、Gutter Cat Gang 等数千个 NFT“avatar”的集合。

26. 燃烧/销毁

销毁 NFT 本质上意味着销毁它。大概会有两种情况比较常见:一种是如果原本打算由 10,000 个组成的集合中仅售出 5000 个 NFT,则团队可能决定“销毁”剩余的 5000 个来让剩下的 5000 个显得更稀有。另一种是让他们的所有者“烧掉”两个 NFT 来获得一个新的、更稀有的 NFT(有点像是网游里面的合成)。

27. Diamond hands(钻石手)

“钻石手”是加密货币和 NFT 世界中最流行的俚语之一。它已成为自己的 meme、自己的表情符号,甚至是整个 NFT 项目的主题。拥有钻石手的人是指通过价格波动、利空消息、市场情绪低迷以及你将在此领域遇到的任何类型的

FUD 时候买入或者持仓的人。

28. Floor

项目的“Floor”或“Floor price”是你可以在二级市场上从该项目购买 NFT 的最低价格。它是跟踪项目随时间推移的绩效及其与其他项目相比的相对成功率的最流行指标。

29. UD

“FUD”代表恐惧、不确定和怀疑(Fear, Uncertainty and Doubt)。该术语在加密货币和 NFT 中用于描述不准确或完全错误的负面新闻故事、推文、不和谐消息等。你可以理解成加密货币市场的恐慌情绪。

30. Gas

在区块链上进行交易的手续费称为 Gas。在像 Solana 这样的区块链上购买 NFT 时,Gas 可以忽略不计。然而,在以太坊上,50 美元的 Gas 费已经是能预想的最低价了,这完全取决于网络上的交易频繁程度。活动少,费用低。活动量大,费用高。

31. gaswar

这些在以太坊上很常见,刚入圈的人,往往要经历 gaswar 的洗礼。当一个流行的 NFT 集合推出时,当抢夺的人多的时候,你就需要提高你缴纳的 Gas 费,才能让交易顺利通过。

32. Generativeart(生成艺术)

你可以理解成裹着加密货币市场外衣的“换装”游戏。Generativeart 是一个算法生成新的想法、形式、形状、颜色或模式的过程。首先,为创建过程提供边界的规则。其次,电脑会按照这些规则为你创作新的作品。

33. 元数据

NFT 元数据本质上是一种解决方法,可以避免在以太坊或其他区块链环境中发生本地托管大型文件的技术和财务灾难(或者说不可能)。例如,如果你想运行一个完整的以太坊节点,则必须下载大约 1050GB 的完整以太坊区块链(存档节点,或自推出以来的整个以太坊区块链,大约为 9000GB)。那是为了运行整个以太坊网络——是的,所有与 ETH 相关的事务、DeFi、NFT 和 dApp 都占不到 1100GB。相比之下,一部 1080P 全功能长度的电影本身大约是 2 ~ 4GB,而大多数高质量的图像可以在 2 ~ 20MB 左右。根本没有办法将这些文件存储在以太坊区块链上，因为它会使运行网络的存储和数据消耗过多。这到底有多贵？Gemini 估计，仅在以太坊区块链上存储 1GB 数据的成本约为 17，500ETH（或截至 2021 年 11 月的 7575 万美元）。仅仅在以太坊区块链上存储像詹姆斯·卡梅隆的《阿凡达》这样的大片的成本将超过制作这部电影的成本 2.37 亿美元。这就是 NFT 元数据的价值所在，利用区块链而不给数据带来负担的谨慎平衡。

34. MM

MM 是 MetaMask 的缩写，是一种基于浏览器的以太坊钱包，用于管理用户的加密资产和身份。MetaMask 不仅支持以太坊和以太坊基础代币，还支持多种与以太坊兼容的侧链和二层解决方案。由于其用户友好性和多功能性，它在 NFT 社群和去中心化应用（dApps）使用者之间非常受欢迎。

35. 纸手

“纸手”是用于描述那些在面对市场波动时容易出售资产的投资者的术语。与“钻石手”（持有资产不动摇，即使市场不稳）相对。在 NFT 和加密货币领域，“纸手”通常被视为缺乏长期视角或对其投资没有足够信心的人。这个词常用来描述那些可能会在价格稍有下跌时就抛售 NFT 或其他资产的人。

36. PFP 项目

“PFP”是“头像”的简写，所以“PFP 项目”本质上与 10k 项目或头像项目相同。之所以使用该术语，是因为此类项目中的头像通常用作 Twitter、Discord 等上的个人资料图片。

37. Reveal

Reveal NFT 是一种非同质化代币，它的特点是在购买后不会立即显示其内容，而是需要用户进行解锁或揭示才能看到。这种设计增加了神秘感和期待感，使得拥有者可以享受解锁的过程。换句话说，艺术品只有在被购买后才会显现出来。

38. Rugpull

Rugpull 本质上是一个骗局，一个看似合法的项目背后的人在启动后立即带着所有的钱消失了。你可能会得到一个实际的 NFT 作为你支付的回报，但它很可能毫无价值，甚至不能在二级市场上交易。

39. 快照（Snapshot）

通常是指在特定时间点对特定区块链地址或智能合约的持有情况进行快

照,并将其转化为独特的 NFT。这些快照 NFT 可以用于记录历史数据、奖励特定持有者或提供其他特殊权益。

40. Sweep

“Sweep”是另一个常用词,因为人们对项目的“地板”感兴趣。“Sweep”的意思是在二级市场上大量买下一个收藏中最便宜的 NFT。团队有时会这样做,或者社区要求他们为自己的项目这样做。如果是一个人进行这个操作,称为“鲸鱼”。

41. 鲸鱼

“鲸鱼”基本上是有很多钱的人,可以投资或已经投资于高价值的 NFT 项目。因此,账户中有 1000ETH 的人将被视为鲸鱼,就像拥有 200 只 Bored Apes 的人一样。鲸鱼经常给市场带来巨大波动,要么通过从特定收藏品中大量购买而向上,要么通过出售而向下。

42. 非同质化代币(Non-Fungible Token,NFT)

NFT 是一种存在于区块链上的信息(数据)的数字代币。每个 NFT 都有自己的识别码和元数据。因此,NFT 是独一无二且不可互换的,也就是说,它们是“不可替代的/不可伪造的”。

43. NFTRoadmap-NFT(路线图)

NFT 项目路线图有点像一个投资套牌。它是一份描绘 NFT 的目标、里程碑和战略的文件,用来传达项目的价值和效用。

44. Limited Edition(限量版)

限量版 NFT(非替换性代币)是指其发行数量受到明确限制的 NFT。这种限制增加了这类 NFT 的稀缺性和吸引力,通常也会提高其市场价值。限量版 NFT 通常会在某种特定的文化、艺术或社交事件中发布,以吸引目标群体的注意。例如,某个著名艺术家可能会发布限量版的 10,000 个 NFT 作品。由于数量有限,这些 NFT 通常在市场上更受欢迎,更容易成为收藏或投资的目标。这与无限量或常规版 NFT 相对,后者可能无限制地被复制或铸造。

45. OpenEdition(开放版)

对于开放版 NFT 藏品来说,可以铸造任意数量的 NFT。但是,不要混淆“开放”和“无限”,许多开放版 NFT 限定了可以铸币的时间段。

46. PFP-Profile Picture 头像

Profile Picture(PFP)NFT 是一种用作个人社交媒体头像的数字代币或艺术品。世界上许多受欢迎的 NFT 藏品(如 Crypto Punks 和 Doodles)都是 PFP。

47. Whitelist(白名单)

白名单中的用户在项目公开之前,就拥有提前购买 NFT 藏品的权限。白名单作为在公开发行前吸引大众的一种方式,通常规模较小,由 NFT 创作者精心挑选的一组用户组成。

48. Art Reveal(艺术品揭幕)

艺术品揭幕往往是 NFT 藏品发布最激动人心的时刻,在经过一段时间的等待后,持有人和公众终于可以看到他们铸造的这份特殊的艺术品。

49. Hot Wallet(热钱包)

热钱包是一种在线数字钱包,它与区块链相连,你可以用它来存储、发送和接收代币。有了互联网链接和你的私钥,你就可以从任何设备,在世界的任何地方访问它。由于联着网,热钱包往往不太安全,容易受到黑客攻击。MetaMask 就属于热钱包。

50. Cold Wallet(冷钱包)

冷钱包是一种更安全的、离线储存的加密货币钱包。冷钱包包括纸质钱包和硬件钱包。硬件钱包是一种实体设备,许多硬件钱包的外观看起来很像 U 盘。

51. Royalty(版税)

版税是一个人因拥有、创造或授权作品而获得的一定金额的收益。每当有人在 NFT 市场中出售他们的作品时,创作者就会获得二次版税或销售价格预定百分比的收益。

52. Metaverse(元宇宙)

元宇宙是一个包括多个 3D 虚拟世界、AR、VR 等在内的大型、互联的虚拟环境。它被视为现实世界的数字延伸或替代,其中的用户可以社交、工作、交易,甚至拥有和交换资产。元宇宙的概念通常涵盖了去中心化、所有权和经济活动,因此有可能会改变我们对现实世界的传统认知和生活方式。

53. CC0 – Creative Commons Zero(知识共享协议)

Creative Commons Zero(CC0)是最自由的版权保护形式,创作者必须放弃任何版权保护，并允许公众使用、改编或从其作品中获利。

54. Staking（权益质押）

加密货币质押是指在设定的时间内，将权益证明的加密货币锁定在钱包或交易所中，以换取利息奖励的过程。加密货币被锁定的时间越长，奖励就越大。

55. On-Chain（链上）

On-chain 指的是存在于区块链上的数字代币。这个术语还用于表示与区块链上的代币或合约的任何交易或互动。

56. 1∶1Art

意思是每件作品都是独一无二的（1 of 1），10k project 中多数都是 1∶1ART，这也是 PFP 项目容易受到市场追捧的一个原因。

57. Blue Chips（蓝筹项目）

原指赌场上的蓝色筹码（赌场桌上最基础的筹码组合是 1 美元的白色筹码、5 美元的红色筹码和 25 美元的蓝色筹码），蓝色筹码为最具有价值的筹码。延伸到蓝筹项目就是指有价值、建议长期持有的优质 NFT。

58. Cope

跟 FOMO 相反的意思，意思是后悔做了某事。比如因为之前没有在地板价的时候购入，目前价格一路飙升非常的 Cope。又如之前 FOMO 过头，买了太多现在积仓过多，非常后悔。

59. Degen

Degen 是 Degenerate 的缩写，通常用于描述在 NFT 或加密货币世界中愿意承担极高风险的投资者或交易者。这些人可能在短时间内大量买入或卖出资产，追求高回报同时暴露于高风险之下。虽然这种行为可能带来巨大收益，但也容易导致巨大的资产损失。

60. OS

OS 是 Opensea 的简称，这是一个国际性的 NFT 交易平台。因其用户基础庞大、市场份额高和交易量大，Opensea 被认为是目前全球最主要的 NFT 交易平台。该平台支持多种加密货币和智能合约，使得用户能够轻易地购买、出售或拍卖 NFT。

61. BV

BV 是 Bigverse 的简称，该公司旗下拥有 NFTCN（NFT 中国），这是中国最大的UGC(用户生成内容)NFT交易平台。Bigverse和NFTCN致力于推动NFT在中国的普及和应用,提供了一个平台让艺术家、收藏家和投资者能够更容易地参与NFT交易和文化建设。

62. DC

DC是Discord的简称,功能强大的社群通讯软件。目前绝大部分NFT项目的社群聚集地,项目方通常在DC发布重要通道、进社群推广等。也是目前许多自发NFT社群的根据地。

63. Your Bags

这个词是用于描述你的NFT或加密货币钱包的非正式说法。通常在讨论资产配置或投资成功与否时会使用Your Bags。

李　华

盈科律师事务所创始合伙人、盈科全国业务指导委员会主任。

李华律师作为盈科全国业务指导委员会主任，负责盈科体系内的专业化建设，带领盈科律师，构建出完整的专业化法律服务体系，包括研究院、专业委员会及综合性法律中心，推动盈科律师专业化的法律服务，以适应法律服务市场不断细分的需要。在此基础上，通过集成各专业委员会纵深化的法律服务能力为客户提供综合性的法律服务。

曾荣获全国律师行业优秀党员律师、北京市优秀律师、朝阳区优秀律师、朝阳区首届优秀女律师、朝阳区优秀党员的荣誉称号，钱伯斯《大中华区指南2023》TMT：数据保护&隐私领域上榜律师。

郭志浩

盈科深圳数字经济法律事务部主任、第六届管委会委员，同时担任西北政法大学国家安全学院兼职教授、山西农业大学公共管理学院客座教授、深圳市信息服务业区块链协会法律专委会执行主任、深圳市律师协会数字经济法律专业委员会委员。

郭志浩律师曾办理国内众多区块链行业知名的重大疑难案件，并为多家企业的经营管理难题提供法律解决方案。多次受邀参与民主与法制、中国经营报、中国产经新闻、新京报、法治日报、财经、界面新闻、南方周末报、深圳特区报、广州日报、浙江日报、金色财经等知名官方媒体的采访报道。